Die Leute auf dem Wald

Klaus Hoggenmüller
Wolfgang Hug

Die Leute auf dem Wald

Alltagsgeschichte
des Schwarzwalds zwischen bäuerlicher Tradition
und industrieller Entwicklung

Konrad Theiss Verlag
Stuttgart

CIP-Kurztitelaufnahme der Deutschen Bibliothek

Hoggenmüller, Klaus:
Die Leute auf dem Wald: Alltagsgeschichte d.
Schwarzwalds zwischen bäuerl. Tradition und
industrieller Entwicklung/Klaus Hoggen-
müller; Wolfgang Hug. – Stuttgart:
Theiss, 1987.
ISBN 3-8062-0502-7
NE: Hug, Wolfgang:

Schutzumschlag: Jürgen Reichert
unter Verwendung des Gemäldes »Schwarzwaldhaus«
von Wilhelm Hasemann, um 1900

Gesamtherstellung: Ebner Ulm
Printed in Germany
ISBN 3-8062-0502-7

Inhalt

»Der Wald isch nit so schö wie uff dene Bilder«

Einleitung

Der Schwarzwald ist beliebt und bedroht zugleich. Wie man weiß, ist mehr als die Hälfte seiner Bäume krank. Gefährdet scheint indes auch, was ihn beliebt und lebenswert macht: sein »Charakter«. Wo er als Kulissenlandschaft nur noch zur Vermarktung als Idylle dient, wo »Modernisierung« unmerklich Traditionen, Werte aus der Überlieferung auslöschen kann, da droht ihm auch der Verlust an Eigenart und Identität. Grund genug, sich daran zu erinnern, worauf die Eigenart des Schwarzwalds und »der Leute auf dem Wald« denn eigentlich beruht.

Die Menschen der Region sind durch ihre geschichtliche Herkunft geprägt, nicht so sehr durch spektakuläre Ereignisse wie durch ihren Alltag. Der Geschichte dieses Alltags sind wir nachgegangen. Wir fanden sie in Zeugnissen der Vergangenheit, in alten Berichten, Schilderungen oder Bildern aus den letzten zwei- bis dreihundert Jahren aufs lebendigste erzählt. Diese Zeugnisse haben wir gesammelt und gedeutet, in einen Zusammenhang gebracht, in dem die Wirklichkeit der Lebens- und der Arbeitswelt im Schwarzwald zu erkennen ist. So weit wie möglich sind diese Zeugnisse unverändert wiedergegeben, in ihrer altertümlichen Schreib- und Ausdrucksweise, zum Teil im Dialekt.

Die Geschichte lehrt, »die Leute auf dem Wald«, die echten »Wälder« jedenfalls, so zu verstehen, wie sie sind: knorrig, eigensinnig, karg, bodenständig und zugleich der Welt aufgeschlossen, anpassungsfähig im sozialen Wandel und doch auf ihre Eigenständigkeit »versessen«. Diesem Charakter liegt eine eigenartige Entwicklung der Verhältnisse zugrunde. Der Schwarzwald hat besonders lange Traditionen aus der vorindustriellen Zeit bewahrt und bis heute Züge seiner ursprünglich bäuerlichen Grundstruktur erhalten. Zugleich ist er durch besondere Phasen und Formen der Industrialisierung geprägt, die sich von denen industrieller Ballungszonen deutlich unterscheiden. Wie es dazu kam, versucht diese Alltagsgeschichte des Schwarzwalds zu erklären. Sie schildert die Entwicklung vom Beginn des 18. bis zum Ende des 19. Jahrhunderts. Der Blick richtet sich dabei vor allem auf den südlichen Schwarzwald, auf den »Hotzenwald«, und einen Teil des Hochschwarzwalds.

Der Schwarzwald hat als Kulturlandschaft sein eigenes Gesicht und für Bewohner wie Besucher einen besonderen Reiz. Das hat bereits mancher Reisende im 18. Jahrhundert, dem Jahrhundert der Empfindsamkeit, gespürt. So schilderte ein Klosternovize aus dem Elsaß, der Ende des 18. Jahrhunderts nach St. Blasien kam, seine Eindrücke folgendermaßen:

Am 31. [Mai 1791] lenkten wir unsere Schritte in den Schwarzwald, der nur für strenge Einsiedler erschaffen zu sein scheint, der aber doch auch wieder der Reize nicht entbehrt. Fast jeden Schritt war ich von einer neuen Schönheit entzückt, die eine wilde Natur darbietet. Bald war es eine murmelnde Quelle von der Höhe eines Felsens herab, die meinen Blick auf sich zog, bald war es der Fels selber. Dort blieb ich stehen, vertieft in immer neue Betrachtungen, die der Sturzbach in mir anregte, der in dem tiefen Thälchen donnerte, und hier bewunderte ich die sonderbare Schönheit des Gestrüpps, der Tannen und Birken, welche die sich emporschlängelnden Pfade einfaßten, die die Natur selber geschaffen zu haben scheint. Es war ein Vergnügen zu sehen, wie einige Rehe uns eine Zeitlang begleiteten, auf eine Entfernung von 20 bis 30 Schritte, und sich dann majestätisch in den Wald zurückzogen.[1]

Bei genauem Hinsehen entdeckt man indes auch ganz andere Züge im Gesicht der Landschaft und begreift, warum da Landstriche »Ödland«, »Toter Bühl«, »Elendslöchle« oder »Bettelhalde« heißen. Victor von Scheffel, der um die Mitte des 19. Jahrhunderts in Säckingen lebte, beschreibt ein Stück Hotzenwald mit folgenden Worten:

Auf der Hochebene, die sich auf dem Rücken der dunkeln Berge zwischen Säckingen und Laufenburg wellenförmig ansteigend gen Norden hinzieht, jenseits der freundlichen Wälderdörfer Rickenbach und Hottingen erhebt sich eine Hügelreihe, die eine förmliche Grenzscheide bildet. Auf dem mittleren Hügel, um den der von keiner Bergwand eingeschränkte Wind der Hochebene saust, stehen ein paar knorrige alte Buchen und ein Kruzifix; den »toten Bühl« nennt das Volk bezeichnend den Ort, und was zur andern Seite des toten Bühls liegt, das nötigt selbst dem eingebornen Wälder eine Art Mitleid ab. 's ist der rauhste Strich, jener hintere Wald, noch von Schnee umlastet, wenn diesseits schon die primula veris *ihr Haupt fragend erhebt; die Ansiedelungen der Menschen sind noch elender und noch mehr aufs Minimum reduziert wie diesseits, und eine stille Kritik hat sich in den Bezeichnungen der jenseitigen Gegenden Luft gemacht; »elendes Löchle« heißt ein Wiesengrund, und ein Bergrücken seitwärts, wo noch bei ein paar versprengten Felsstücken und Tannenbäumlein eine einsame Kapelle steht, heißt das »öde Land« oder »letzte Land«, worauf denn schließlich alles aufhört.*[2]

Zu leiden hatten die Schwarzwälder vor allem unter einem

Winter, der hier rauher und länger ist als in anderen Gebirgsgegenden. Es war die Regel, daß zwei Drittel des Jahres geheizt werden mußte. Im Winter war man von der übrigen Welt abgeschnitten. Einen Einblick in die Widrigkeiten dieser Winterszeit gewährt uns ein Brief des Landarztes Adolph Heinrich Bouginé, der in der zweiten Hälfte des 19. Jahrhunderts 13 Jahre in Wehr tätig war und von dort aus das Wiesental und weite Teile des Hochschwarzwalds mitversorgte.

Ich habe Euch, wenn ich mich recht erinnere, schon in meinem letzten Briefe einige dieser Touren geschildert. Diese waren aber alle nichts, gar nichts, gegen die zwei letzten. Ich gehe doch seit 25 Jahren auf dem Schwarzwald herum, aber diese 2 Gänge, das war das Abscheulichste, was mir bis jetzt vorgekommen. Ich will Euch nur mit wenigen Worten Skizzen davon liefern. Die Erstere dieser Nordpolexpeditionen unternahmen wir (die lb. Mutter begleitete mich jedesmal) an dem Tage, an welchem wir Morgens unsern Brief an Euch abschickten. Wir wählten diesesmal, da das Wetter Morgens schön war, den Weg durchs Werrathal. Im Hinweg waren Felsen, Gesträuche, alles mit Duft [Rauhreif?] überzogen. Die Werra bildete ein Chaos von Eisblöcken, und an den Felswänden sahen wir die grossartigsten zu Chrystallorgeln gefrorenen Wasserfälle. Schon als wir gegen Todtmoos-Au kamen, fing's an milder zu werden, und bald darauf regnete es. Dieser Regen gestaltete sich aber auf der Höhe bei Gersbach zu einem gewaltigen Schneesturm, der in kurzer Zeit die Wege fast unkenntlich und ungangbar machte. Wir mussten nach beendigtem Geschäfte, das gerade diesmal länger dauerte als sonst, trotz des Umweges wieder über Todtmoos-Au zurück, und als wir dorthin kamen, war es Nacht und – regnete – und – hatte Glatteis! Doch grosse Geister geniert sowas nicht und um 5 Uhr [abends] machten wir uns wieder auf den Weg. – Aber je weiter wir kamen, desto finsterer und desto glätter wurde es, und noch ehe wir die Brücke [über die Wehra] erreicht hatten, war ägyptische Finsterniß Trumpf und der bisher schon glatte Weg verwandelte sich, je weiter wir kamen, in einen wahren Spiegel. – Zum Glück hatten wir uns mit einem Handlaternchen und 4–5 Kerzchen versehen gehabt; sonst glaube ich nicht, daß wir jene Nacht heimgekommen wären, sondern unser Loos wäre gewesen, auf den Händen und Füssen fortrutschen oder Beine brechen und liegen bleiben. Doch erreichten wir nach 3½ stündigem Getrippel, während welcher Zeit ich natürlich die Mutter stets am Arme führte, obgleich ich selbst kaum stehen konnte, den Regenschirm, Stock und die Mutter, – die Mutter aber ihren Rock, die Laterne und den zweiten Regenschirm haltend, unter beständigem Platzregen die Heimath, wo Emma und die Kleinen in großen Aengsten wegen uns waren. Von dem Zustand unseres Gesässes und der Krüppligkeit unserer armen Glieder könnt Ihr Euch keinen Begriff machen.[3]

Berüchtigt war der Wald auch bei vielen Geistlichen. In zahllosen Briefen an das erzbischöfliche Ordinariat in Freiburg beklagen sie sich über ihre »Schindposten« und bezeichnen ihre Tätigkeit als ein einziges »Martyrium«. Pfarrer Stiefel, in der Hotzengemeinde Niederwihl tätig, gibt seiner Gemeinde bekannt, *daß ich wegen des im Winter so kalten Wegs nach Oberwihl und wegen meiner Neigung zu Erkältungen des Gesichts und Halses mir vom Erzb. Ordinariat die Erlaubnis erbeten habe, den Bart wachsen lassen zu dürfen. Es ist diese Erlaubnis mir erteilt worden*[4].

Muß nun der Pfarrer bei Regen in die Filiale, so kommt er selbst im Sommer, da der Weg nach Westen geht, vom Kampf gegen den Wind in der Regel ganz durchgeschwitzt und trotz Schirm ganz durchnäßt in Oberwihl an. Noch ärger ist es im Winter, wo der Weg ein Komplex von lauter Schneewehen ist und wo der Schnee oft so tief liegt, daß ein Pferd nicht mehr durchkommt. Natürlich dampft der ganze Körper vor Anstrengung und Schweiß. Und dann muß der Geistliche in einem solchen Eiskeller [der Sakristei] Mantel und Rock ausziehen

und auf den dampfenden Körper eine eiskalte Soutane anziehen, um Gottesdienst zu halten.[5]
Zwei Hotzenwälder – Zeno Spitz, 1906 geboren und 47 Jahre lang als Bandweber tätig, und Franz Landis, viele Jahre als Hausweber beschäftigt, zuletzt 1966 – meinen: *De Wald isch nit so schö wie uff dene Bilder, un früner [früher] war er's scho gar it.* Und weiter: *Mir hän nie en liechte Standpunkt g'ha. Chrampfe hät mer müese, damit mer überhaupt ä weng öbis verdient hät...*

»*Es ist ein rauh, birgig und winterig land*«

Natürliche Lebensgrundlagen

Lebensbedingungen und Rechtsverhältnisse

Der Schwarzwald umfaßt eine Fläche von rund 600000 ha; er erstreckt sich auf eine Länge von ca. 160 km in Nord-Süd-Richtung und dehnt sich im Süden auf etwa 60, im Norden auf gut 20 km Breite aus. Exakt zwei Drittel der Fläche sind mit Wald bedeckt. Im Norden ist der Waldanteil etwas höher als im Süden, doch auch im Südschwarzwald beträgt der Waldanteil noch über 60 Prozent der Gesamtfläche.
Die Menschen müssen den Wald lange Zeit als etwas Bedrohliches, Unheimliches empfunden haben. Manche Märchen halten die Erinnerung daran wach. Unheimlich war insbesondere der dichte, dunkle Urwald, der sich im südwestlichen Mittelgebirge Deutschlands nach der letzten Vereisung etwa seit dem 11. Jahrtausend v. Chr. ausgebreitet hatte, d. h. der »Schwarzwald«. Die Alamannen, die seit 260 n. Chr. in das Oberrheingebiet eindrangen, gaben dem unheimlichen Gebirgswald offenbar diesen Namen. In einer Urkunde des Klosters St. Gallen aus dem Jahr 868 ist die Bezeichnung »saltus Svartzwald« erstmals überliefert. In römischen Quellen findet man noch den Namen »mons Abnobae« für das Gebirge, wohl nach der keltischen Jagdgöttin Abnoba, die hier verehrt wurde. Daneben kommt auch der Name »silva Hercyniae« vor, der möglicherweise auf ein keltisches Wort mit der Bedeutung »Eichenwald« zurück-

geht. Die spätere Volksetymologie hat aus dem Hercynenwald den »Harzwald« gemacht. Weder die Kelten noch die Römer, deren Dekumatland sich über den ganzen Schwarzwald erstreckte, sind tiefer in das Gebiet eingedrungen. So blieb es noch lange unbesiedelt und galt selbst den Germanen, die doch mit dem Wald vertraut waren, als undurchdringlich und dunkel, eben als »Schwarzwald«.

Der Basler Sebastian Münster schilderte den Schwarzwald in seiner Landesbeschreibung 1544 noch als ein *rauh, birgig und winterig land; es hat viel Tannwälder. [...] Ist gar ein winterig kaltes land, aber es erzeugt viel viechs, korn, obst und anderes.* Und in einer Beschreibung Vorderösterreichs aus dem Jahre 1797 heißt es: *Von dem Schwarzwald kann heute noch gesagt werden, daß nämlich die Lage in selbem äußerst rauh und unangenehm seye. Dieser ganze Landstrich besteht beynah aus lauter Gebirgen, unfruchtbaren Felsen und fürchterlichen Abstürzen, die ihren Bewohnern von allen Seiten her nebst dem traurigsten Aufenthalt, auch mit dem bittersten Mangel drohen. Indessen, wenn sich gleich dem forschenden Auge eines jeden beynahe überall nur kahle Felsen darstellen, so zwingt der unermüdete Schwarzwälder diesem, insbesondere des langen anhaltenden Winters wegen so undankbaren Boden in größerer oder kleinerer Menge Sommerroggen, Gerste und Hafer ab, wenn er gleich diese Sommerfrüchte öfters unter einer dicken Decke von neu gefallenem Schnee suchen muß.*[6]

Der Wald ist prägendes Merkmal dieser Mittelgebirgsregion geblieben, auch als Siedler eindrangen, ihn rodeten und den Schwarzwald zur Kulturlandschaft formten. Welche Baumarten in der Vorzeit den Schwarzwald beherrschten, ist nicht völlig geklärt. Vermutlich handelte es sich ursprünglich um einen Eichenmischwald, in dem sich nach und nach auch Buchen, Ahorn und Fichten ausbreiteten und in den von Süden und Westen her die Tannen vordrangen. Bis ins 18. Jahrhundert blieb der Tannen- und Fichtenanteil jedoch begrenzt. Noch 1868 gab

Robert Gerwig, der Erbauer der Schwarzwaldbahn, den Fichtenanteil im Schwarzwald mit 25 Prozent an. Die »Verfichtung« des Schwarzwalds erfolgte im 19. Jahrhundert. Heute bestehen rund drei Viertel der Baumbestände im Schwarzwald aus Nadelbäumen, zu denen in jüngerer Zeit auch die Douglasie kam. Von der ursprünglichen Zusammensetzung der Wälder in der Region zeugen einzelne Flur- und Ortsnamen wie »Aichen«, »Birkendorf«, »Buchholz«, »Eschbach«, »Erlenbruck« oder »Immeneich«. Im Gebiet der Moore und Seen überwogen Erlen, Birken und Weiden. An besonders schroff abfallenden Hängen oder im Gebiet der Quellsümpfe findet man meist nur Strauchwerk oder Krüppelfichten.

Gewöhnlich gliedert man den Schwarzwald in drei Zonen: den Nordschwarzwald, den Mittel- oder Hochschwarzwald und den südlichen Schwarzwald mit dem »Hotzenwald«. Die letzte Bezeichnung ist relativ jung und hat sich erst vor etwa hundert Jahren durchgesetzt. Die Landesbeschreibungen des 19. Jahrhunderts benutzen sie noch nicht, wenn auch schon in einer regionalgeschichtlichen Arbeit eines Pfarrers jener Region im Jahr 1810 die Bewohner des Südschwarzwalds als »Hotzen« bezeichnet werden. Ursprünglich nannte man ein graues Wolltuch, aus dem die Tracht der Bauern im Südschwarzwald geschneidert war, »Hotzen«. Von der Tracht wurde der Name auf ihre Träger übertragen und von diesen auf die Landschaft. Endgültig hat sich der Name »Hotzenwald« am Ende des 19. Jahrhunderts durchgesetzt, als Victor von Scheffel ihn in seinen populären Schriften verwendete und Eberhard Gothein in seiner »Wirtschaftsgeschichte des Schwarzwalds« den gleichen Namen benutzte. In früheren Quellen wird das Gebiet des Südschwarzwalds häufig »uffem Wald« (auf dem Wald) genannt; man sprach auch vom »vorderen« oder »hinteren Wald«, wobei man mit letzterem das Gebiet um St. Blasien meinte.

Das *rauh, birgig und winterig land* des Schwarzwalds wurde von den Menschen lange Zeit gemieden. So blieb die Landschaft in ihrem urwaldartigen Naturzustand bis vor fast tausend Jahren. Als Sebastian Münster 1544 die Landschaft schilderte, stellte er aber fest: *Es hat reich Bauern, dann einer wohl zwölf Küh auswintern mag, dorum so zeucht es viel Vieh und besonder guet Ochsen / die am Fleisch besser sind (wie alle Mezger das bekennen) / dann die ungerischen / boemischen / polnischen oder auch die schweyzerischen Ochsen. Weiter zeucht es guete Schaaf, viel Wildprät, Fisch, Vögel und allerlei Obst [...] Es ist dieser Wald gar ungleich / etwan rauch und bürgig / etwan eben. [...] Es seind ziemlich viel Stätt / Dörfer / Schlösser und Clöster dareyn kommen, das einen wunder möcht nemmen / wie sie sich in der rauchen Art alle betragen möchten. [...] Aber Gott weiß wohl einem jeglichen Land zu geben darvon es sich ernehren mag.*[7]

Das hier skizzierte Siedlungsbild ist das Ergebnis einer schrittweisen Durchdringung und Kultivierung der Landschaft, die rund 500 Jahre dauerte und in drei Schüben erfolgte. Die erste Phase betraf nur die Randzonen des eigentlichen Schwarzwalds. Alemannische Adelsfamilien schufen etwa seit dem 8. Jahrhundert vom Hochrhein und Oberrhein aus vereinzelte Siedlungsplätze und schlugen Schneisen von den Tälern aus in den Urwald. Man beschränkte sich jedoch auf die klimatisch günstigen Lagen und betrieb keine systematische Erschließung.

Sie erfolgte erst in der zweiten, entscheidenden Phase der Besiedlung des Schwarzwalds vom 11. bis zum 13. Jahrhundert. Sie war das gemeinsame Werk führender Hochadelsgeschlechter, vor allem der Zähringer und Habsburger, der Grafen von Calw, von Nellenburg, der Markgrafen von Baden, und der Klöster. Die meisten Schwarzwaldklöster wurden im 11./12. Jahrhundert gegründet und dienten der konsequenten Erschließung und Besiedlung der Region: St. Peter, St. Georgen, St. Märgen, Alpirsbach, St. Blasien und viele mehr. Motive für die Inbesitznahme des Schwarzwalds waren politische und wirtschaftliche Interessen, das Streben nach Macht und Ertragsstei-

gerung. Hinzu kam aber auch das benediktinische Prinzip, sich die Erde mit Gebet und Arbeit zu unterwerfen.
Man gewann für die Erschließung des Schwarzwalds »Kolonisten« aus Orten und Regionen, in denen die Bevölkerungszunahme seit dem 11. Jahrhundert zu einem gewissen Überschuß an Menschen geführt hatte. Land stand genug zur Verfügung. Adel und Klöster waren an Siedlern interessiert. Aus verschiedenen Gründen – religiösen, politischen und wirtschaftlichen – bekamen vor allem die Klöster reiche Landschenkungen. Den größten Grundbesitz in der Region erwarb das Schwarzwaldkloster St. Blasien, das 1065 aus einer ehemaligen Einsiedelei zur Abtei erhoben worden war und bald unter den Schutz der Herzöge von Zähringen kam. St. Blasien machte den Grundbesitz wie andere Schwarzwaldklöster durch Rodung erst nutzbar. Dabei wirkten Mönche und Laien zusammen. Es kam der Rodungsarbeit zugute, daß seit dem 10. Jahrhundert Fortschritte der Landwirtschaftstechnik und des Metallgewerbes die Bearbeitung schwerer Böden ermöglicht hatte. Hufeisen und Kummet erhöhten die Zugkraft der Pferde; man hatte gelernt, Ochsen mehrspännig anzuschirren; der eiserne Räderpflug mit Wendeschar war erfunden; auch das Wasserrad zum Antrieb von Getreide- und Sägemühlen wurde verbessert. Die Eisenschmiede stellten bessere Geräte wie Äxte und Sägen, Hacken und Sensen, Ketten und eiserne Reifen her.
Unter Anleitung der Mönche wurden Täler und Hochflächen des Schwarzwalds erschlossen, indem man einen Teil des Waldes abholzte und ausstockte, Acker- und Wiesenflächen gewann, Weidebezirke abgrenzte und einzelne Höfe errichtete. Die Höfe wurden anfangs einem Mönch zur Bewirtschaftung übertragen. Später übergab man sie hörigen Bauern in Erbleihe. Manche Höfe behielten auch danach ihre Namen wie »Bruderhof«, »Mönchshof« oder »Klosterhof«. Jeweils eine Gruppe von Höfen war einem »Meierhof« zugeordnet, den ein »Meier« (von »major«, größer) im Auftrag des Grundherrn bewirtschaftete

und dem die zinspflichtigen Bauern ihre Abgaben lieferten, z. B. Milch, Getreide, Eier und Wachs. Auf dem Meierhof wurden landwirtschaftliche Rohprodukte verarbeitet, etwa zu Butter und Käse, und so zur Versorgung der Klöster – z. B. nach St. Blasien oder an dessen Tochtergründungen Weitenau, Neuenzelle, Bürgeln – geliefert.

In einer dritten Phase – im 14. und 15. Jahrhundert – wurden auch die Hochflächen des Schwarzwalds bis in ca. 1000 m Höhe besiedelt, freilich meist nur mit einsam gelegenen Einzelhöfen, die ganz auf Eigenwirtschaft und Selbstversorgung abgestellt waren oder sich als »Schweighöfe« auf Milchwirtschaft beschränkten.

Um Leute für die mühsame Rodungsarbeit zu gewinnen, hatten Adel und Klöster den Siedlern bessere Rechte als im Altsiedelland geboten: Die »Rodungsbauern« zahlten nur geringe Abgaben, mußten nur wenige Frondienste leisten und erhielten zum Teil das Recht, eigene Mühlen und Sägen zu betreiben, zu fischen, Holz zu schlagen oder Wild zu jagen. Sie unterstanden zwar als Hörige einem Grundherrn, doch der saß meist weit entfernt; so war die Abhängigkeit weniger drückend als im Altsiedelland. Man nennt diese relative Unabhängigkeit der Bauern im Schwarzwald »Rodungsfreiheit«; sie kam im Einzelfall – bei den Bauern des Hotzenwaldes – der bäuerlichen »Freiheit« in den Schweizer Urkantonen gleich. Die meisten Schwarzwaldbauern hatten im übrigen einen geistlichen Grundherrn und unterstanden einem der Klöster. Für viele galt das Sprichwort »Unterm Krummstab ist gut leben«.

Die Klosterbauern konnten ihre Höfe nach eigenem Willen und Gutdünken bewirtschaften, vererben, in manchen Gebieten auch teilen. Sie waren jedoch bis zur Ablösung der Grundherrschaft im 19. Jahrhundert zu jährlichen Abgaben verpflichtet, deren Höhe sich zum Teil nach der Größe des Hofguts richtete, aber regional sehr unterschiedlich sein konnte. Im Durchschnitt bestand die Abgabenpflicht bei einem Hof mittlerer Größe aus einem Geldbetrag von ca. drei bis sechs Gulden (drei Gulden entsprachen etwa dem Wochenlohn eines Maurers in der zweiten Hälfte des 18. Jahrhunderts), einigen Naturallieferungen (Butter, Käse, Hühner, Eier, Getreide, Honig, Wachs, Leinwand). Zu den grundherrlichen Abgaben kam der Kirchenzehnt. Bei Wegzug oder Besitzwechsel und im Erbfall war eine besondere Abgabe fällig, das sogenannte »Drittel«. Ursprünglich sollte diese gleichsam als Erbschaftssteuer fällige »Drittelpflicht« ein Drittel der »fahrenden Habe« umfassen, beschränkte sich aber meist auf das »Bestkleid«. Klöster nahmen die Kleidungsstücke häufig an sich, um sie an sozial Bedürftige weiterzugeben. Das Kloster St. Blasien bezog z. B. aus seinen Herrschaftsrechten im Amt Schönau (im Wiesental) pro Jahr rund 800 Gulden, 115 Käse, 170 Hühner, 1100 Eier, ein Pfund Wachs, ca. 24 Malter (1 Malter = ca. 150 Liter) Roggen und sechs Malter Hafer. Die Abgabenlast einzelner Höfe verdeutlicht folgendes Beispiel[8]:

Der Trescherhof in Eckbach/Neustadt umfaßte nach einem Besitzverzeichnis aus dem späten 18. Jahrhundert insgesamt 167,8 Hektar Land. Dafür hatte der Hofbauer pro Jahr zu entrichten

a) an den Grundherrn, den Fürsten von Fürstenberg

Bodenzins (eine Art Grundsteuer)	*3 Gulden, 12 Kreuzer (1 Gulden = 60 Kreuzer)*
Hofstattzins und Rauchfangsteuer (eine Art Steuer für »Haus und Herd«)	*36 Kreuzer, dazu 19 Pfund und 8 Lot Butter (1 Lot = ca. 16 g)*
Sterbfall (eine Art Erbschaftssteuer)	*Das beste Stück Hornvieh*

b) an den Pfarrer von Breitnau

Kirchenzehnt und Stolgebühren (Gebühren für Taufen, Beerdigungen usw.)	*8 Kreuzer und 18,5 Meßle Hafer (1 Meßle = 1/10 Sester = 1,5 l)*

c) an den Baron von Sickingen (einen weiteren Grundherrn)

Bodenzins	*2 Gulden, 90 Kreuzer, dazu 4 Hühner, das Stück zu 8 Kreuzer = 32 Kreuzer*
Sterbfall	*Das zweitbeste Stück Hornvieh*

Der Benitzenhof (im gleichen Gebiet gelegen) umfaßte rund 66,5 Hektar. Dieser Bauer hatte jährlich zu entrichten
a) an Fürstenberg

Bodenzins	*2 Gulden, 24 Kreuzer, dazu 12 Pfund und 32 Lot Butter*
Sterbfall	*Die zwei besten Stück Hornvieh*

b) dem Pfarrer von Breitnau

Kirchenzehnt und Stolgebühren	*5 Gulden, 45 Kreuzer, dazu 17 Meßle Hafer als Pferdefutter*

Zur Abgabenpflicht kamen die Fronlasten. Einige Tage im Jahr hatten die Bauern für die Herrschaft Gras zu mähen, Heu zu ernten, Holz zu schlagen oder bei der Jagd zu helfen. Bei Bauvorhaben mußten sie Fuhrdienste leisten. Eine Gruppe von 55 sanktblasianischen Höfen im Hotzenwald hatte als »Weinmennigüter« die Fronpflicht, zweimal im Jahr einen Weintransport für das Kloster – von Bad Krozingen oder von Koblenz am Hochrhein nach St. Blasien bzw. zu einem der Priorate der Abtei – auszuführen. Wer Frondienst leistete, hatte Anspruch auf Verpflegung. Vom Kloster St. Blasien erhielten die Leute am Frontag zwei Maß Wein und zwei Laib Brot. Wer zur Fronarbeit zu spät kam oder sie versäumte, zahlte erhebliche Strafen.
Eine besondere Rechtsstellung hatten die Bauern im südlichen Hotzenwald in der »Grafschaft Hauenstein«. Ihre Rechte gin-

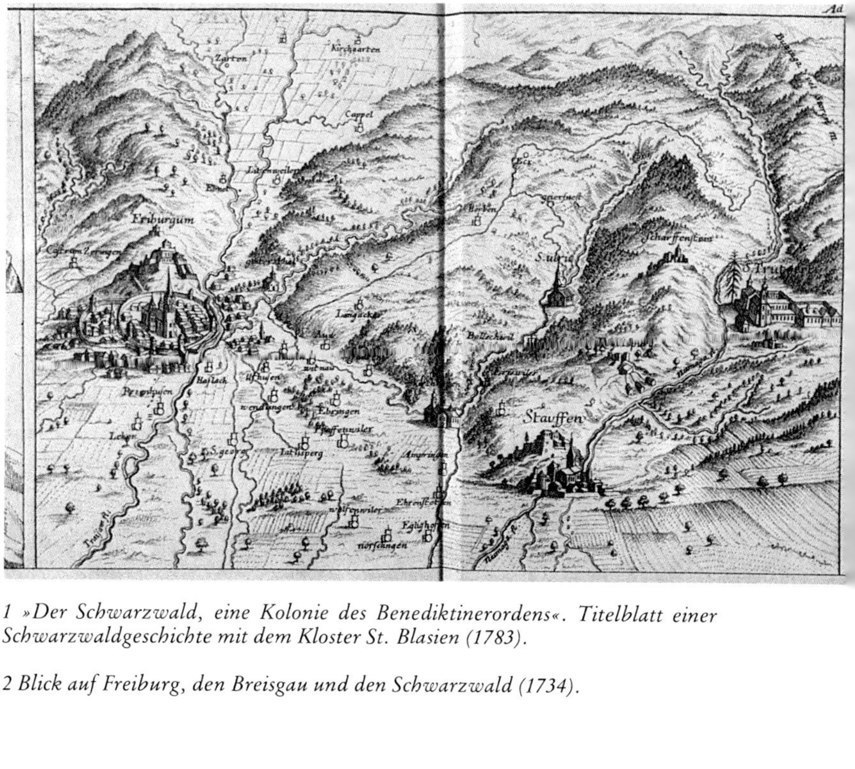

1 »*Der Schwarzwald, eine Kolonie des Benediktinerordens*«. *Titelblatt einer Schwarzwaldgeschichte mit dem Kloster St. Blasien (1783).*

2 Blick auf Freiburg, den Breisgau und den Schwarzwald (1734).

3 Hirtenkinder am Feuer: Schwarzwald als Idylle (1852).

4 Wanderinnen in einem typischen Schwarzwaldtal bei Freiburg (um 1935).

5 Strohgedeckter Bauernhof, erbaut 1717. Die »Großfamilie« vor dem Haus (um 1900).

6 Kleinbauernhof (Mesnerhaus), erbaut 1716.

gen auf Privilegien zurück, die ihnen die Herren von Tiefenstein im 12./13. Jahrhundert verliehen hatten. Die Hauensteiner betrachteten sich als Freibauern und stellten ihren eigenen Vertreter in der vorderösterreichischen Versammlung der Landstände. Stolz auf ihre Rechte, hielten diese Hotzenwälder daran fest: *Als von alter und lang zytt har uff dem Schwarzwald vyl fryer luten, die mit eigenschafft irer liben keyner herrschaft underwurfig, aber mit vyl sonderlichen Fryheiten und gnaden versehen, und namlich also harkomen gewesen sind [...].*[9]
Die ursprüngliche Freiheit dieser »freien Leute« bestand darin, daß sie hinziehen konnten, wohin sie wollten, in der persönlichen Unabhängigkeit vom Klosterverband und der damit verbundenen Befreiung von leibherrlichen Verpflichtungen und in der ausschließlichen Zugehörigkeit zur Herrschaft der Habsburger. Aus diesen Rechten und Freiheiten entwickelte sich mit Zustimmung der Habsburger und des Kaisers eine besondere Form bäuerlicher Selbstverwaltung, die Einung.
Die Hauensteinische Einung ward durch die Alb in den östlichen und westlichen, und durch den Hagwald in den nördlichen und südlichen Bezirk, oder Vor- und Hinterhag, abgetheilt. Letztere Abtheilung ist uralt; es soll der Hag eine Waldung gewesen seyn, welche sich quer durch die Herrschaft zog, und in Kriegen als Verhau zur Vertheidigung diente. In diesen Viertheilen lagen die acht Einungen, vier ob der Alb, als: die Einungen Dachsberg, Höhenschwand, Togern und Bierdorf; vier unter der Alb, als: die Einungen Gehrwyl, Hochsaal, Rikenbach und Murg.[10]
Diese Einung, zu der ursprünglich auch die Talvogtei Schönau und Todtnau sowie der Zwing und Bann St. Blasiens gehörten, entstand etwa in der ersten Hälfte des 14. Jahrhunderts und verstand sich zunächst als militärisches Schutz- und Trutzbündnis, nahm aber schon bald verwaltungstechnische und politische Rechte wahr. An der Spitze jeder Einung stand der Einungsmeister, der jedes Jahr am St. Georgstag (23. April) unter freiem Himmel gewählt wurde.

Die Ledigen und noch nicht verheirateten Mannspersonen dürfen nach altem Herkommen und nach der Verfassung nicht wählen und können auch nicht gewählt werden. Nach dem Gottesdienst kommen die Mannen nebst dem Dorf auf offenem Feld unter freiem Himmel zusammen. Die selbes Jahr in Amt gestandenen Einungsmeister geben öffentlich ihr Amt auf und danken ab. Jeder Einungsmeister muß nach altem Herkommen wegen den im Jahr hindurch vorgekommenen Versehen und Verschulden gegen seine Mitbürger und die anwesende Gebaursame »abbitten«. Dann wird verkündet, daß ein jeder der Anwesenden »freie Stimm und Meinung« habe, einen neuen Einungsmeister für das gegenwärtige und laufende Jahr zu wählen. Ein Bauer hat soviel zu sagen wie der andere. Auch der Bettler, Geringste und Mittelloseste wird gleich dem bestbegütertsten Bauersmanne geachtet und gehalten; damit nicht etwa von den Wählenden auf diesen oder jenen doppelt gestimmt wird, müssen sich die Wähler nach Häuflein absondern. Wem das Mehr der Stimmen zufällt, ist gewählt. Auch wer gegen seinen Willen gewählt wird, muß als Landsmann und zu des Landes Bestem die Wahl unweigerlich annehmen, auch wenn er öfters zu diesem Amte auserwählt wird.[11]

Die Berechtigung zum Antritt ihres Amtes erhielten die Einungsmeister auf der Landsrechnung in Görwihl, wo der Waldvogt die alten Einungsmeister ihrer Pflichten entledigte und die neuen in ihre Ämter einführte. Gemäß seiner Eidesformel hatte der Einungsmeister Schaden und Nachteil von der Einung fernzuhalten, landesfürstliche und Landesinteressen zu fördern und so zu handeln, daß er es vor dem allwissenden Gott zu verantworten sich getraue. Gleichzeitig wurde aus den Reihen der acht Mannen von den alten und neuen Einungsmeistern ein Redmann gewählt, der die Grafschaft nach außen hin vertrat und für die laufenden Verhandlungen mit der Herrschaft zuständig war. Das Amt übernahm in einem Jahr ein Oberälbler, im anderen ein Unterälbler.

Zwei Gemeinden, Nögenswyl und Riesenbach, durften, zur Buße, an diesen Wahlen keinen Antheil nehmen, und zwar, der Sage nach, weil ein Einungsmeister zu Riesenbach bei einem Augenscheine über einen Feldgrenzstreit dem Waldvogte das Haupt mit einer Feldhacke gespaltet; ein rüstiger Einungsmeister von Nögenswyl aber, den es in den Amtsstuben langweilte, sich in die Kammer der Waldvögtin geschlichen hatte, und hier in zu zärtlicher Umarmung mit ihr betreten ward.[12]

Das Siedlungsbild

Nicht jeder, der im Schwarzwald siedelte, bekam seinen eigenen Hof mit entsprechender Hofflur. Viele arbeiteten als Holzfäller, Fuhrleute, Knechte, andere im Bergbau oder in den zahlreichen Holzgewerben. Direkt oder indirekt waren alle auf den Wald angewiesen. Bauern und Holzfäller sahen im Wald über Jahrhunderte hin einen unerschöpflichen Vorrat und nahmen immer mehr von seinen Flächen in Anspruch. Man legte Hochweiden an, brannte ganze Wälder zu Holzkohle oder schlug Langholz und Scheiterholz, das auf Flüssen talwärts gebracht wurde. Neben dem regelmäßigen Eigenbedarf der Schwarzwaldbevölkerung an Bau- und Brennholz hatte der Wald auch die Nachfrage nach Brennholz in den Städten zu befriedigen. Vor allem aber lieferte der Wald den Rohstoff und die Heizenergie für die »holzfressenden Gewerbe«: Glashütten, Bergbau und Eisenhütten. Man schätzt, daß allein für die Hammerschmieden am Hochrhein vom Ende des 15. bis in die Mitte des 18. Jahrhunderts fast zwei Millionen Tonnen Holz aus dem Schwarzwald verbraucht wurden. In einer Beschreibung Vorderösterreichs aus dem Jahre 1797 heißt es:

[...] obwohlen es unmöglich scheinte, daß sich jemaln in dem Schwarzwald ein Mangel am Holz erzeugen könnte, so läßt sich doch selber schon wirklich spühren, daran keine andere Ursach,

als man bishero mit dem Holz so verschwenderisch umgegangen, ein jeder Baur darinnen nach Willkühr, sowiel er gewolt, ausgestecket, ja wohl ganze Waldungen völlig umgehauen, ohne bedacht zu seyn, allda einen Saamen zu lassen und den Wiederaufwachs zu beförderen, daß also ganze und viele Berg ganz blos dastehen und kein Klafter Holz mehr darauf wachset.[13]

Der Feldberg war 1769 vollständig entwaldet. Die Bauern dezimierten den Wald durch die allerorts übliche Waldweide weiter. Das Kleinvieh, Ziegen vor allem, schädigte besonders junge Baumbestände. Unzählige Forstordnungen suchten im 18. Jahrhundert den Wald zu retten, ohne wirklich Erfolg zu haben. Erst die staatliche Aufforstungspraxis vor allem im späten 19. Jahrhundert hat den Schwarzwald davor bewahrt, zu einer Kahlfläche zu werden. Gut ein Drittel des heutigen Waldbestands ist erst damals wieder geschaffen worden. Zu Lasten von Buchen, Kiefern, Eichen und Tannen hat man dabei die Fichte bevorzugt, weil sie einen hohen Massenertrag liefert, durch Vornutzung (für Stangen, Christbäume, Baumstützen usw.) und eine vorgezogene Endnutzung guten Gewinn verspricht, sich aber auch gegen Vieh- und Wildverbiß besser behauptet als Laubbäume und sich auch auf verunkrauteten Böden durchsetzt.

Noch das heutige Siedlungsbild des Schwarzwalds spiegelt etwas von dem Spannungsverhältnis zwischen den Interessen der Bevölkerung wider, den Wald zu nutzen und auszubeuten, ihn aber auch zu erhalten und zu erneuern. Wiesen- und Ackerflächen wechseln mit Waldgebieten, geschlossene Baumbestände mit Lichtungen, Kahlflächen mit einzelnen Baumgruppen; und eingebettet in diese Landschaft liegen die Einzelhöfe und Weiler, die Dörfer, Klöster und kleinen Städte. Man sah einerseits im Wald den Gegner, dem nutzbarer Boden abzuringen war und den man durch Rodung zum Schwinden brachte, woran noch die Ortsnamen auf -schwand oder -schwend (z.B. Menzenschwand, Höchenschwand) erinnern. Andererseits galt der

Wald als Quelle des Lebens, als »Wiege und Grab der Natur« und vor allem als »Sparkasse der Bauern«, in die langfristig zu investieren war, damit man in Notzeiten darauf zurückgreifen konnte.
Kein Hof konnte im Schwarzwald ganz ohne den Wald existieren. Anfangs siedelte man talaufwärts, baute den Hof in der Nähe des Talgrundes oberhalb des Baches, nutzte die Flächen im unteren Teil des Talhangs als Wiesen und Äcker, während die höhergelegenen Hänge bewaldet blieben. Die Siedlungen, die so entstanden, bildeten Talschaften und bestanden aus einer Kette von Einzelhöfen. Viele dieser Taldörfer nannten sich nach dem Bach oder Gewässer, und so enden viele Ortsnamen im Schwarzwald mit dem Suffix -bach, -ach, -tal oder auch -ried und -see. Ein anderer Siedlungstyp entstand auf dem meist kahlen Bergrücken, wo die Höfe in Streulage eine »Schwarmsiedlung« bilden, meist ohne ein ausgeprägtes Ortszentrum zu entwickeln. Auch hier handelt es sich um eine Ansammlung von Einzelhöfen, von denen jeder seine geschlossene Hofflur besitzt. Während die Hofgemarkung in den Taldörfern sich wie ein Streifen quer zur Talachse von einem Kamm zum anderen erstreckt, besitzen die Höfe in den Schwarmsiedlungen auf den Hochtälern oder Höhenrücken Blockfluren. Ein dritter Siedlungstyp entstand dort, wo man die Höfe nicht als geschlossene Güter vererbte, sondern sie infolge der Realteilung auf mehrere Söhne aufteilte, so daß sich der Besitz mehr und mehr zersplitterte und neben den wenigen Einzelhöfen zahlreiche Taglöhnerhäuschen (»Hüsle«) entstanden. Ein ähnliches Bild ergab sich dort, wo Bergleute oder Glasmacher siedelten. Sie bauten bescheidene Wohnhäuser mit einem kleinen Stall, der gerade für eine Kuh oder ein paar Ziegen reichte. Die Häuser oder Häuschen dieses dritten Siedlungstyps gruppierten sich enger zusammen und bildeten bald ein geschlossenes Dorf, während die Talschaften und Schwarmsiedlungen aus Einzelhöfen bestanden, die nur einen losen Verband bildeten. Ein Beobachter des

südlichen Schwarzwalds schilderte 1728 das Siedlungsbild folgendermaßen: *[...] obzwar die Zahl der Ortschaften sich auf 128 belauft, so seynd doch darunter wenig rechte Dörfer, sondern mehrentheils einzelne Höfe und kleine Örtlein, deren viele nur aus etlichen Häusern bestehen.*
Und ein Reisender im Jahr 1785 charakterisierte den Schwarzwald südlich des Höllentals so: *Auf dieser Seite des Schwarzwalds sehe ich, weder von der Straße, noch in der Ferne, kein einziges Dorf, wohl aber mehrere, hie und da zerstreute Bauernhöfe, deren Besitzer zum Teil sehr vermöglich sein sollen. Wenn sich die Bewohner dieses Gebirgs, worunter es auch sehr viele Arme giebt, nicht durch die Viehzucht und das Holz ernährten, so würden sie entweder Hungers sterben oder ihre einsame Hütten verlassen müssen; denn der Ackerbau reicht zu ihrem Unterhalte bei weitem nicht hin und erfordert auch eine ganz besondere Behandlung, die, so viel ich mich erinnere, kürzlich in folgendem bestehet. Wegen der lang anhaltenden, auch öfters in den Sommermonaten einfallenden Kälte werden nur einige Fruchtgattungen, als Gerste, Haber, Roggen, etwas Weizen und Rüben gebauet. Öfters gelangen diese Kreszenzien wegen zu kalter Witterung gar nicht zur erforderlichen Reife und in trockenen Sommern verderben sie von der großen Hitze, die zwischen diesen Steinwänden weit fühlbarer sein muß.*[14]
Die Besiedlung des Schwarzwalds war relativ dünn und sehr ungleichmäßig geblieben. Eine Statistik der vorderösterreichischen Lande von 1785 zählt für den Breisgau 170787 Einwohner. Davon dürfte knapp ein Viertel in den Teilen des Hoch- und Südschwarzwalds gelebt haben, die damals zum Breisgau zählten. In St. Blasien wird 1760 für das Gebiet des sogenannten »Zwing und Bann«, das von St. Blasien und Höchenschwand bis zum Feldberg reichte, eine Zahl von 288 Häusern angegeben. Vermutlich haben im gesamten Schwarzwald gegen Ende des 18. Jahrhunderts erheblich weniger als 100000 Menschen gelebt.

Vieh- und Holzwirtschaft

Die Oberrheinebene galt schon seit alters her als eine »von Gott und der Natur reich gesegnete« Gegend. Ganz anders der Schwarzwald. Hier herrscht ein rauhes Klima, in den Hochlagen fallen drei- bis viermal so viele Niederschläge wie am Oberrhein, die Winter sind lang und kalt. Die Böden erlauben nur in Tallagen ergiebigen Ackerbau. Grundlage der bäuerlichen Existenz bildete hier stets die Vieh- und Holzwirtschaft:

Der Schwarzwald bringt zwar wenig Getreyd hervor, ersetzet aber diesen Abgang durch die gute Vieh Waid und große Menge Holz, daß also denen dasigen Innwohnern an nöthigen Lebens Mitteln gar nichts ermangelt, dann hiegegen ihren verkaufenden Vieh, Wein und Getreyd genug haben können. Das Vieh wird sowohl in dem Preysgau als in das Elsaß verkauft. Mit dem Holz aber wird fast das ganze Preysgau und besonders die Garnisonen zu Freyburg und Preysach versehen, auch noch hin- und wieder etliche Schmelz- und Glashütten, auch Hamer Schmidten unterhalten, daß also davon das Land einen zwar dem Schein nach nicht großen, aber doch immerwährenden und versicherten Nutzen schöpfet, wann nur dieses Commercium mit dem Holz mit der nothwendigen Vorsichtigkeit geführet wird.[15]

Vieh- und Holzwirtschaft brauchen ausreichend große Flächen, wenn die Bevölkerung davon leben soll. In der Tat blieben die Hofgemarkungen im Schwarzwald relativ groß; sie umfaßten im Durchschnitt etwa 30 – 60 ha. Davon war meist mehr als die Hälfte Wald, nur ein geringer Teil (meist unter 10 Prozent) Ackerland, das übrige Wiese und Weide. 1799 schildert der Freiburger Professor Lugo die Schwarzwälder Viehwirtschaft folgendermaßen:

Auf dem Schwarzwalde hingegen, wo entweder ganz keine Korngattung oder höchstens mit größter Mühe wenige Sommerfrüchte erzielet werden, zieht der Wälder beynahe seinen ganzen Unterhalt aus dem Wieswachs. Er pflegt sein Grasland mit vieler

Aemsigkeit und befördert mit dem auf diese Art gewonnenen Futter nicht nur die Vermehrung seines Viehs, sondern er kann sich sogar mit der Mastung desselben mehr oder weniger abgeben. Im ganzen genommen ist der Wieswachs auf dem Schwarzwalde von nicht kleiner Ergiebigkeit, wovon hauptsächlich das Rindvieh, welches in nicht unbeträchtlicher Menge auf demselben angetroffen wird, der sicherste Beweis ist. Um das Moos zu vertreiben düngt der Wälder seinen Wiesboden auf folgende Art: er setzt hie und da auf seiner Wiese, besonders wo sie moosigt ist, kleine Haufen mit Rasen, legt dazwischen Zaunholz und Strauchwerk, verbrennt nachher diese Haufen und verbreitet die zurückgebliebene Asche über die Wiese. Auf diese Art wird nicht nur die Wiese sattsam begeilet, sondern selbst das Moos durch die salzige Asche verzehrt. Diese Uiberstreuung unternimmt er darum im Herbste, damit die Winterfeuchtigkeit alles desto besser auflöse.[16]

Auf einem mittleren Hof hielt man wohl etwa zehn Kühe und Ochsen, vielleicht auch zwei Pferde, daneben Kleinvieh, Kälber, Ziegen, Schafe, Schweine und Geflügel. Eine alte Bauernregel sagte, ein Hof solle nicht mehr als 99 Stück Vieh halten, mehr bringe Unsegen ins Haus. Ein Pfarrer aus Ibach bei Bernau schildert, wie er zu Beginn unseres Jahrhunderts die Viehwirtschaft noch erlebte:

Der Bauer lebt von Landwirtschaft und Viehzucht. So hat er in seinem Hause auch das Vieh im Stall stehen. Die Haustiere gehören zu seinem Hauswesen, zu seiner Hausgemeinschaft. Fast jedes Tier hat seinen eigenen Namen. Am frühen Morgen geht der Bauer zu seinen Tieren in den Stall. Er gibt ihnen Futter und macht den Stall sauber und streut ihnen dann mit Sägemehl oder Stroh ein. Früher verwendete man zum Einstreuen auch »Wäsmen«, das sind getrocknete und zerrissene Grasnarben. In den alten Akten wird ausdrücklich darauf hingewiesen. An dem Brunnen im Haus wird das Vieh getränkt. Mutter oder Tochter besorgen das Melken der Kühe, damit es Milch gibt zum Kaffee und zum »Anken« machen [...] Mancher Bauer hat heute eine Melkmaschine. Bevor ich ins Studium ging, habe ich oft daheim unsere acht Kühe gemolken, aber ohne Melkmaschine, sondern mit den eigenen Händen. Bevor der Bauer am Abend ins Bett geht, schaut er noch einmal nach, ob im Stall alles in Ordnung ist, nicht daß sich eines der Tiere von der Kette losgemacht hat und im Stall herumgeistert und die anderen in der Ruhe stört. Früher, als man nicht einfach den Lichtschalter bedienen konnte, hat der Vater seine Stallaterne, mit einem Kerzenstumpen darin, angezündet, um nach den Tieren zu sehen.[17]

Für die Viehhaltung brauchte man große Weideflächen und Matten (d. h. bewässerte Wiesen) zur Heugewinnung. Für ein Stück Großvieh rechnete man im Schwarzwald durchschnittlich 1–2 ha Grünfläche. Ein Schwarzwaldhof mittlerer Größe benötigte für die Stallfütterung im Winter rund 100 Wagen voll Heu und Öhmd (vom zweiten Grasschnitt im Spätsommer). Heu und Öhmd wurden im Heustock gestapelt. Je nach Bedarf schnitt man dann mit dem Heumesser »eine Scheibe« ab, so daß das Vieh auf diese Weise Futter aus verschiedenen Matten gemischt erhielt. Den Sommer über war der Großteil des Viehbestandes auf der Weide. Den Stier (Zuchtochse) und trächtige oder frisch abgekalbte Kühe trieb man auf die Tagweide in der Nähe des Hofes, von wo sie am Abend in den Stall zurückgebracht wurden. Kleinvieh, vor allem Schweine, aber auch Ziegen, wurde in den Wald zur Mast getrieben. Es richtete dort nicht unerheblichen Schaden an. Das Jungvieh aber wurde den ganzen Sommer über auf den Hochweiden gehalten. Wohlhabende Bauern hatten ihre eigene »Jungviehweide«, in deren Nähe auch ein Berghüsli stand, wo ein Nachkomme oder Bruder des Hofbauern wohnte und das Jungvieh versorgte. Auf der Hochweide wurde das Jungvieh vom Herder mit den Hirtenbuben betreut; bei Unwetter oder in kalten Nächten fand es in Viehhütten Schutz. Im Unterschied zur Alpenlandschaft trieb man im Schwarzwald keine Almwirtschaft, sondern zog Jungtiere auf

der Sommerweide groß, um sie dann als Schlacht- oder Zuchtvieh im Herbst zu verkaufen. Am Laurentiustag (10. August) oder an St. Bartolomä (24. August) hielt man bei den Viehhütten Märkte ab, die – ebenso wie der traditionelle Viehauftrieb an »St. Peter und Paul« (am 29. Juni) – richtige Volksfeste waren.
Der Neustädter Obervogt Krapf beschreibt 1749, wie kurz die Sommerweide im Feldberggebiet dauerte: *Der Weydgang auf diesem Berg ist sehr raw, saur und nur vor das Junge Vieh und unterhalb der Hüthen vor alte keine milch mehr gebende Kühe tauglich. Man kann auch das Vieh nicht früher als allererst nach St. Johann Baptistatag [24. Juni] dahin ausschlagen und nit daselbsten auf der Wayd lassen, als högstens bis Kreuzerhöhung Tag, so der 14 te 7bris [14. September], und also ist die Dauer von der wayd, wan der iahrgang guth, und der Feldtberg vom Schnee befreyet, Lengstens 10 oder 11 Wochen.*[18]
Die Hochweiden waren in der Regel Gemeinde- oder Genossenschaftsbesitz, ebenso wie die dazugehörigen Viehhütten, etwa die Todtnauer Hütte, St. Wilhelmer Hütte, die Stollenbacher oder Erlenbacher Hütte. Man brachte in guten Zeiten 100 bis 120 Stück Vieh auf eine Weide. Die Höfe in Bernau hatten in der Zeit um 1600 gut 600 Stück Großvieh. Man benötigte für sie rund 1200 ha Weidefläche. Dazu zählten nicht nur baumlose Flächen, sondern auch Waldgebiete mit relativ lichtem Baumbestand. Die bis ins 18. Jahrhundert weitverbreitete Waldweide hat zu schweren Schäden und zu häufigen Beschwerden der Waldherrschaft geführt. Die Aufsicht über die großen Viehherden hatte der »Herder«, der auch die Hirtenbuben und -mägde anstellte. Er erhielt um 1800 ein Gehalt von 40 bis 60 Gulden im Jahr, etwa soviel wie ein Lehrer, während z. B. ein Maurerlohn höher lag und pro Tag einen halben bis einen Gulden betrug. Der Herder bewohnte sein eigenes Haus, die »Herderhütte«, und konnte gegen Gebühr auch Vieh von solchen Bauern aufnehmen, die nicht der Gemeinde oder Genossenschaft angehörten. Hirtenkinder kamen teils aus armen Familien des eigenen Ortes, teils

wurden sie auch auf regelrechten Märkten angeworben. Vom Leben der Hirtenbuben berichtet Hermann Hug in seinen Erinnerungen an die Zeit von 1920 bis 1922:

Natürlich mußte auch das Hüten gelernt sein, und so gab es manche Ratschläge, z. B.: »Du mußt immer vor der Herde stehen oder laufen und mit den Viechern sprechen, schimpfen, lärmen oder auch singen, damit sie auch merken, daß jemand bei ihnen ist. Nicht ans obere Eck von der Herde hocken und das Vieh an dir vorbeiziehen lassen, da kann man nicht wehren, wenn man hinten dran ist«, usw.[19]

Die Allmendweiden – sei es auf offenen Flächen oder in Waldweiden – konnten alle Bewohner des Dorfes nutzen. Natürlich hatten diejenigen im Ort den größten Vorteil, die am meisten Vieh auf die Weide trieben. Sie wehrten sich zum Teil gegen die Mitbenutzung der Allmenden durch die ärmeren Leute, weil diese – wie behauptet wurde – nichts für die Erschließung der Weiden (etwa durch Wegebau und Abholzung) und ihre Pflege beitrügen. Mit dem Aufkommen planmäßiger Land- und Forstwirtschaft im ausgehenden 18. Jahrhundert mehrten sich die Klagen vor allem von seiten der Herrschaft, die Allmenden seien verwahrlost und schlecht genutzt. Sie sollten deshalb (wie in England schon früher) eingehegt und aufgeteilt werden. Im frühen 19. Jahrhundert drängte die Obrigkeit darauf, daß die Allmendrechte sowohl in bezug auf die Holznutzung im Allmendwald als auch in bezug auf das Weiderecht abgelöst würden.

Der Ackerbau trat gegenüber der Viehwirtschaft im Schwarzwald zurück, war aber nicht ohne Bedeutung, freilich beschwerlich und nur in Tallagen ertragreich. Eine badische »Vaterlandskunde« aus dem Jahre 1858 schildert die Arbeit der Schwarzwälder auf dem Feld:

In den hochgelegenen Thälern dieses Waldgebirges wohnt still und friedlich ein Volk, das während des kurzen Sommers dem rauhen Boden mit Mühe das abringt, was Genügsamkeit zum

Lebensunterhalt verlangt. Sobald der Schnee geschmolzen von den Bergen rinnt und der Boden trocken ist, geht Klein und Groß hinaus auf die Aecker, die sich meistens die Anhöhen hinauf erstrecken; dort wird am untern Saum der heruntergeschobene Grund aufgegraben und an den obern Rand des Ackers geschüttet; in Reihen stehen die Familienglieder; eins trägt dem andern den Korb voll Erde zu, bis das oberste ihn auszuleeren erhält. Diese Arbeit muß auf jedem Acker in jedem Frühjahr verrichtet und der bloßgelegte Felsboden mit fruchtbarem Ackergrund überschüttet werden. In ähnlicher Ordnung wird auch der Dung hinaufgetragen, zu welchem Zweck das Rößlein, dem man zwei Körbe mit diesem Stoff gefüllt aufgeladen hat, viele Tage lang hintereinander die schmalen Pfade hinaufgeleitet wird. Alsdann wird gepflügt und gesäet. Wenn die Saat aufgegangen ist, bewegen sich die Frauen knieend durch die Aecker und reinigen sie mit den Händen und einer kurzen Hacke vom Unkraut.[20]

Der Anbau von Getreide war vor allem in den höher gelegenen Teilen des Schwarzwalds mühsam, wenig ergiebig, aber zur Selbstversorgung unentbehrlich. Man baute vorwiegend Hafer, Roggen und Weizen an. Wohlhabende Bauern konnten die Roggen- und Weizenernte speichern und in einer eigenen Hofmühle je nach Bedarf frisch vermahlen. Die meisten mußten ihr Getreide zur Bannmühle fahren. Einen Teil mußte man für die Aussaat zurückhalten. Der Ernteertrag lag bis ins 18. Jahrhundert nur wenig über dem Dreifachen der Saatmenge. Hafer wurde geschrotet, woraus man das Hafermus, eine Grundnahrung in vorindustrieller Zeit, kochte.

Mit der Feldarbeit begann man jeweils, wenn der Schnee von den Feldern geschmolzen war. Erst dann konnte man pflügen. Das Ochsengespann ging im Doppeljoch; das paarweise Ziehen im Ochsengespann wurde den Jungochsen mit viel Geduld beigebracht. Oft mußte der Pflug dreimal über den schweren Boden gezogen werden. Man pflügte parallel zum Hang, brach die Krume talwärts um, denn das war kraftsparend. Am unteren

Ackerrand ließ man jeweils zwei bis drei Furchen übrig, von denen die Erde mit dem »Flaschenböck«, einem flaschenzugartigen Gerät, auf das obere Ackerfeld hinaufgezogen wurde, um so den Ausgleich für das Abwärtspflügen herzustellen und zugleich abgeschwemmten Boden wieder hangaufwärts zu schaffen. Mit demselben Gerät wurde Stallmist auf den steilen Hängen nach oben gebracht.

Ein Reisebericht aus dem ausgehenden 18. Jahrhundert schildert, wie man die Bodenqualität zu verbessern suchte: *Der Boden ist voll Steine, die Erde äußerst mager und an den meisten Orten ragen Bruchstücke von Felsen hervor; aus Mangel an Dünger wird sowohl Busch- als anderes Holz in Bündel auf das umzubauende Feld gelegt, mit ausgestochenem Wasen und Torf belegt, langsam verbrannt und die Asche ausgestreuet. Diese Art von Besserung hält nun freilich nicht an, aber sie ist auch, die Mühe ausgenommen, nicht kostbar. Das nämliche Stück Feld wird äußerst selten mehrere auf einander folgende Jahre gebauet; es bleibt 6–8 oder noch mehrere Jahre liegen und dienet zur Weide; dann wird der Wasen im Sommer, wann er gut ausgetrocknet ist, wieder umgebrochen und die eben beschriebene Operation wiederholet.*[21]

Ein begrenztes Stück Ackerland gewannen die Bauern jedes Jahr durch die »Rüti« (Reute). Hierzu wurde an geeigneter Stelle ein etwa 5 bis 20 Ar umfassendes Stück Niederwald oder Gestrüpp abgeholzt. Hasel- und Birkenhölzer und Ginsterbüsche ließ man dörren, schälte die filzige Pflanzendecke mit der Hacke ab und trug den Wasen auf einen Haufen zum Trocknen; im Herbst nach der Ernte konnte man Wasen und Reisig verbrennen, die Asche auf dem Reutfeld verstreuen und darin Winterroggen säen, der zwar nicht sehr ergiebige Mengen erbrachte, wohl aber von überdurchschnittlicher Qualität war. In den folgenden Jahren diente das Reutfeld dann als Weide, bis es im Lauf von Jahrzehnten wieder mit Gestrüpp und Bäumen überwuchert war.

Land- und Forstwirtschaft mußten die überwiegende Mehrheit der Schwarzwälder ernähren. Der Holzreichtum schien lange Zeit unerschöpflich, doch wurde er immer stärker für eine zweite Lebensgrundlage der Region in Anspruch genommen: für den Bergbau und die Eisenverhüttung. Seit der Besiedlung des Schwarzwalds im Hochmittelalter grub man nach Silber und Blei, vor allem im Schauinsland, im Münstertal, im hinteren Wiesental, aber auch im Suggental bei Denzlingen und im Gebiet um St. Blasien. Sulzburg, Münster (beim Kloster St. Trudpert) und Todtnau waren Orte, die fast ganz vom Bergbau lebten. Freiburg verdankte seinen Aufschwung im 13. und 14. Jahrhundert den Silbererträgen. Man schätzt, daß in diesen Jahrhunderten jährlich im Durchschnitt 1000 Mark Silber (die Mark zu 235 Gramm gerechnet) gewonnen wurden. Ein Teil wurde als Edelmetall bis nach Oberitalien und auf den Champagner Messen verkauft, ein anderer Teil zu Münzen geschlagen. Das Wappenzeichen der Freiburger Münze war ein Adler- oder Rabenkopf. Die Münzorte am Oberrhein (im Breisgau, im Elsaß und in der Schweiz) schlossen sich zu einem »Rappenmünzbund« zusammen. Die kleinste Münze der Schweizer Währung trägt noch heute den Namen »Rappen« (von der Rabenmünze). Der Silberbergbau verlor endgültig seine Rentabilität, als Europa nach der Eroberung Mittelamerikas im 16. Jahrhundert von Silber überschwemmt wurde. Allerdings war schon immer zusammen mit dem Silber Blei geschürft worden. Bei der Gewinnung von 1 kg Silber fielen jeweils bis zu 1000 kg Blei an. Dieses Metall benötigte man seit dem Spätmittelalter vermehrt zum Verbleien von Fensterglas (»Butzenscheiben«), für Röhren und für die Produktion von Geschütz- oder Gewehrkugeln. Im Dreißigjährigen Krieg wurden Gruben- und Förderanlagen zerstört, auch nach Kriegsende erholte sich der Bergbau im Südschwarzwald nur langsam. Erst im 18. Jahrhundert investierten Unternehmer, vor allem die Familie Litschgi aus Bad Krozingen, neues Kapital in die Gruben am Schauinsland und brachten die Förderleistung auf bis zu 100 Tonnen Bleierz pro Jahr. Die Steigerung der Produktion hatte allerdings auch höhere Belastungen von Wald und Feldern zur Folge. Eine Abordnung der Bauern des Kapplertals (bei Freiburg) beklagte sich 1757:

Als erster erschien der Vogt Michael Buz. Er brachte »geziemend« vor, daß der Freiherrlich Beroldingensche Faktor Blank im Schauinsland nach wie vor seine Pferde auf der gemeinen Weide »laufen« lasse, obwohl er ihm diese Eigenmächtigkeit untersagt hatte. Der Faktor schützte vor, daß er Pferde halten müsse, weil die Gemeinde die Versorgung der Bergleute mit Lebensmitteln nicht mehr vornehmen wolle, dachte aber nicht daran, daß er die Fuhrleute schlecht bezahlte und sie deswegen ihre Dienste einstellten. Dann rügte der Vogt die Verheerungen, welche das von der Poche herabfließende vergiftete Wasser an den Matten anrichtete. Er sagte, sie würden »verderbt, erödet und ruiniert«, und wies darauf hin, daß die Wirtschaft der Bauern mangels Gras und Heu daniederliege. Der »Waßmen« [Wasen], der Grund und Boden, würden vollkommen »abgefrezet und hinweggenommen«. Der Bergrichter erkannte, wie er zugegeben hatte, die angerichteten Schäden, ersetzte sie aber nicht. Der Vogt bemängelte auch die widerrechtliche Aneignung von Holz, die dem Faktor zur Last falle, weil er nicht nur den Wald plündere, sondern auch die Stammlosung nicht entrichte. Auch die Bergknappen, erklärte er, tragen zur Schädigung der Waldungen bei. Sie hauen das schönste Buchenholz »für sich zum Brennen« ab, wodurch sie dem allerhöchsten landsfürstlichen Interesse mehr Schaden zufügen, als die Herrschaft aus dem Bergwerk Nutzen zieht. Im ganzen werden meine Untertanen in äußerste Bedrängnis versetzt, so daß sie bald kaum mehr in der Lage sind, die »landsfürstlichen Ob- und Anlagen zu praestieren« [die landesfürstlichen Steuern zu entrichten].

Nachdem der Vogt die Klagen vorgebracht hatte, stimmten in sie ein die Viertmänner Blasi Hercher und Christian Steyert [der Viertmann war einer der vier Beigeordneten des Vogts], ferner Michael Stayert [Gerichtsmann]. Sie erweiterten sie mit der Angabe, daß ihre alten Matten schon zwölf Jahre lang Not litten und daß aus ihren Wäldern in dieser Zeit rund 4000 Klafter entnommen wurden. Den Schaden, den sie dadurch erlitten, bezifferten sie auf drei-, vier- bis fünfhundert Gulden, und ersetzt wurde ihnen nicht ein Kreuzer. Das vergiftete Wasser, erklärten sie, sei so scharf, daß davon sogar die in Nähe stehenden Bäume allmählich zugrunde gingen. Auch die Herrschaft und sogar die Freiburger Fischer bei der Dreisam litten Mangel am Bestand der »Fastenkost«.[22]

Die Bergleute kamen zum Teil aus dem Ausland, vor allem aus Tirol, wie an den Namen zu erkennen ist, z.B. Milecker, Pichler, Maderspacher, Marksteiner, Schmädel, Steiner. Sie konnten sich in der Regel ein Bergmannshäuschen bauen; oft klagten die Bauern, daß sie das Holz dazu im Allmendwald der Gemeinde schlugen. Durch Rodung gewannen manche Bergmannsfamilien ein Stück Ackerland, auf dem sie Kartoffeln anpflanzten. Wieder gab es Ärger mit den Alteingesessenen, wenn sich die Bergleute weigerten, für ihr Ackerland die Gebühren an die Gemeinde zu zahlen, weil sie meinten, »durchaus von allem frei zu sein«. Viele Bergleute blieben ihr Leben lang fremd in der bäuerlichen Umgebung; manchen begegnete man wegen ihrer konfessionellen Herkunft mit Mißtrauen: Bei Streitigkeiten wurden sie als »halbe Lutheraner« beschimpft. Im Grunde blieben die meisten im Bergbau Beschäftigten arme Leute, auch wenn sie in Geldlohn bezahlt wurden. Die Löhne waren im 18. Jahrhundert uneinheitlich und hingen auch von der Ertragslage der Gruben ab. Um die Mitte des Jahrhunderts verdiente ein Steiger am Schauinsland in der Woche eineinhalb bis drei Gulden, Hauer und Pochearbeiter etwa den gleichen Betrag. Kinder, die zum Schieben der »Hunde« eingesetzt waren,

Absender:

Name

Straße

PLZ Ort

Deutsche Landeskunde
Landeskunde Baden-Württemberg
Geschichte und Archäologie
Kunst und Kultur

THEISS

Antwort/
Postkarte

Bitte freimachen

Konrad Theiss Verlag GmbH & Co.
Villastraße 11
Postfach 10 42 52

7000 Stuttgart 10

erhielten pro Schicht kaum zehn Kreuzer, in der Woche also nur knapp einen Gulden.
Der Silber- und Bleibergbau am Schauinsland wurde Ende des 18. Jahrhunderts eingestellt. Er rentierte sich nicht mehr. Erst in der zweiten Hälfte des 19. Jahrhunderts grub man in dieser Region wieder nach Erzen und förderte vor allem Zink und Zinkblende. In anderen Gebieten des Südschwarzwalds wurde Eisenerz gewonnen, so bei Kandern. Von größerer Bedeutung als der Eisenerzbergbau war jedoch die Eisenverhüttung. Ihre wichtigsten Standorte lagen am Hochrhein, in Laufenburg, Murg und Albruck, außerdem in Eberfingen an der Wutach, in Hausen im Wiesental sowie in Kandern. Das Erz kam zum Großteil aus dem nahen Fricktal in der Schweiz, aus dem Klettgau oder aus weiter entfernten Erzlagerstätten. Die benötigte Wasserkraft lieferte der Hotzenwald. Seit dem Mittelalter gab es dort »Wuhren« (oder »Wühren«), d. h. kanalisierte Bäche, die Wasser aus hochgelegenen Seen und Quellen zu den Eisenwerken leiteten. Einen Teil des Wassers konnten die Bauern zur Wässerung ihrer Wiesen benutzen, und da die Wuhren besonders bei Regenfällen auch abgeschwemmte Düngestoffe (Mineralien) mitführten, erfüllte die Wiesenwässerung einen mehrfachen Zweck. Die wichtigste Energie für die Eisenwerke war die Kohle, genauer: die Holzkohle.
Holzkohle wurde von Köhlern und Kohlbauern im Wald erzeugt. Pro Kohlhaufen wurden 25 bis 30 Klafter (das Klafter zu rund vier Kubikmetern gerechnet) Holz aufgeschichtet. Ein Klafter Holz ergab etwa vier Zuber Holzkohle. Ein Zuber kostete in der zweiten Hälfte des 18. Jahrhunderts etwa 50 Kreuzer. Das war etwa der gleiche Preis, den ein größerer Baumstamm (z. B. als Bauholz) kostete. Die Schmelzöfen und Schmiedehämmer bevorzugten Holzkohle, die zu etwa zwei Dritteln aus Buchenholz und zu einem Drittel aus Tannenholz erzeugt war. Allein am Feldberg bestanden im 18. Jahrhundert gut drei Dutzend Kohlplätze. Da es im Südschwarzwald bis über

die Mitte des 18. Jahrhunderts hinaus praktisch keine Straßen, sondern nur unbefestigte Wege gab, mußten sich die Fuhrleute auf Karren und kleine Wagen beschränken, mit denen man ein paar Zuber Kohle beförderte. Die Tatsache, daß trotzdem in den Eisenwerken von Albruck, Murg, Tiefenstein und Gutenstein täglich schätzungsweise gegen 100 Zentner Holzkohle verbrannt wurden, vermittelt eine Vorstellung von der Bedeutung des Kohle- und Transportwesens für den Hotzenwald.
Das Eisenwerk Eberfingen an der Wutach arbeitete mit Holzkohle, die an Ort und Stelle aus Scheitholz erzeugt wurde. Das Scheitholz kam aus dem Feldberggebiet und wurde über die Gutach und die Wutach herangebracht, jährlich bis zu 10000 Klafter Holz. Ständig waren 52 Holzknechte in der Flößerei beschäftigt, bei günstigem Wasserstand ein Mehrfaches davon. Mit Hilfe von »Klusen« (Stauwehren) wurde das Floßholz aufgestaut, um es dann mit erhöhtem Wasserstand weiterzuflößen. Es wird geschätzt, daß für einen Zentner Eisenwaren etwa das Zwanzigfache, d. h. rund zwei Tonnen, Holz verbraucht wurden. Allein das Eisenwerk Eberfingen erzeugte pro Jahr 5000 bis 10000 Zentner Eisen. Kein Wunder, daß allmählich das Gebiet von Falkau bis Neustadt kahlgeschlagen war.
Noch größere Mengen Eisen produzierten die Werke am Hochrhein, deren Blütezeit allerdings früher lag. Sie hatten sich 1494 zum sogenannten »Hammerschmiedbund« zusammengeschlossen, der ähnlich wie eine Zunft strenge Qualitätsgarantien, Produktionsbeschränkungen und Regeln für die Beschäftigten festlegte. 1744/48 löste sich der Bund auf. Die Unternehmensführung im Eisenwerk Albruck erwarb das Kloster St. Blasien. Hier wurden überwiegend Arbeitskräfte aus dem Hotzenwald beschäftigt, 1791 zählte das Werk 137 Beschäftigte. Die Löhne entsprachen denen für Facharbeiter und lagen wie die der Steiger im Bergbau bei ca. einem halben Gulden am Tag. Über die Ertragslage gibt folgende Abrechnung für das Eisenwerk Wehr aus dem Jahr 1787[23] Auskunft:

Die Ausgaben betrugen 47065 fl.

13275 fl. für Erz frei Werk	*3000 fl. Diverse Ausgaben*
18590 fl. für Kohlen	*1800 fl. Großhammerschmiede*
700 fl. für Baukosten	*1250 fl. Kleinhammerschmiede*
450 fl. für Platzarbeiterlöhne	*7500 fl. Kapitalzins für die Anlage im Wert von 150000 fl.*
500 fl. Regal	

Die Einnahmen betrugen 50850 fl.
1000 fl. für 100 Ztr. Stabeisen ins Inland
3300 jl. für 300 Ztr. Kleineisen im Inland
6300 fl. für 600 Ztr. Stabeisen ins Ausland
40250 fl. für 3500 Ztr. Kleineisenwaren ins Ausland

Der Hauptanteil aus der Produktion der Eisenwerke an Wutach und Hochrhein ging in die Schweiz, vor allem an Eisenhändler in Basel. Bis die Ware dort ausgeliefert werden konnte, war freilich noch eine Reihe von Brücken- und Wegezöllen zu zahlen. Seit Ende des 18. Jahrhunderts konnte man auf Dauer gegen die Billigimporte von Eisenwaren aus England nicht mehr konkurrieren. Eberfingen schloß den Betrieb schon 1760/61. Die Eisenwerke am Hochrhein reduzierten, soweit sie nicht ebenfalls die Arbeit einstellten, die Produktion. Albruck wurde schließlich 1866 geschlossen. Als Standorte technisch frühentwickelter Großgewerbe blieben diese Orte jedoch weiterhin wichtig: Hier konnte die Industrialisierung anknüpfen. Es entstanden Maschinenfabriken, auf dem Gelände der ehemaligen Eisenwerke in Albruck wurden die Zellstoffwerke (die heutige Papierfabrik) gebaut. Der entscheidende Grund für den Rückgang der Eisenwerke war die Energiekrise seit der Mitte des 18. Jahrhunderts: Holz aus dem Schwarzwald wurde knapper und teurer und konnte bald nicht mehr in der geforderten Menge geliefert werden.

Die Zahl der im Bergbau und in der Eisenverhüttung Beschäftigten dürfte im Südschwarzwald um die Mitte des 18. Jahrhunderts an die 1000 Personen betragen haben. Etwa die gleiche Zahl fand Arbeit als Flößer, Holzknechte und Fuhrleute. Und noch einmal so viele waren zu dieser Zeit als Holzfäller, Köhler und

Aschenbrenner beschäftigt. Viele von ihnen konnten eine Familie ernähren. Meist achtete die Betriebsleitung oder die Landesregierung darauf, daß nur Leute aus der Region beschäftigt wurden, zumal sie auch katholisch sein mußten. Auch das eisenverarbeitende Gewerbe beschäftigte zu jener Zeit ein paar hundert Leute. Im vorderen Wiesental wurden z. B. Ketten, Hufeisen und Beschläge hergestellt. In Schopfheim arbeitete von 1757 bis 1837 eine große Drahtzieherei. Im Hotzenwald gab es noch Anfang des 19. Jahrhunderts fast 300 Nagelschmiede. Zahlreiche Löffelschmieden arbeiteten an geeigneten Standorten im Schwarzwald. Um 1800 produzierten allein die drei in der Nähe von Hinterzarten gelegenen Löffelschmieden zusammen jährlich etwa 15000 Dutzend Löffel und erzielten dafür einen Erlös von 8000 Gulden. Die Löffel, die aus einem Stück gefertigt und verzinnt waren, lieferte man meist ins Ausland, nach Württemberg, in die Schweiz, ins Elsaß und bis nach Rußland.
Neben Land- und Forstwirtschaft, Bergbau und Eisenverarbeitung gewannen einzelne Gewerbe im Schwarzwald eine natürliche Lebensgrundlage. Die meisten entwickelten sich erst im Laufe des sozialen Strukturwandels im 18. Jahrhundert, von dem später berichtet wird. Auf eine lange Tradition bis ins Hochmittelalter läßt sich jedoch die Glasgewinnung im Schwarzwald zurückführen. Sie wurde von den Klöstern gefördert und beruhte vor allem darauf, daß genug Holz zur Verfügung stand. Aus Holz gewannen die Aschenbrenner die – neben Quarzsand – benötigte Pottasche. Sie konnten dafür auch Abfallholz (Äste, Rinden usw.) verwenden. Zum Glasschmelzen waren hohe Temperaturen erforderlich, wofür wiederum große Mengen Holzkohle gebraucht wurden. So war zur Herstellung von 100 kg Glas die Menge von 100 bis 200 Ster (m^3) Holz nötig.
Wenn der Holzreichtum eines Ortes aufgebraucht war, mußten die Glaser und Aschenbrenner weiterziehen. So entstand die berühmte Glashütte Äule 1716 durch Verlegung von Blasiwald.

Die 1634 gegründete »Altglashütte« im fürstenbergischen Rotwasserdörfle wanderte 1706 wegen Holzmangel nach Neuglashütten und wurde schließlich von dort 1723 nach Herzogenweiler verlegt. Die Bauern wehrten sich gegen die Glaser ebenso wie gegen die Bergleute und Erzschmelzer, die ihren Wald verbrauchten. Zugleich schlugen sie selbst große Mengen Brennholz zum Verkauf in die benachbarten Städte, ungerechnet den Eigenbedarf, der pro Haus und Jahr auf mindestens sechs Klafter (rund 25 m^3) geschätzt werden kann. Das Höllental war gegen 1770 abgeholzt; so viel hatte man die Dreisam abwärts geflößt und nach Freiburg geliefert. »Wälderglas« hatte vor allem im 18. und frühen 19. Jahrhundert Hochkonjunktur. Berühmt waren die Erzeugnisse der Glashütte Äule, für die noch 1880 jährlich 3000 Ster Holz zum Glasschmelzen geliefert wurden. Man produzierte Trinkgläser in verschiedenen Formen (Becher, Krüge, Pokale, Bier- und Weingläser), schlanke Maßflaschen für Wein, ferner Schnapsflaschen in kantiger oder bauchiger Form, wie sie noch heute für Schwarzwälder Kirsch- oder Zwetschgenwasser Verwendung finden. In der Bearbeitung der Gläser durch Schleifen und Bemalen fanden auch Heimarbeiter eine Beschäftigung. Die Glaser ließen diese Feinarbeit gerne von Frauen ausführen.

»Uff de Heimet bliebe ...«

Der bäuerliche Alltag

Das Schwarzwaldhaus

Nichts erscheint so typisch für den Schwarzwald wie das Schwarzwaldhaus. Es hat dem Leben, der Arbeit und dem sozialen Gefüge der Menschen dieser Region eine dauerhafte Struktur verliehen. Zugleich gibt es der Lebensform der Schwarzwälder sinnfälligen Ausdruck. Das Schwarzwaldhaus ist ganz von der Natur der Region bestimmt: Form und Baustoff, innere Gliederung und Stellung in der Landschaft sind abhängig von den natürlichen Gegebenheiten. Das Klima ist rauh, die Winter sind lang; Frost und Schnee können bis in den Mai hinein andauern. Regen und Sturmwinde kommen heftig und lassen so schnell nicht nach. Die Niederschlagsmengen steigen mit zunehmender Höhenlage und erreichen das Vierfache derjenigen, die in der Oberrheinebene fallen.

Das Schwarzwaldhaus trotzt mit seinem mächtigen, ca. 45 bis 50 Grad geneigten Dach Wind, Regen und Schnee. Mensch, Tier und Vorräte sind unter demselben Dach geborgen. Das Schwarzwälder »Eindachhaus« hat auf den Giebelseiten jeweils einen Walm (eine dreieckförmige, abgewinkelte Dachfläche), und sein Dach reicht auf der Wetterseite fast bis zum Erdboden. Das Dach war bis ins 19. Jahrhundert mit Holzschindeln oder (bei ausreichendem Roggenanbau) mit Stroh gedeckt. Das Haus selbst ist ganz aus Holz gebaut. Der reichlich vorhandene

Baustoff hat einen hohen Wärmedämmwert. Als tragende Elemente dienen Holzbalken (»Ständer«), die durch Querriegel ausgesteift sind. Die Zwischenräume sind mit Bohlen, Vierkanthölzern oder Brettern ausgefüllt. Die Decken bestehen ebenfalls aus Holz. Außen ist das Holz naturbelassen und wird von der Sonne braun getönt. In jüngerer Zeit wurden die Außenwände häufig mit Holzschindeln verkleidet, die nach und nach eine graue Farbe annahmen. Wie ein Schmuckelement wirken die Sprossenfenster im Wohnteil des Schwarzwaldhauses. Sie verlaufen von der Eingangs- zur Giebelseite als Fensterband übereck und geben der Stube Licht und Sonnenwärme. Vor dem Obergeschoß befindet sich eine Galerie oder ein Laubengang, der im Sommer und Herbst mit leuchtenden Geranien geschmückt ist.

Vom Aussehen der Schwarzwaldhäuser gibt ein Bericht aus dem Jahr 1828 einen lebendigen Eindruck: *Der Bau der Häuser hat seine eigene Form, sie bestehen meistens aus vierseitig behauenen aufeinander liegenden Baumstämmen, inwendig in mehrere Stuben abgetheilt, die mit sauber gehobelten Brettern ausgetäfelt sind. Gegen die Ost- und Südseite sind unzählige nebeneinander stehende Fenster angebracht, welche die Licht- und Sonnenstrahlen, wie in einem Treibhause auffangen, und dem Innern einen seltenen Grad der reinsten Heiterkeit und Wärme mittheilen. Eine hölzerne Gallerie läuft mitten um das Haus und die Fenster. Sie wird durch das weit vorragende Dach von Stroh oder Schindeln geschützt gegen Wind und Regen, und gegen die ungeheure Last des Schnees, den die winterliche Jahrszeit in diesen Gebirgen niederwirft. Der Anblick eines Hauses mit seinen schimmernden Fenstern und seiner Gallerie, die oft mit Blumentöpfen und blühenden Pflanzen besetzt sind, sammt seinen Vordächern, gewährt ein einladendes Bild des Friedens und des Schutzes, nach welchem sich der müde Wanderer schon in der Ferne sehnt. Unter dem Vordache und auf der Gallerie findet er Schatten oder Sonnenschein nach Belieben, Luft oder*

Luftstille, je nachdem er seinen Sitz und Ruhepunkt wählt. Eine muntere Gruppe von Kindern umgiebt und begrüßt ihn mit einem traulichen Händeschütteln. Auf den Wiesen sieht er Heerden waiden, die dem Alpenviehe an Größe und Schönheit nichts nachgeben, und bald versammelt sich um ihn das gefiederte Volk des Hofes, und erwartet aus seiner Hand eine milde Gabe.

So sonderbar diese Bauart Ausländern, die weder die Schweiz noch das Breisgau gesehen haben, vorkommen mag, so sehr ist sie auf das Klima und die herrschende Witterung berechnet. Die behauenen, genau passenden und getäfelten Baumstämme, wenn sie auch nur 12 Zolle im Durchmesser haben, erhalten auf diesen winterlichen Anhöhen, oder in den feuchten Thälern eine durch die Sonnenstrahlen verstärkte Zimmerwärme besser als Mauern, die zwei Schuhe dick sind. In dem Gebäude selbst herrscht bei vieler Reinlichkeit eine gleichförmige Tröckne. Die Oefen, die von der Küche aus gefeuert werden, sind groß und geräumig, und mit Sitzbänken umgeben. Seltsam ist es, daß weder die Küche noch die Oefen zum Abzuge des Rauches eigene Kamine haben. Allein auch dieser architektonische Mangel hat seine abgemessenen Vortheile. Der Rauch zieht frei in die Höhe durch Oeffnungen auf die Frucht- und Heubühne, trocknet die Erzeugnisse des Feldes, die nur spät im Jahre, und oft bei Regen und Nebel eingefördert werden. Auch erstickt der Rauch die fruchtverderbenden Insekten, den Kornwurm und anderes schädliche Ungeziefer, über welches wir im flachen Lande so sehr zu klagen haben. Ganz charakteristisch ist es noch an diesen Wohnungen, daß die Scheunen entweder über den Wohnstuben oder Ställen, die mit dem Hause unter einem Strohdach sind, sich befinden, und daß vermittelst einer hölzernen Brücke von der nächsten Halde aus, die beladenen Wägen den Menschen oder Hausthieren über dem Kopfe einfahren.

Unerachtet der feuerfangenden Materialien, aus welchem die Gebäude bestehen, sind Hausbrände doch seltener, als man befürchten könnte. Der Rauch überzieht Balken und Getäfer mit einer rusigen glänzenden Rinde, die einem Firnisse gleicht, der nicht so leicht Feuer fängt. Ist aber einmal ein Haus im Brande, so ist ohne die schnellste Flucht weder für Menschen noch für Vieh Rettung. Denn sobald sich die aus Weiden geflochtenen Bande des Strohdachs gelöst haben, so stürzt dieses auf beiden Seiten brennend herunter, und versperrt Thüren, Fenster und alle Oeffnungen.[24]

In Anpassung an die jeweiligen Bedingungen der Landschaft haben die Bauern der Region verschiedene Varianten des Schwarzwaldhauses entwickelt. Hermann Schilli, der beste Kenner des Schwarzwaldhauses, unterschied sieben Grundformen oder Typen von Bauernhöfen der Region: das »Heidenhaus« bzw. das »Jüngere Heidenhaus«, das im ganzen Hochschwarzwald verbreitet ist, das Kinzigtäler und das Gutacher Haus mit seiner besonders malerischen Gestalt, das »Zartener Haus« im Dreisamtal, das »Schauinslandhaus« in den Höhenlagen des Südschwarzwalds und das »Hotzenhaus« im Gebiet des Hotzenwalds. Zu diesen Hoftypen kommen die bäuerlichen Nebengebäude – Leibgeding, Mühle, Säge, Speicher, Hofkapelle, Backhäuschen usw., die ihrerseits auch in verschiedenen Spielarten vorkommen. Entscheidend ist das Gemeinsame des Schwarzwaldhofes: die Holzbauweise, das mächtige abgewalmte Dach, die Sprossenfenster, die Laubengänge sowie die »Hocheinfahrt« zur Scheune, die über Stall und Wohnung liegt und einen großen, weiten Dachraum bildet.

Das Schwarzwaldhaus wirkt natur- und landschaftsgerecht. Es bietet Schutz und Geborgenheit, vereint Mensch und Tier unter einem Dach. In ein und demselben Haus wird gewohnt und gearbeitet. In der Regel lebt die ganze Großfamilie in einem Haus zusammen, meist mehrere Generationen, dazu Knechte und Mägde sowie unverheiratete Geschwister. Das Haus bindet die Menschen aneinander, läßt wenig Spielraum für eine individuelle Lebensführung des einzelnen; jeder ist in die Familie integriert. Das Haus wird als eigentliche »Heimat« erlebt: Die Schwarzwälder bezeichnen ihren elterlichen Hof als ihre Heimat. »Uff de Heimet« zu bleiben ist die geheime Sehnsucht der meisten Wälderbauern. So erscheinen sie bodenständig wie ihre Höfe, natur- und heimatverbunden, aber auch eigenständig wie die Einzelhöfe, die auf ihrer eigenen Hofflur stehen, in gebührendem Abstand vom nächsten. Mit Recht sagt man den Schwarzwälder Bauern Unabhängigkeit, nicht selten aber auch einen Hang zur Eigenbrötelei nach. Die Höfe sind zwar von eindrucksvoller Kraft und Größe, doch sind es keine Gutshöfe. Die Schwarzwaldbauern sind keine Latifundienbesitzer, sondern durchaus mittelständische Landwirte. So prägt und kennzeichnet das Schwarzwaldhaus in gewisser Weise den Charakter der Region.

Alltagsleben auf dem Hof

Arbeit und das, was wir heute Freizeit nennen, war auf dem Bauernhof nicht voneinander zu trennen. Wer arbeiten konnte, mußte mitarbeiten. Der Tagesrhythmus wurde von der Jahreszeit und den jahreszeitlich bedingten Arbeiten bestimmt. Man stand früh auf, im Sommer gewöhnlich um vier Uhr. Der Tag endete, wenn es dunkel geworden war; nur an den langen Winterabenden saß man noch länger in der Stube beisammen. Die Schlafkammern der Knechte und Mägde waren so kümmerlich ausgestattet, daß man sich dort nur zum Schlafen aufhielt. Der Tag wurde durch die Betzeiten und Mahlzeiten gegliedert. Ein Knecht hatte zur Betzeit das Glöcklein der Hofkapelle zu läuten. »Fünfmal am Tag wird gegessen, dreimal warm und zweimal kalt«, so hat es nach Schwarzwälder Überlieferung der Herrgott selbst festgelegt. Das Morgenessen gab es erst, wenn das Vieh versorgt war. Um neun Uhr nahm man sich Zeit für ein »Z' Nüni«, ein zweites Frühstück. Zum Mittagessen kamen, wenn möglich, alle zusammen in die Stube. In strenggläubigen Familien wurde zuvor der »Engel des Herrn« gebetet. Am Nachmittag war ein Vesper, das wie das »Z' Nüni« aus Brot, Speck und Most bestand, die übliche Pause. Abends gab es ein gemeinsames Abendessen, wenn alle Arbeiten im Stall und auf dem Hof erledigt waren. Die täglichen Arbeitszeiten in Stunden zu berechnen ist überhaupt nicht möglich. Im Sommer waren sie ungleich länger als im Winter. Freie Tage bekamen die Knechte und Mägde – die »Völcher«, wie das Gesinde im Schwarzwald bezeichnet wurde – an Feiertagen und besonders im Winter, z. B. »zwischen den Jahren«, d. h. von Weihnachten bis Neujahr oder Dreikönig. Die Arbeit war körperlich anstrengend und hart. Maschinen gab es für die Feld- und Waldarbeit kaum. Das Zugvieh war auf dem steilen, steinigen Gelände nicht überall einzusetzen. Schwere Lasten mußten oft auf dem Rücken bergauf getragen werden. Die Lebensweise scheint aus den Schwarzwäldern ein zähes Geschlecht geformt zu haben; aber die alten Leute hatten meist ihre Gebrechen, und ärztliche Versorgung kannte man auf den abgelegenen Höfen und Dörfern bis tief ins 19. Jahrhundert kaum.

Alles hatte im bäuerlichen Alltag dieser Region seine feste Ordnung. So mußte zum Beispiel die Magd als erste im Hof aufstehen. Sie machte in der Küche Feuer und ging dann in den Stall, um zu melken. Dort war der Bauer inzwischen dabei, das Vieh zu füttern. Ein Knecht hatte zum Morgengebet mit dem Glöcklein geläutet und ging dann auf eine der nahegelegenen Matten, um Grünfutter zu mähen. Untermagd und Bäuerin kochten derweil in der Küche die Morgensuppe aus gebranntem Mehl. Nebenher hatten sie die Schweine- und Kälbertränke zu richten und in den Stall zu schleppen. Dort schaffte der Hirtenbub oder ein Unterknecht den Mist aus dem Stall. Erst wenn auch das Großvieh zur Tränke geführt war, gab es das Frühstück, das »Z' Morgenesse«. Beim Mittagessen mußten alle in einer festen Reihen- und Rangordnung sitzen. Im Herrgotts-

winkel hatte der Bauer seinen Platz, rechts neben ihm der Knecht, links die Bäuerin. Dem Knecht folgten die Buben des Hauses und die Unterknechte. Neben der Bäuerin saßen der Reihe nach Magd, Töchter und Untermägde. Besucher wurden dem Bauer gegenüber ans andere Tischende gesetzt. In derselben Reihenfolge wurde geschöpft. Nach dem Essen steckte jeder sein Eßbesteck in einen Lederriemen an der Stubenwand. Die Untermagd hatte das Geschirr abzuräumen, die Magd oder die Bäuerin durfte das Essen auftragen.
Die Ernährung der Schwarzwälder Bauern war nicht üppig, aber gesund. Die Morgensuppe wurde mit gebranntem Mehl gekocht, dazu gab es Pellkartoffeln und Milch. Die Männer tranken zum Aufwärmen auch gern einen Schnaps. Zum Vesper am Morgen wie auch am Nachmittag gab es Schwarzbrot mit Speck und Most, für die Frauen im Winter auch Kaffee. Statt der teuren Kaffeebohnen verwendete man selbstgebrannte Gerste und Zichorie. Brot wurde vorwiegend aus Roggenmehl hergestellt. Backtag war alle paar Wochen. Dann wurde ein großer Backtrog voll Teig bereitet, aus dem die Bäuerin 30 bis 40 Brotlaibe formte, um sie in den mit Reisigwellen und Holzscheiten beheizten Backofen im Backhäuschen zu schieben. Vom Rest des Teigs gab es meist Fladen, die mit süßem Rahm bestrichen oder im Sommer mit Obst belegt wurden. Der Speisezettel für das Mittagessen enthielt fast die ganze Woche hindurch nur Mehlspeisen und Salat oder Gemüse. Es gab Klöße (»Pfludde«), Knöpfle, Nudeln, Teigstrudel, »Kratzede« (zerhackte Pfannkuchen) und ähnliches mehr. Fleisch wurde in der Regel nur am Donnerstag und am Sonntag gegessen: Speck und Rauchfleisch aus eigener Schlachtung, gelegentlich auch mal ein Stück Rindfleisch vom Metzger. Dazu gab es gekochte Kartoffeln und viel Sauerkraut, das in großen Holzstanden aufbewahrt wurde. Der Bauer bekam gelegentlich ein Paar Bratwürste. Das Abendessen bestand aus Suppe mit geröstetem Brot und »Prägeli« (gerösteten Kartoffeln) mit Milch. Am Freitag und in der

Fastenzeit ersetzte natürlich Käse den Speck. Auch Fisch war im Schwarzwald beliebt. Mindestens zweimal im Jahr (z. B. an Kirchweih, Weihnachten, Fastnacht oder an Ostern) wurde ein Schwein geschlachtet. Zur »Metzgete« lud man auch Nachbarn ein, brachte dem Pfarrer, dem Lehrer oder auch einer Tagelöhnerfamilie etwas von der »Metzelsuppe« mit Würsten und Kesselfleisch. Für Tagelöhnerfamilien war Fleisch ein ganz seltenes Gericht. Die lebten vor allem von Brot, »Mus« (Brei), Käse und viel Kartoffeln.

Der Bericht eines Amtsarztes aus dem frühen 19. Jahrhundert schildert die Ernährung der Leute im Feldberggebiet folgendermaßen: *Der Schwarzwälder isst täglich 5 Mahlzeiten: früh Wassersuppe, gesottene Erdäpfel und süße Milch; um 9 Uhr Butter, Käse, Milch und Brot: zu Mittag Wassersuppe oder Specksuppe, gebratne Knöpfle, Schupfnudeln oder Erdäpfel mit Sauerkraut, Salat oder Mangold; um 3 Uhr Käse, Milch und Brot. In der Ernte wird auch wohl saurer Wein oder Bier mit Küchle gereicht. Abends kommt Milchsuppe, gesottene Erdäpfel und abgerahmte Milch auf den Tisch. Herr und Frau trinken täglich Kaffee; Kinder, Gesellen, Dienstboten nur Sonntags, der Frau bleibt wol auch für Nachmittag eine Tasse übrig. In Wirtshäusern wird mehr Bier als Wein getrunken; Branntwein nehmen nur die Fuhrleute, Zimmerleute, Maurer u. dgl., nur Leute, die die schwerste Arbeit verrichten.*[25]

Bei der Zubereitung des Essens hielt man sich an die Tradition. Es gab nicht viel Abwechslung, wenig Gewürze, keine raffinierten Genüsse.

Die Küche im Schwarzwaldhaus war kein angenehmer Arbeitsraum. Sie war dunkel, rußgeschwärzt, denn der Rauch zog offen, ohne Schornstein nach oben. Im Rauchfang hingen Schinken, Speck und Würste. Durch Rauch und Ruß wurde das Gebälk des Hauses gleichsam imprägniert und vor Schädlingsbefall geschützt. Die Ausstattung der Küche war spärlich. Es gab kaum Mobiliar darin. Auf den Regalen standen hölzerne Schüsseln und Teller, dazu Töpfe aus Steingut, auf dem Herd Kupferkessel, -pfannen oder -töpfe. Auf dem Boden sah man Holzgefäße: Eimer, Melkkübel und ein Butterfaß. Das Wasser mußte man draußen am Brunnen holen. Über dem Brunnen befand sich das sogenannte »Milchhäusle«, ein strohgedeckter Kasten, in dem man Milch, Butter und andere Speisen kühl über dem fließenden Wasser aufbewahren konnte. Im Haus selbst gab es bis um 1800 kein fließendes Wasser. Der Brunnen war auch die einzige Waschgelegenheit für alle, zugleich die Tränke für das Vieh. Ein Abort befand sich in einem an den Stall angebauten Verschlag, dem »heimlichen Gemach«.

Bis in die jüngste Zeit blieb die Stube der zentrale Raum der bäuerlichen Wohnung. Er war als einziger beheizt, daher der Name, der mit »Stövchen« zusammenhängt. Die Schwarzwälder Stube hatte eine niedrige Holzdecke, holzgetäfelte Wände und ein übereck verlaufendes Fensterband. Wenn man die Stube betrat, fiel der Blick auf die Ecke zwischen den Fensterreihen, den »Herrgottswinkel«: In einer Nische hing das Kruzifix, daneben standen Heiligenfiguren (beispielsweise Maria und Johannes), und an der Wand hingen Heiligenbilder. Das Ganze war wie ein Hausaltar mit Blumen oder Palmzweigen, mit geweihten Kräuterbüscheln oder mit den letzten Ähren von der Ernte geschmückt. In protestantischen Häusern bestand der Herrgottswinkel meist aus einem Eckbrett, auf dem die Bibel und Erbauungsschriften lagen.

Vor dem Herrgottswinkel stand in der Regel der Tisch mit Sitzbank an der Wand und Stühlen. Am Tisch in der Stube wurden die warmen Mahlzeiten eingenommen. Hier war der Mittelpunkt der »Familie«, d. h. der ganzen Hofgemeinschaft.

Dem Herrgottswinkel gegenüber stand ein Kachelofen, der von der Küche aus beheizt wurde. Die Kacheln waren einfarbig oder mit einfachen Mustern bemalt und stammten meist aus einer der Hafnereien am Rand des Schwarzwalds. An den Ofen schloß sich die »Kunst« an: eine steinerne Ofenbank mit gekachelter Rückwand. Die Kunst wurde mit der Abwärme des Küchenherds beheizt und war daher das ganze Jahr über warm. Unter dem Ofen hatten Katze oder Hund ihren Platz. Auf der Ofenbank konnte man gemütlich beisammensitzen, sich aufwärmen oder auch einmal ein Schläfchen machen. Hier war oft der Platz für den Altbauern, den »Ähni«, oder seine Frau. Im Ofenloch wurden Leinensäckchen mit Kirschkernen als Bettwärmer für die Nacht gewärmt, denn die Schlafstuben hatten keine eigene Heizung und konnten nur zum Teil durch einen Schieber in der Wand oder über den Stiegenkasten von der Stube aus mitbeheizt werden. Oben liefen rings um den Ofen die Ofenstangen, auf denen bei schlechtem Wetter die Wäsche trocknete. Neben dem Ofen hatten auf einem Ablagebrett an der Wand Kamm, Spielkarten, Kalender, auch Briefe und Schulzeugnisse ihren Platz; außerdem die bescheidene »Bibliothek« der Bauern, seit sich gegen Ende des 18. Jahrhunderts die Schulpflicht durchgesetzt hatte. Der Bilderschmuck an der Wand bestand manchmal aus einfachen Hinterglasmalereien, später meist aus Erinnerungsfotos, eingerahmten Militärzeugnissen, Kaiserbildern, Diplomen für prämierte Leistungen in der Land- oder Forstwirtschaft. Eine Schwarzwälder Uhr durfte nicht fehlen, und am Türpfosten hing in der Regel ein Weihwassernapf; in Fensternähe war ein Glasbarometer angebracht.

In der Stube, in der man die gemeinsamen Mahlzeiten einnahm, wurden auch die meisten häuslichen Arbeiten erledigt. Die Dorfhandwerker, die »auf die Stör« ins Haus kamen – Näherin, Schneider, Schuhmacher und Sattler –, hatten ihren Arbeitsplatz ebenfalls in der Stube. Hier saßen besonders abends alle zusammen: die Frauen am Spinnrad oder Webrahmen, die Männer an der Schnitzbank, dem sogenannten »Schnidesel«. Es wurde geschnefelt, geschnitzt und gedrechselt, was man für den Haushalt und Hof brauchte. Häufig wurde bei der Arbeit erzählt oder gesungen. Wenn der Schwarzwälder auch als wortkarg gilt, so besitzt er doch einen großen Schatz an Geschichten, Sagen und Liedern, Sprüchen und Volksweisheiten. Im Vordergrund stand die lokale und regionale Überlieferung; es gab Erzählungen von früheren Bewohnern der Gegend, von seltsamen Ereignissen, auch von Hexen und Teufeln. Bei aller Abgeschiedenheit interessierte man sich jedoch auch für die große Welt, die man zum teil im Krieg, beim Militärdienst oder auf Handelsreisen als Glas- und Uhrenträger kennengelernt hatte. Daher waren Reise- und Abenteuergeschichten oder Missionsberichte aus fernen Ländern eine beliebte Lektüre. Man fand sie in Jahres- und Bauernkalendern, die im Schwarzwald seit dem 18. Jahrhundert verbreitet waren wie kaum anderswo. Beliebt waren in den Wintermonaten (bis Mariä Lichtmeß, Anfang Februar) die »Spinnabende«, an denen vor allem Jugendliche – Mädchen und junge Burschen – in der Stube eines Hofes zusammenkamen, d. h. »z' Licht gingen«, wie man sagte. Man versammelte sich in einer Stube beim Schein von Kienspan, Kerzenlicht oder Petroleumfunzel. Die Mädchen spannen, strickten oder stickten, die Männer spielten Karten, erzählten Geschichten und Witze, zuweilen wurde auch Blasmusik gespielt und natürlich gesungen. Vom kargen Leben im Schwarzwald handelt beispielsweise das beliebte »Ins Muetters Stüebeli«[26]:

Ins Muetters Stüebeli,
do goht der hm, hm, hm,
ins Muetters Stüebeli,
do got der Wind.

Muess fast verfriere
Vor lauter hm, hm, hm,
Muess fast verfriere
Vor lauter Wind.

[...]

Sie hot es Öpfeli
Un i e hm, hm, hm,
Sie hot es Öpfeli
Und i e Bir ...

Der dritte Raum im Wohnteil jedes Schwarzwaldhauses war die (Schlaf-)Kammer. Im Schauinsland- und im Hotzenhaus befindet sich die Schlafkammer der Eltern neben der Stube, in den anderen Schwarzwaldhaustypen darüber. Meist hatte man im Obergeschoß noch weitere Kammern für Kinder, Knechte und Mägde. In der Kammer stand das Doppelbett, das in der Regel mit einem »Himmel« überdacht war, um Ungeziefer (Spinnen usw.), Staub oder Schmutz abzuhalten, der durch den Bretterboden der Scheune herunterfiel. In der Schlafkammer der Eltern standen außerdem Wiege oder Kinderbett, Schrank und Truhe. Säuglinge pflegten die Eltern bei sich im Doppelbett schlafen zu lassen. Nicht selten kam es vor, daß ein Kind erstickte, besonders wenn die Mutter es in der Nacht stillte und dabei vor Erschöpfung einschlief. Wenn ältere Bettladen relativ kurz sind, dann hat das seinen Grund nicht darin, daß die Vorfahren kleiner gewesen wären; vielmehr pflegten sie halb sitzend, den Kopf gegen mehrere Kissen gelehnt, zu schlafen. Schränke, Truhen und Bettladen waren in wohlhabenden Höfen nach alten Mustern mit Käsefarben bemalt.

In Schrank und Truhe wurden Wäsche und Kleidung aufbewahrt. Das meiste bestand aus selbstgewebter Leinwand, vor allem Bett- und Tischwäsche, aber auch Kleider und Hemden; daneben gab es Stücke aus Halbleinen, Barchent, Baumwolle und Wolle sowie seidene Tücher. »Selbstgesponnen, selbstgemacht – ist die beste Bauerntracht«, heißt ein alter Spruch aus der Gegend. Tatsächlich stand, was im eigenen Haus angefertigt wurde, in höherem Ansehen als die Kleidungsstücke, die man in der Stadt oder auf dem Jahrmarkt erstanden hatte. Noch bis in die jüngste Vergangenheit trugen Bauern an manchen Orten im Schwarzwald wenigstens sonntags Hemden aus Leinwand, die von der Bäuerin oder den »Wiebervölchern« auf dem Hof angefertigt wurden. Ebenso war der Trachtenrock vieler Bäuerinnen aus eigener Leinwand geschneidert. Seit dem 18. Jahrhundert wurde zunehmend auch Baumwolle verarbeitet, oft mit Leinen zu »Halbleinen« gemischt. Aus den Tuchen konnten dann Schneider oder Näherin auf der Stör die Kleider für den Alltag nähen: Zwillichhose und Zwillichrock für die Männer, Schürzen und Kleider für die Frauen auf dem Hof. Der Schneider hat am Tag einen Mann zu kleiden, hieß die Regel, und er bekam dafür (neben Kost und Wohnung für die Dauer seiner Arbeit auf dem Hof) drei Batzen (einen halben Gulden) pro Tag; die Näherin erhielt nur etwa ein Drittel soviel wie ein Schneider. Freilich blieben Schneider in der Regel arme Leute, »dünn wie ein Geißbock« und wenig angesehen.

In der Sonntagstracht zeigten die Schwarzwälder, wer sie waren und woher sie kamen. Die Tracht diente nicht nur dazu, die Menschen »herauszuputzen«, sondern sie sollte die jeweilige Eigenart und Identität ausdrücken. An ihrer Tracht war zu erkennen, aus welchem Dorf die Leute stammten, ob sie verheiratet waren oder nicht. Bei den Frauen diente vor allem die Kopfbedeckung, die Haube oder der Hut bzw. das »Schäppele« (abgeleitet von »chapeau«) zur näheren Unterscheidung. Von der Tracht der Hotzenwälder heißt es:

So ein alter Hotzenbur ist gleichsam ein Stück Vorzeit und mutet an, als ob irgend ein altes Ahnenbild lebendig geworden wäre. Über dem weißleinenen, weitärmligen Mutschenhemd (werktags) oder dem Kröshemd (festtags) mit seinem breiten, reich gefältelten und mit herabhängenden Quasteln zusammengebundenen Krös (= Krause) trägt er das rote Fürtuch, Brusttuch oder Leible (im 18. Jahrhundert auch blau oder grün), ein über die Hüfte herabreichendes Kamisol von scharlachrotem Tuch, dessen unteren Abschluß die weiß und schwarze Webkante ziert, das seitlich unter dem Arm mit Haften verschlossen ist und zur Bequemlichkeit beim Sitzen beiderseits an den Hüften je einen handlangen Einschnitt hat. Am Halsausschnitt ist das Fürtuch mit schwarzem Samtband eingefaßt oder mit kleinen Stickereien verziert. Gilt es einen Gang über Land, zur Kirche oder zu einer Festlichkeit, dann wird über dem Fürtuch der bis zur halben Schenkelhöhe niedergehende Tschopen (italienisch: giubba =

Rock) getragen, der aber keinen Kragen, jedoch Reversaufschläge hat und vorn am Hals mit einem Lederriemen zusammengehalten ist. Knöpfe hat dieser Rock nicht, beiderseits in der Hüfthöhe aber je eine große Außentasche. Gewöhnlich war der Rock aus schwarzem oder dunklem Tuch, später fertigte man ihn aus schwarzem Samt.

Ein besonders charakteristisches Zeichen der Hotzentracht ist die unterm Knie mit roten Nesteln zusammengehaltene, enggefältelte schwarze, halbwollene Pumphose (auch Gretlehose genannt) ohne Träger, die »Hoze«, deren besondere Form dem ganzen Volksstamm und seiner Heimat den Namen gegeben hat. Keines dieser Kleidungsstücke hat Knöpfe; den nötigen Verschluß besorgen Haften und Nestel. Mitte des vorigen Jahrhunderts ist die Pumphose durch die engere schwarzsamtene Kniehose abgelöst worden. Die Fußbekleidung besteht in weißwollenen oder weißleinenen Strümpfen und schwarzen Halbschuhen mit roten »Latschen«, also rotledernen, über den Fußrist »herablatschenden« Umschlägen. Daneben trug man auch schwarze halbschäftige Stiefel mit gelbledernen Umschlägen. Die Kopfbedeckung bildete bei den verheirateten Männern bis gegen 1820 der Schnoz- oder Schnörenhut (Schnoz = Schnauze; Schnöre = Schnurre oder Rüssel), ein weißgekalkter Strohhut mit niederer Gupfe, dessen Rand an vier Stellen hochgebogen und oben durch eine Kokarde mit dem Mittelstück verbunden war.[27]

Ein Schwarzwälder Schildermaler hatte 1799 bei einer Plünderung durch die Franzosen einen Großteil seines Hausrats eingebüßt. In einer Auflistung[28] verzeichnete er, was er für die Wiederbeschaffung ausgeben mußte. Allein für die Textilien nennt er:

	Gulden	Kreuzer
4 bethziechen (Bett-Überzüge) zusammen geschätzt	*5*	*48*
3 leindiecher dito (Leintücher)	*4*	*30*
2 Pfulgenziechen (Bettdecken-Überzüge) und		

1 Schlitzsack (Tragesack)	*2*	*6*
3 ½ Ellen schwarz geferbtes leinenduch	*1*	*45*
2 Hemmeter (Hemden)	*1*	*48*
2 schürtz	*2*	*30*
3 baar Strümpf	*2*	*12*
Strümpfgarn, faden und schnier (Schnüre)	*1*	*15*
½ Pfund gesponnene wollen		*30*
1 Maansleible (Männerweste)	*2*	
1 sammete Kappe		*30*
1 Halsduch und 1 Flor (Schleier)	*1*	*24*
5 bahr schuh zusammen	*7*	*18*
2 daufdiecher (Tauftücher)	*1*	*48*
3 Nasdiecher (Taschentücher)	*1*	*48*

Rund dreißig Jahre früher waren die Preise für Tuche und Bettwäsche noch erheblich niedriger. Aus dem Inventarverzeichnis[29] eines Webers, der 1769 starb, ist zu entnehmen, was solche Dinge damals kosteten:

	Gulden	*Kreuzer*
3 weiße Bett-, 3 Pfulbenziechen	*3*	
12 Leintücher à 40 Kreuzer	*8*	
10 Tischtücher à 30 Kreuzer	*5*	
Ein barchent, ein twilchen Bett (Zwillichbett), ein Pfulben und Küsse (Kissen) samt Bettladen und Strohsack	*11*	*30*

Auch die Preise für Nahrungsmittel – insbesondere für Fleisch und Milch – stiegen im letzten Drittel des 18. Jahrhunderts am Oberrhein und im Schwarzwald um 50 bis 100 Prozent.

Soziale Beziehungen

Das Schwarzwaldhaus fügte die bäuerliche Großfamilie zu einer Arbeits- und Lebensgemeinschaft zusammen. Die Rangordnung war ausgeprägt: Der »Bur«, d. h der Hofbesitzer, war oberste und letzte Instanz in finanziellen Entscheidungen, bei der Verteilung der Arbeit, aber auch in bezug auf Sitte und Brauch. Von der Bäuerin konnte er voll und ganz vertreten werden, falls er abwesend war, krank wurde oder starb. Der Erbfall trat mit der Hofübergabe ein. Bauer und Bäuerin bzw. derjenige von ihnen, der überlebte, gingen im Alter von etwa 60 bis 65 Jahren aufs Altenteil, ins »Libding« (Leibgeding). Das Leibgeding konnte ein eigenes Häuschen sein, gleichsam ein Hof im Kleinformat, oder eine besondere Stube, zumindest aber eine Kammer auf dem Hof selbst. Im Schwarzwald gab es zwei Formen des Erbrechts: Das Anerbenrecht bestand im Hochschwarzwald und südlich bis zum Schluchsee bzw. dem Gebiet um St. Blasien, Bernau und Schönau. Das Anerbenrecht erhielt dem Schwarzwald geschlossene Hofgüter und sicherte lebensfähige Einheiten. Die Zahl der Höfe hat sich im Anerbengebiet in vielen Dörfern vom 16. bis ins 19. Jahrhundert kaum oder überhaupt nicht verändert. Damit war freilich auch die soziale Mobilität stark eingeschränkt. Der Hof wurde dem jüngsten Sohn oder, falls keine männlichen Erben da waren, der ältesten noch unversorgten Tochter übertragen. Das Prinzip, den Jüngsten (den »Hofengel«) zum Erben zu machen, hatte den Vorteil, daß dieser mit etwa 25 Jahren den Hof übernehmen und heiraten konnte, wenn die Eltern das rechte Alter für den Wechsel ins Altenteil hatten. Die älteren Geschwister hatten Zeit, einen Beruf zu lernen, wenn sie sich nicht entschieden, als Knecht oder Magd auf dem Hof zu bleiben. Bei der Hofübergabe wurde das Anwesen zu einem »kindlichen Anschlag« berechnet, der weit unter dem wirklichen Wert lag. Dementsprechend gering waren die Anteile, die der Erbe den »weichenden Erben« auszuzahlen hatte. Allerdings fiel im Erbfall (wie bei einem Besitzwechsel) die sogenannte Drittelsabgabe an die Herrschaft an, eine Art Erbschaftssteuer, die als besonders drückend empfunden wurde. Vermutlich war auch sie ein Grund, den Erbfall mit Hilfe des Minorats möglichst weit hinauszuschieben. Das Anerbenrecht mag dem modernen Gleichheitsempfinden widersprechen. Es hat jedoch die Bevölkerungsentwicklung in weiten Teilen des Schwarzwalds im Gleichgewicht zu den natürlichen Lebensgrundlagen gehalten, sicherte den Höfen ihre wirtschaftliche Existenz und die benötigte Zahl von Arbeitskräften. Dabei war trotz deutlicher Abstufung zwischen dem Bauern und dem Gesinde – den »Manns- und Wiebervölchern«, wie man im Schwarzwald sagte – das soziale Klima in den bäuerlichen Großfamilien der Region eher ausgeglichen. Ältere Geschwister, manchmal auch Tante und Onkel, waren in die Arbeits- und Lebensgemeinschaft des Hofes integriert, hatten eine Position und wurden gebraucht. Der Streit zwischen Geschwistern kam offenbar seltener vor als der zwischen Bauer und Bäuerin einerseits und den aufs Altenteil gezogenen Eltern andererseits. Man hat allerdings durch Erbvertrag präzis zu regeln versucht, welche Rechte und Ansprüche die Alten auf dem Hof haben sollten. Da wurde zum Teil bis ins kleinste geregelt, welcher Platz auf der Ofenbank den Alten zustand, in welchem Waschzuber sie ihre Wäsche waschen und an welcher Stelle im Backofen sie ihr Brot backen konnten. Dazu ein Beispiel:

Der Übernehmer muß den Übergebern in richtigem Maße und guter Beschaffenheit verabfolgen und zwar jährlich: 40 Sester [1 Sester = 15–20 l] Korn, 6 Sester Weizen, 20 Sester Hafer, 50 Sester Kartoffeln, 200 Hühnereier, 60 Pfund Butter und auf Weihnachten ein zwei Zentner schweres Mastschwein. Außerdem 16 Ster [1 Ster = 1 m^3] tannenes Scheitholz, 4 Ster buchenes Rollholz und 600 buchene Reiswellen. Desgleichen 15 Pfund lange Reisten [Reisten = Hanf- oder Flachsfaser], 10 Pfund Kutter und 8 Pfund gewaschene Schafwolle, das nötige Bettstroh und 4 Schaub [1

Schaub = 1 Bündel] Geflechtstroh. Brennt der Hofbesitzer Schnaps, so fällt dem Leibgeding je der zehnte Liter zu. Bei allen »sackfähigen Gegenständen« ist der Sester zu 20 Liter angenommen. Die Kartoffeln sind vom Haufen weg und zwar mit der Schaufel zu messen, d. h. sie dürfen nicht mit den Händen ausgelesen, sondern müssen so, wie sie kommen, mit der Schaufel aufgefaßt werden. Die Hühnereier sind vierteljahrsweise zu liefern, die 60 Pfund Butter zur Hälfte im Juni und zur Hälfte im September. Das Mastschwein soll zwei Zentner schwer sein, doch kommt es auf 10 Pfund mehr oder weniger nicht an, wohl aber müssen größere Unterschiede von zwei Zentnern ab nach dem Ortspreise gegenseitig vergütet werden. Alltäglich sind auch in die Leibgedingwohnung sechs Liter süße Milch abzugeben. Dieselbe muß sofort von der Kuh weg geliefert werden und zwar am Morgen, Mittag und Abend je zwei Liter.[30]

Offenbar war durch das Anerbenrecht die Versorgung der Bauern im Alter gesichert, sofern der Hof selbst nicht in Not geriet. Ganz anders waren die Verhältnisse dort, wo – wie in der Rheinebene – die Realteilung praktiziert wurde. Gerade der Hotzenwald bildete ein klassisches Gebiet der Realteilung, wobei sich die Bauern hier auf ihr freies Verfügungsrecht über das Eigentum beriefen. Im Erbfall wurden die Höfe samt ihrem Grundbesitz – Matten, Äcker und Wald – aufgeteilt; zumindest mußte derjenige, der auf dem Hof blieb, seine Geschwister zu vollen Teilen ausbezahlen. So entstanden Kleinstparzellen, Minifundien – oder die Hofbauern mußten Kredit aufnehmen, verschuldeten sich über Generationen, waren außerstande, ihre Landwirtschaft zu modernisieren oder auch nur instand zu halten. Weichende Erben ließen sich oft einen Teil des Erbes in Form eines Waldanteils übereignen; da aber stets in der Fallinie des Hanges geteilt wurde, entstanden schmale Streifen, »Handtücher« und »Hosenträger«, die sich gar nicht mehr sinnvoll bewirtschaften ließen. Wo der Besitz immer mehr schrumpfte, konnte das verbleibende Hofgut die Familie nicht mehr ernäh-

ren. Die Leute mußten »taglöhnern«, indem sie als Holzfäller und Fuhrleute oder als mithelfende Arbeitskräfte auf einem Hof beim Mähen, Ernten und Dreschen tätig waren und dafür im Taglohn teils bar, teils in Naturalien bezahlt wurden. Sie hielten meist ein paar Schafe, Ziegen, ein Schwein, vielleicht auch eine Kuh, hatten außerdem ihr Stück Ackerland, wo sie vorwiegend Kartoffeln pflanzten. Ein Gespann mit Pflug oder Wagen versuchten sie bei einem Bauern zu leihen, wenn ihnen keiner das Pflügen, Heu- und Holzeinfahren als Gegenleistung für eine Taglöhnerarbeit erledigte. Wer bei der Realteilung kein Taglöhnergut bekam – vielleicht, weil die Erbmasse nicht ausreichte –, blieb als Knecht auf einem Hof oder wurde Glaser, ging in den Bergbau oder wanderte ab. Problematisch war aufgrund der Auflösung der Großfamilien im Realteilungsgebiet auch die Stellung der Alten. Meist waren sie auf die gutwillige Pflege einer Tochter angewiesen, wenn die Erbauseinandersetzung nicht sogar erst nach ihrem Tod erfolgte.
Im Anerben- wie im Realteilungsgebiet konnte nur der heiraten und eine Familie gründen, der eine »Nahrungsstelle« – einen Hof, ein Taglöhnergütchen oder eine feste Stellung z. B. im Bergbau – bekam. Bei den Bauern trafen Hofübergabe und Hochzeit zusammen. Über Liebesbeziehungen, die in eine Ehe einmünden sollten, entschieden lange Zeit die Eltern, für die das Interesse des Hofes Vorrang besaß vor dem, was man Liebe nennt. Eher nahm man ein uneheliches Kind in Kauf, als daß man dem Sohn erlaubte, ein Mädchen zu heiraten, das keine rechte Bäuerin zu werden versprach. Waren jedoch die Eltern beiderseits einverstanden, kam der künftige Bräutigam offiziell zur Werbung auf den Hof der Braut. Zusammen mit ihrem Vater besuchte darauf die Braut den Hof des künftigen Ehemannes zur »Hofbeschau«. Mit Handschlag bekräftigte das Paar die Verlobung. Der Pfarrer verkündigte in der Kirche die beiden »Hochzitter« und setzte den Termin für die Hochzeit fest. Das Brautpaar persönlich oder ein Hochzeitslader ging in der Nach-

7 Pflügen mit Ochsengespann, erkennbar ist die »Streifenflur«.

8 Bauer mit Heuschlitten: Schwerarbeit am Hang (um 1940).

9 Mistabladen am Hang; Kühe als Zugtiere (um 1940).

10 Heuernte. Heuwagen mit »Wiesbaum« (um 1935).

11 Bauernhof im Höllental: Erwachsene bei der Arbeit – Kinder beim Spiel (um 1911).

14 Mädchen mit kleinem Bruder vor der Handarbeit in einer Schwarzwaldstube (Gemälde 1902).

◁ 12 Hütekinder mit (rot-gelb gefleckter) Hinterwälderkuh (um 1940).

13 Mädchen beim Ährenlesen.

15 Herrgottswinkel im »Hippenseppenhof« des Schwarzwälder Freilichtmuseums in Gutach.

16 Küche im Schwarzwaldhof: Keramik, Butterfässer, Milchzentrifuge.

17 Bauernhof mit »Fensterband« des Wohnteils (Resenhof in Bernau, um 1915).

18 Schnitt durch ein »Zartener Haus« (Zeichnung von 1915).

19 Andacht an einer Kreuzwegstation zur Laurentiuskapelle auf dem Giersberg bei Kirchzarten (1904).

barschaft von Hof zu Hof und lud offiziell zum Fest ein. Die Aussteuer der Braut, die vor allem aus selbstgesponnenem Leinen bestand, wurde gerichtet und der Hochzeitsschmuck sorgfältig vorbereitet. Am Hochzeitstag zog das Brautpaar nach der Morgensuppe zusammen mit Trauzeugen, Brautjungfern, Angehörigen und Gästen in einem langen Zug zur Kirche, wo die feierliche Trauung vollzogen wurde. Anschließend erfolgte ein Gräberbesuch auf dem Kirchhof, und dann zog man, angeführt von der Dorfmusik, in das Wirtshaus zum großen Hochzeitsessen. Es bestand ähnlich wie das Kirchweihessen aus mehreren Gängen. Dazu gab es Wein und Schnaps, am Schluß Kaffee und Kuchen. Die Musik spielte zum Tanz – »Driller«, »Siebensprung«, »Altkatholischer« und »Neukatholischer« –, den das Brautpaar mit einer Ehrenrunde eröffnete. Endlich ging man nach Hause, wo die Altersgenossen des jungen Bauern einen »Maien«, einen geschmückten Tannenbaum, aufgestellt hatten. Mit der Hochzeit erfolgte zugleich die Hofübergabe, und so trat das junge Paar zugleich in die Ehe und in alle Rechte eines Hofbauern ein.

Ein natürlicher Wunsch der Eheleute im bäuerlichen Betrieb war es, frühzeitig Kinder zu haben, die heranwuchsen und mithelfen konnten. Bis weit ins 19. Jahrhundert war es normal, daß eine Bäuerin im Schwarzwald in den ersten zehn bis fünfzehn Ehejahren entweder schwanger war oder ein Kind stillte. Daß sie mehr als zehn Kindern das Leben schenkte, war nicht außergewöhnlich. Bis in das letzte Drittel des 18. Jahrhunderts hielt die enorm hohe Kindersterblichkeit den Bevölkerungszuwachs jedoch in engen Grenzen. Im Durchschnitt lebten nicht mehr als vier Kinder auf einem Hof. Die Tauf- und Sterbebücher der Schwarzwaldpfarreien belegen, daß im 18. Jahrhundert noch gut ein Drittel, häufig aber die Hälfte der Geborenen vor Erreichen des zehnten Lebensjahrs starb. Zu den Ursachen der hohen Kindersterblichkeit gehörten ansteckende Krankheiten, die sich bei mangelnder Hygiene ausbreiteten, Mangelernährung (vor allem bei armen Familien), aber auch Unfälle verschiedenster Art. Wenn die Feldarbeit drängte, blieben kleine Kinder in der Regel allein auf dem Hof zurück; im übrigen überließ man sie meist der Obhut älterer Geschwister. Mit zehn Jahren wurden dann viele als Hütejungen und Jungmägde verdingt. Ein Schwarzwälder Hütebub berichtet noch aus der Zeit nach dem Ersten Weltkrieg:

In den ersten Tagen hatte ich schrecklich mit dem Heimweh zu kämpfen. Es waren sehr schwere Tage, und die Tränen flossen beim Hüten reichlich... Der Tag begann um 5.30 Uhr oder 5.45 Uhr, später auf keinen Fall. Unausgeschlafen in die Hosen hinein, Nachthemden gab es sowieso keine; man lag mit dem Hemd, das man tagsüber trug, auch im Bett. Das Gesicht wurde, wenn überhaupt, schnell am Brunnentrog etwas naß gemacht, und damit war die Morgentoilette beendet. Barfuß mußte ich dann den Kuhstall misten. [...] In der Schule gab es drei Wochen Heuferien, und ein Bub vom Leimgruben-Leopold hat gemeint: »Ich bin bloß froh, daß wir drei Wochen Ferien haben, jetzt brauche ich mich mal eine Weile nicht zu waschen.« Die Heuferien waren für die Bauern schon ein Plus, standen ihnen die Hirtenbuben doch den ganzen Tag zur Verfügung: beim Heuwenden, beim Zusammenrechen zu Rudern (Wellen), damit die Mäder es mit Furken (großen Heugabeln) auf den Wagen bieten konnten, beim »Gröbsten«, d. h. dem Heubieter gleich hinterherrechen, wobei man ganz schön ins Schwitzen kam, oder die Hirtenbuben mußten mit Reisigzweigen die Bremsen von den Pferden abhalten. Die Pferde wurden noch zusätzlich mit einer Decke abgedeckt und mit Bremsenöl bestrichen, aber sie waren dennoch sehr unruhig, und die Buben mußten manchen Tadel einstecken. z. B. »Bue, siehs' nit, daß am hinteren Bein Brehmen hocken, jag sie weg mit Deinem Rüsast, dann schlagt das Roß auch nicht so.« Der Rotfuchs namens Hansele hatte die Gewohnheit, das Halfter an der Wagendeichsel abzustreifen. Dann hieß es gleich: »Kannst nicht aufpassen. Du stehst immer am verkehr-

ten Ort.« Im steilen Gelände hatte der jüngste Bub die Aufgabe, den Wiisbaum zu halten, der an einem Ende in der Mitte unter den Heuwagen geschoben wurde, an einer Kette an der Wagenleiter aufgehängt wurde und so einen Hebel gegen das Umfallen bildete. Wenn es nicht zu steil war, war dies noch die leichteste Arbeit – alle Arbeiten verrichteten wir übrigens barfuß. – So vergingen auch drei Wochen Ferien![31]

Schulen gab es auf den Schwarzwalddörfern bis in die Mitte des 18. Jahrhunderts nur vereinzelt, und sie wurden nur von wenigen Kindern besucht. 1765 wurde im Gebiet von St. Blasien, 1773 in ganz Vorderösterreich die Schulpflicht verordnet, und auch der badische Markgraf hatte sie eingeführt. Allerdings blieb es auf dem Land noch für Jahrzehnte dabei, daß nur in den Wintermonaten – etwa von Martini bis Ostern – regelmäßig Unterricht gehalten wurde. Als sich dann unter der Obrigkeit des Großherzogtums Baden seit 1806 die Ganzjahresschule durchsetzte, schuf man für die Kinder im Schwarzwald die Form der »Hirtenschule«. Hier fand der Unterricht im Sommer von 12 Uhr 30 bis 16 Uhr 30 statt, eine Zeit, für die die Hirtenbuben ihr Vieh in den Stall trieben oder allein auf der Weide ließen.

Die Hütejungen verdingten sich jedes Jahr neu. In Oberschwaben gab es regelrechte »Kindermärkte«, wo sich auch Schwarzwälder Bauern ihre Hirten und Kindsmägde aussuchten. Der Lohn bestand in freier Unterkunft und Verpflegung, dazu Kleidung – Schuhe, Strümpfe, Hosen, Hemd und Kittel – für den Werktag, wenn es hoch kam, noch in einem Sonntagsanzug und ein paar Gulden Bargeld. Selbstverständlich mußten nicht nur Kinder aus armen Familien früh in der Arbeitswelt der Erwachsenen ihren Platz einnehmen. Auf den großen Höfen spannte man die Kinder dazu ein, kleinere Geschwister zu hüten, Holz, Stroh oder Wasser zu tragen; sie mußten im Stall helfen, beim Pflügen das Gespann führen, bei der Heu- und Getreideernte mitarbeiten, Botengänge erledigen und den Erwachsenen bei den häuslichen Arbeiten zur Hand gehen. So gewannen sie eine unmittelbare Beziehung zur Natur, zu den Tieren, zur Landschaft, aber auch zur Arbeitswelt der Erwachsenen.

Zum Alltag der Wälderbauern gehörten auch Krankheit, Alter und Tod. Gebrechliche blieben in der Regel auf dem Hof und mußten von der Bäuerin versorgt werden. Nicht selten hatten sie das Gefühl, den übrigen zur Last zu fallen. Den Doktor konnte man nur selten aufsuchen oder kommen lassen. Man probierte es mit Hausmitteln, die zum Teil aus dem eigenen Kräutergarten stammten, oder gelobte eine Wallfahrt. Dem Sterbenden versuchten die Angehörigen mit Gebet und frommem Brauch den Tod zu erleichtern. Im Hochschwarzwald war es üblich, den Todkranken auf eine einfache Bahre in die Stube zu betten, wo man sich um ihn versammelte. Das Totenbrett wurde später als Steg über einen Bach gelegt; wer den Steg betrat, gedachte mit einem kurzen Gebet des Verstorbenen. Bis zum Begräbnis hielten Nachbarn die Totenwache. Im Leichenzug wurde der Tote im Sarg (dem »Totenbaum«) zum Kirchhof gebracht und dort bestattet. Von der persönlichen Betroffenheit durch den Tod eines Angehörigen vermittelt der folgende Auszug aus der Familienchronik eines Schwarzwälders einen unmittelbaren Eindruck:

[...] an einem freitage nachmitage da unsere liebe Mutter am Steinen oder säubern des somerhalb liegenden akers beschäftigt ware, es ware der 11ten May Hat sie ein Heftiger frost Ergriefen das sie muste nach hause gehen und viele Schmerzen äuserte, und so muste sie sich zu bette legen, ich ware Ihr zum Toctor Nikolaus brunner in Neustadt, aber ware Keine beserung vorhanden und Ihre Krankheit wurte immer schlimmer am dienstag als 15ten May Haben wir sie mit allen Heiligen Sterb-Sakramenten versehen lasen, welches sie zwar selbsten verlangte, dan sie Empfande sehr grose schmerzen, und Hat sich doch immer im Stillen gebeth beschäftiget, es Trat der donnerstag Heran sagte sie zu uns Kinder, übernehmet, und verachtet niemand, und wan ich

werte gestorben sein so begrabet mich in meines Mannes Vatters Mathias Kirners grabe. weiters befahle sie man solle den Hochw. H. Pfarrer nochmahl Hollen, welcher nach Verflus einer Stunde schon da ware er befragte sie bey seiner ankunft mit diesen worten, wie geht es, Ihre antwort ware, Recht geht es, auf dieses befahle sie 5 Vatterunser zu betten, unter welchen sie Ihre Seele dem schöpfer sanft übergabe und verschieden ist, es ware der 17te May 1810. donnerstags vormitag zwischen 9 und 10 Uhr, in einem alter von 55 Jahr 4 Monat und 22 tag. nachdeme sie 9 Jahr und 11 tag im wittibstande gelebt Hatte. der obige Hochw. H. Pfarrer ware zugegen da sie verschieden ist, er ist schon seit dem 21ten Dezember 1809 bey uns als Pfarrer, und Heist Franziscus Salesio Speckle. gott segne Ihne bis in Tod. Also waren mir 4 Kinder unsers besten schazes beraubt. welcher uns nicht mehr werden Konte, doch Hoffen wir das sie bey gott für uns bitten werde, dessen wir auf Erden Ihres andenkens nie vergesen werten, gott gebe Ihr und allen abgestorbenen die Ewige Ruhe.[32]

»Undt gezwungerweiß den bettelstab ergreiffen«

Krise und Wandel der bäuerlichen Gesellschaft

Ursachen des Wandels

Im Laufe des 18. Jahrhunderts änderte sich die Lage der auf dem Wald wohnenden und arbeitenden Bevölkerung grundlegend. Man kann von einer Transformation der bäuerlichen Gesellschaft sprechen, die der Industrialisierung vorausging. Dabei stellt das Bevölkerungswachstum eine entscheidende Triebkraft der Veränderungen dar. Verdichtung der Siedlungen – von der Einzelhof- zur »Schwarmsiedlung« –, Aufsplitterung der Besitzgrößen und Einengung des Nahrungsspielraums für Mensch und Tier waren Folgewirkungen dieses Wandels.

Die Tatsache, daß unsere Region überbevölkert war, wurde von der vorderösterreichischen Verwaltung schon zu Beginn des 18. Jahrhunderts konstatiert. So lieferte der österreichische Beamte Maldoner folgende Beschreibung der Verhältnisse in der ehemaligen Grafschaft Hauenstein, dem Hotzenwald: *Woher es aber kommt, daß die Grafschaft mit Unterthanen übersetzt ist, mag leicht zu erachten sein, weilen sie ihre eigenthümlichen Höf und Güter in die kleinste Theil verteilen und zerstücklen, also zwar, daß bisweilen in einem Häusel zwei und mehrere Hausgesessene sich befinden, wodurch sie sich ungemein vermehren und daher einander selbsten überlästig machen.*[33]

Im Hotzenwald, wo das Prinzip der freien Erbteilung (Realteilung) herrschte, nahm die Bevölkerung besonders rasch zu. Das spiegelt sich auch in den Wohnverhältnissen. In der ehemaligen Grafschaft Hauenstein schwankte die durchschnittliche Belegung eines Hauses zwischen 7 und 13 Personen. Daneben gab es auch ganz extreme Fälle. In Attlisberg betrug die durchschnittliche Belegung 15, in Heppenschwand 17 und in Frohnschwand 23 Personen. Zu welchen Kuriosa die Übervölkerung führen konnte, zeigt ein Haus in Bernau, in dem die gemeinsame Stube in Zwölftel aufgeteilt war, von denen einer Partei drei, der zweiten vier und der dritten fünf Zwölftel zugeteilt waren. Die einzelnen Wohnbezirke hatte man durch Nägel in der Stubenwand markiert. Grenzverletzungen führten zu Streitigkeiten, deren Verhandlung uns die Notiz über dieses Kuriosum erhalten hat.

Die Wälder versuchten, diesem Notstand zunächst mit einer verstärkten Bautätigkeit entgegenzuwirken, doch konnten sie mit der gewaltigen Bevölkerungszunahme nicht Schritt halten. Zudem schwand der einst als unerschöpflich geltende Waldbestand dahin, so daß sich St. Blasien in der zweiten Hälfte des 18. Jahrhunderts dazu gezwungen sah, ein Dekret zu erlassen, nach dem Häuser bis zum ersten Stockwerk in Stein gebaut werden mußten. Entsprechend den Schwierigkeiten im Häuserbau, die aus der Holznot erwuchsen, veränderte sich allmählich der Typ des einst stattlichen, geräumigen Bauernhauses. Die Dimensionen verringerten sich zusehends, die Räumlichkeiten wurden kleiner, vor allem verminderte sich die Zahl der Schlafkammern.

Zu einer weiteren Verschärfung der Lebensverhältnisse trug die Schrumpfung der natürlichen Produktionsgrundlagen bei. Die Waldbestände waren durch den ständigen Raubbau ausgezehrt, die Viehwirtschaft als wichtigster Bestandteil der Höhenlandschaft reichte nicht mehr aus, besonders fehlte ihr der notwendige Boden. Gerade jetzt machte sich die 1552 offiziell sanktionierte Güterteilung mit all ihren negativen Folgen bemerkbar.

Für eine extensive Viehhaltung, auf die die Bauern wegen der schlechten Voraussetzungen für Getreideanbau angewiesen waren, war die starke Parzellierung der Güter überaus hinderlich. Eine beträchtliche Überbesetzung der vielen Zwerggüter mit Vieh war die Folge. Im Sommer wurde die Weide bis zum äußersten ausgenutzt, im Winter mußte das Vieh wegen fehlender Futtervorräte hungern. Es soll vorgekommen sein, daß in langen Wintern das Stroh von den Dächern zur Fütterung der Tiere herabgerissen wurde. Immer wieder versuchte das Kloster St. Blasien, das als Grundherr ein Interesse an der Erhaltung eines kräftigen Bauernstandes hatte, die Teilbarkeit und damit die immer größere Aufsplitterung der Höfe zu verringern bzw. abzuwenden.

Immer wieder scheiterte jedoch das Kloster daran, daß die Wälderbauern an ihren alten Rechten und Privilegien festhielten. Dazu gehörte vor allem das Recht der freien Erbteilung, d. h. das Prinzip der Realteilung. Nur bei den Leibeigenen konnte das Kloster das Anerbenrecht durchsetzen. Im Hochschwarzwald hielten die Vollbauern im eigenen Interesse am System der »geschlossenen Hofgüter« fest. Anders die Bevölkerung im Hotzenwald. Hier führte das Realteilungsprinzip nicht nur zur fortschreitenden Zerstückelung der Besitzgrößen, sondern auch zu einer überdurchschnittlich hohen Bevölkerungszunahme, so daß immer mehr Leute in nebenbäuerlicher Arbeit – als Holzfäller, Fuhrleute, Glaser, Bergleute, Taglöhner usw. – ihr Brot zu verdienen suchten. Die wirtschaftliche Struktur der Region unterschied sich von der in der Oberrheinebene, wo ebenfalls die Realteilung vorherrschte. Dort konnte der wachsende Bevölkerungsdruck im Obst- und Weinbau durch eine Intensivierung der Bodenbearbeitung und die daraus erzielte Ertragssteigerung zunächst aufgefangen werden, wie ein Zeitgenosse 1781 feststellte:

Der in vorzüglich guten Umständen stehende Wälder kann durch viele Zucht und deren Mastung, auch aus besitzenden eigenen Waldungen sein gutes jährliches Auskommen vestsetzen und noch etwas erhausen. Gleiche Vortheile genießet der Reebländer. Nur fällt bey diesem der Holzertrag meistens weg, welcher aber durch den Weinerwachs reichlich ersetzt wird. Der Mittelmann auf dem Wald fühlet die jährlichen Beschwerden am stärksten, dessen Anzahl das meiste ausmacht. Der arme oder Taglöhner hat im Reebland derjenigen Vorzüge, weil er aller Orten in der Nähe Verdienst findet, wenn er selbigen annehmen will. Der Wälder hingegen muß selbigen in der Entlegenheit suchen. Auf dem blatten Land besitzen beynahe durchaus alle 3 Classen Einwohner Weinberge, aus welchen sie jährlichen Nutzen ziehen. Der Mittel- und arme Mann auf dem Wald muß sich in Ermangelung eigenen Walds oder gaabholzes aus Gemeindewaldungen aus seinen wenigen zahmen Güthern, Bergfeldern und der Viehzucht zu ernähren bedacht seyn. Die Waiden sind schlecht [...] Es hat mich schon oft gewundert, woraus diese gattung von Inwohnern ihre Nahrung ziehet.[34]

Diese Gattung von Inwohnern bzw. *der Mittel- und arme Mann auf dem Wald* wurde seit dem 18. Jahrhundert zur großen Mehrheit im südlichen Schwarzwald. Daß ein Bauernhof verarmte, konnte zahlreiche Gründe haben: Mißernten, Schädlinge, Unwetter, Mißwirtschaft, Kriegseinwirkungen (nach dem Dreißigjährigen Krieg hatten die Kriege Habsburgs gegen Frankreich den Südschwarzwald schwer belastet), Seuchen im Stall und andere mehr. Am meisten aber hat die Realteilung die bäuerliche Existenz im Südschwarzwald ruiniert. Einzelne Höfe (wenn z. B. nur ein Erbe überlebte oder der Grundherr die Teilung verhinderte) blieben ungeteilt und konnten ihr Auskommen sichern. Die Familien auf solchen Höfen waren auch in unglücklichen Zeiten widerstandsfähiger, während die ärmeren Bauern, waren sie erst einmal in Not geraten und verschuldet, auch bei erhöhten Anstrengungen nicht mehr die Kraft hatten, allein mit ihrer Landwirtschaft zu überleben.

Zunächst einmal wurde kräftig Kapital aus der ruinösen Lage der Wälder geschlagen. Mit der Frage »Nix guufe?« zogen zahlreiche fremde Händler mit ihren Rückenkrätzen von Hof zu Hof. Es waren piemontesische Kaufleute und savoyische Hausierer, die seit geraumer Zeit Krämer- und Luxuswaren in den Schwarzwald brachten und bis etwa 1850 den Hausierhandel beherrschten. Zu blühen begann der Handel mit Galanteriewaren in der zweiten Hälfte des 17. Jahrhunderts. Der Sitz dieser Handelskompanien war in ihrer Heimat, beispielsweise in Piemont, wo sich die älteren Mitglieder aufhielten, während die jüngeren von den Niederlassungen im Schwarzwald aus die Geschäfte betrieben. Solche Niederlassungen bestanden in Rheinfelden, Säckingen, Laufenburg, Rickenbach, Kutterau und Freiburg. Bereitwillig kaufte die Bevölkerung, so daß die Jahrmärkte zur völligen Bedeutungslosigkeit herabsanken. Man bekam seine Sachen ins Haus gebracht und konnte sich den Weg in die recht weit entfernte Stadt sparen. Die Italiener hatten alles, was man brauchte, und ganz so, wie man es brauchte, und sie waren nie auf Barzahlung erpicht. Mit einer kleinen Schuldverschreibung gaben sie sich, wenn die Rechnung größer geworden war, zufrieden. Befand sich jemand gerade in Not, konnte er Vorschüsse in jeder Höhe haben. Und in Not waren viele. Die Kreditgewährung wurde zum eigentlichen Mittel der Macht und führte so zur Herrschaft der Händler über ein mit Zwergbauern besetztes Gebiet, das unter Überbevölkerung litt und keine ausreichenden Verdienstmöglichkeiten hatte. Ein Regierungsbericht gibt Einblicke in die damaligen Verhältnisse:
Es ist leicht zu gedenken, dass der Compagnie ein grosser Teil dieser Gegend mit Schulden verhaftet ist, wozu der Leichtsinn des Landvolkes zu seinem grössten Verderben vieles beiträgt. Es schien völlig unmöglich, dieses Joch noch zu zerbrechen, oder auch nur zu mildern. Sie machen alle Preise, und wenn man ihre

lächerlich geringe Gewerbeschatzung – 2 fl. für sämtliche Betriebe – angemessen erhöhen wollte, so würden sie den Mehrbetrag sofort auf die ohnehin hohen Preise schlagen. Noch weniger könne man ihnen die Konzession entziehen, denn alsdann würden sie ihre Vorschüsse einziehen und Hunderte von Bauern ins Verderben stürzen. Das Beste sei noch, sie zu bewegen, wirklich nach Deutschland zu übersiedeln. Auch eine erweiterte Konkurrenz werde helfen, aber es sei überhaupt nur möglich, dass andere Savoyarden eine solche ausübten. Denn, überhaupt wird das Genie unserer Leute gegen jenes der Savoyarden in der Handlung selten die Wage halten, da diese, von Jugend auf zur Handlung erzogen, durch ihre unermüdete Gewerbsamkeit bei ihrem Mangel an Handlungskenntnissen, ihrer natürlichen Trägheit und ihrem Hange zum Luxus im Handel verdrängen würden.[35]

Zwar versuchte die österreichische Regierung im Jahre 1754, dieser Entwicklung entgegenzuwirken, indem sie die nicht eingebürgerten Savoyarden vom Handel ausschloß. Dieser Erlaß war aber insofern ohne Bedeutung, als die erfolgreichen italienischen Kaufmannsfamilien längst in das Patriziat der Städte aufgestiegen waren und die einheimischen Bürgergeschlechter aus ihren einflußreichen Stellen verdrängt hatten. Schon 1715 zählten in Waldshut, der Stadt, die einst als Hut und Markt des südlichen Schwarzwalds von den Habsburgern gegründet worden war, die Belmonte, Brentano, Lischieri, Perola, Ribota, Curti, de Casel und Kilian zu den wohlhabendsten Familien. Ein Belmonte war 1727 Oberzoller, die Familien Casal und Belmonte lösten sich nacheinander mehrmals im Schultheißenamt ab, und Kilian wurde später als Industriepionier geadelt. In Schönau spielten die Montfort eine Rolle, in Bonndorf ließen sich die Gracelli nieder, in Säckingen und Laufenburg lebten die Biselli, Groselli und Prestinari, und auf dem Dachsberg lagen die Denz, die es bis zum Amt des Einungsmeisters brachten. Längst hatten also die Italiener den

Rat aus dem oben zitierten Regierungsbericht befolgt und waren nach Deutschland übergesiedelt, wo sich ihre ökonomische Basis befand und wo eine ganze Bevölkerung in ihre Abhängigkeit geraten war.

Die Maßnahme, von der man sich im Südschwarzwald die größte Effektivität versprach, war für den Wälder mit Sicherheit auch die schmerzlichste, dokumentiert aber zugleich auch die aussichtslos scheinende Situation und ihre richtige Einschätzung. Es war die Auswanderung. Bei der Durchsicht von Kirchenbüchern und alten Ortschroniken des südlichen Schwarzwalds fallen sofort die Auswanderungsbewegungen nach Ungarn in der ersten Hälfte des 18. Jahrhunderts auf. Diese Auswanderungsbewegung ist zum einen mit den Kolonisationsbestrebungen Maria Theresias im südwestlichen Ungarn in Beziehung zu bringen, zum anderen mit der Überbevölkerung und ihren Folgeerscheinungen auf dem Wald. Wie verfahren die Situation der Auswanderungswilligen in ihrer Heimat war, teilt dieser Bittstellerbrief mit:

Wir, bei 26 Mannspersonen aus der Grafschaft Hauenstein, wollen in das Temesvarer Banat ziehen. Durch einen zu Donaueschingen sich aufhaltenden Kommissarius ist uns ein Patent des Kaisers vorgelesen worden [Karl VI.] und wir haben es vernommen, daß die Kaiserliche Majestät es gern sehen würden, wenn der ein und ander der deutschen Nation zugetaner Bürger und Bauersleut sich in dem Temesvarer Banat im Ungarn setzten. Wir haben uns entschlossen zu gehen, haben deswegen unser Vermögen verkauft, die Schulden bezahlt, und es ist einem jeden noch übrig, kaum 70, 80, 100, 200 oder 250 Gulden. Dafür sollte die Reise angetreten und im Temesvarer Banat kleine Provision gemacht werden. Von unserm Vorhaben sucht uns der Waldvogt, Freiherr von Schönau, solange abzuhalten, bis wir 10 Gulden von 100 Abzugsgeld bezahlt haben. Wir können in der Ermangelung der Mittel mit Weib und vielen Kindern in der Grafschaft Hauenstein ohne den leidigen Bettelsack an den Rucken zu hänken, uns ferneres nicht mehr ernähren. Wir befinden uns in einem sehr schlechten und miserablen Stand. Wir haben uns immer als untertänigste Vasallen gegen unseren allergnädigsten Landesfürsten aufgeführt und werden wieder seine Untertanen. Wir bitten um Befreiung vom Abzugsgeld.[36]

Hatte man alle Formalitäten in der Heimat abgeschlossen, erwartete einen eine sehr beschwerliche Reise. *Auf Wagen ging es bis Günzburg an der Donau. Dort wurden diese Ostwanderer mit ihren wenigen Habseligkeiten auf die sogenannten »Ulmer Schachteln« verschifft über Wien, Budapest bis zum Einfluß der Theiß in die Donau. Die Schiffe fuhren dann theißaufwärts in die Benga bis Temesvar. Von dort aus wurden die Leute dann ins Banat verteilt. Manche überdauerten diese gefahrvolle Reise nicht, die Friedhöfe an den Donauufern beherbergen nicht wenige dieser Ostfahrer. So wurde Josef Gamp von Dogern zu Linz beerdigt. Seine Frau Maria Winklerin fuhr nicht mehr heim ins Hauensteinische, sondern ging mit den anderen donauabwärts. Viele raffte in den ersten Jahren der Siedlung das Sumpffieber hinweg. Die Sterbebücher der neu gegründeten Pfarreien erzählen von diesem traurigen Kolonistentod. Die Ehefrau des Jakob Albietz und sein Sohn Josef starben zu Werschätz schon vier Jahre nach der Einwanderung. Jakob Albietz selbst lag zwei Jahre am Sumpffieber darnieder. Es ist unbeschreiblich, mit welchem Heimweh besonders diese Hauensteiner in der Banater Ebene nach den heimatlichen Bergen und Wäldern sich sehnten.*[37]

Insgesamt handelte es sich bei dieser ersten Auswanderungsbewegung um einen Strom, der versiegen mußte, sobald die Grenze der Ansiedlungsmöglichkeiten erreicht oder der Nahrungsspielraum in der Heimat erweitert war.

Ein anderes Mittel zur Bekämpfung der Krise war der Zugriff auf den Wald, wozu der in Not geratene Schwarzwälder wohl schon intuitiv neigte. Dieser Ausweg konnte im 18. Jahrhundert aber nicht in einem verstärkten Holzverbrauch für gewerbliche

Zwecke oder gar für den Nutzholzhandel bestehen. Zu offensichtlich war der Waldraubbau der letzten Jahrhunderte zutage getreten. Waren es bis zum 18. Jahrhundert in erster Linie die holzfressenden und waldvernichtenden Gewerbe, wie die Schmelzhütten, Eisen- und Hammerwerke an Hoch- und Oberrhein, die vom Schwarzwald aus versorgt wurden, so führte die Erneuerung des Floßwesens auf der Wiese seit dem Jahre 1726 zur fast gänzlichen Vernichtung des Waldbestandes. Ein Sprichwort, das bereits Luther zitierte, war auf dem Schwarzwald, zumindet in seinen beiden letzten Aussagen, Wirklichkeit geworden: Noch vor Anbruch des Jüngsten Tages werde es in Deutschland an drei Dingen mangeln, an treuen Freunden, guter Münze und wildem Holz. Sollte ein Wald- und Forstdekret 1698 noch den Schutz der *in zimblichen mass ruinierten Waldungen* bewirken, so zeigte sich am 31. Mai 1702 bei einer Waldbegehung auf dem Dachsberg, daß die Wälder so gründlich abgeholzt waren, daß sie erst in 20 bis 30 Jahren wieder einen Ertrag zu liefern versprachen. 1770 stellt der sanktblasianische Pater Eichhorn zum Holzverbrauch resignierend fest: *Solange das Holz im Überfluß dastand, überließ man die Benutzung desselben verschiedenen Gemeinden um eine jährliche Abgabe an Rindvieh, um ein, zwei, auch drei Stück, überhaupt hat man mit Waldungen übel gewirtschaftet, im Überfluß spart man nie.* Und der Feldmesser Bayer aus Schönau charakterisiert in einem plastischen Vergleich die Lage folgendermaßen: *Die Waldung betreffend ist selbe außer etwa 200 Jauchert in einem schlechten Zustand, daß man – Gott wolle es verhüten – 60 Häuser sollen abgebränt werden, so wäre ohnmöglich selbe aus der starken Juchert Waldungen zu erbauen.* 1821 wurden im badischen Landtag die Hauensteinischen Waldungen als die mißhandeltsten im ganzen Land bezeichnet. Da aus dem Wald direkt längst kein Nutzen mehr zu ziehen war, ging die Bevölkerung dazu über, den Wald zur Verbreiterung der landwirtschaftlichen Basis zu nutzen. Wälder wurden als Viehweide

herangezogen, moorige Stellen ausgetrocknet und zu Wiesengelände umgeschaffen. Dadurch wurde jeglicher Waldaufwuchs im Anfangsstadium unterdrückt, sogar der Brennholzbestand schien gefährdet. Die Forstleute forderten die sofortige Einstellung des Waldweidganges, weitere Schäden durch Viehverbiß sollten beispielsweise durch das Verbot der Ziegenhaltung verhindert werden. Das traf den armen Mann am härtesten, wie die folgende Bittschrift von 1773 aus der Waldvogtei Neuenweg zeigt:
»Weilen [...] der Fruchtbau hier sehr gering, so daß auch der Vermöglichste noch Frucht in seine Haushaltung kaufen muß, so ist wol zu erachten, daß der größte Teil der Nahrung von der Viehzucht abhanget. Will nun der Mittelmann, der nebst einem Par Zug-Stieren auch eine Kuh halten kann, den Sommer hindurch noch ein Stückle Vieh nachziehen, so muß er nothwendig ein oder zwey Gaisen dabey haben, damit er die KuhMilch dem aufziehenden Kalb lassen und mit der GaisMilch sich und die seinigen nähren kan; und dieses ist neben denen Grundbirnen die durchgängig tägliche Kost bey uns, auch nähren sich unsere Nachbarn also.« Obwohl die Bürger darauf hinwiesen, daß der Mittelmann ohne Ziegen keine Kälber aufziehen könne, wurde das Gesuch abgelehnt.[38]
Im ganzen brachten die von der Bevölkerung und ihrer Regierung ergriffenen Maßnahmen zur Bewältigung der Krise nur geringe Entlastungen. Unzufriedenheit und Verzweiflung griffen immer mehr um sich.

Unruhen auf dem Wald

In dieser wirtschaftlich und politisch schwierigen Zeit versuchte das Kloster St. Blasien, seine Vermögensverhältnisse in der Grafschaft Hauenstein neu zu regeln. Grundlage bildete der Dogerner Rezeß von 1720, in dem St. Blasien seine Ansprüche vertraglich absicherte. Das war Anlaß für die Bildung einer Oppositionsgruppe unter der Führung des Hans Friedle Albiez, des »Salpeterer-Hans«.

Ziemlich hohen Wuchses, mit langem Mannesbarte geziert, sprach er schon durch sein Aeußeres Jedermann an. Aus seinen tiefliegenden Augen blitzten scharfe Funken hervor. Sein Gewerbe, das ihn von Haus zu Haus führte, übrigens den Bauern nicht angenehm war, hatte ihm eine feine, verschmitzte Weise eigen gemacht. Mit einem ernsten und düstern Sinne verband er den Schwung einer üppigen Einbildungskraft. Mit dem Selbstgefühle siedelte sich Uebermuth und Rauheit in seinem Gemüthe an. Nie ließ ihn sein stechender Witz in Verlegenheit; aus dem männlichen Munde quollen volle, kräftige Reden. Keiner übertraf ihn als Volksredner. Er besaß die Kunst, nach Umständen sich zu schmiegen, seine Aeußerungen zu mäßigen, oder zu steigern; bis er sah, wie er im Strome seines Vortrages die Zuhörer überwältigen könne. Er besaß viel Verstand, widersetzte sich aber jeder Belehrung, und erschien zugleich hohen Sinnes aber trotzig; gefaßt aber auch aufbrausend. Ueberdieß konnte er, was damals unter den Bauern noch selten war, lesen und schreiben. Was er daher behauptete, galt wie ein Orakelspruch; und seine Jünger gaben keinen andern Grund ihrer Meinungen an, als den: »Er hat es gesagt.« Man achtete ihn auch als einen frommen Mann, weil er oft nach Todtmoos und Einsiedeln wallfahrtete, kräftig den Rosenkranz betete, und fleißig zur Kirche gieng.[39]

Albiez fühlte sich verpflichtet, gegen den Vertrag von 1720, aber auch gegen die Einungsmeister, die ihn unterzeichnet hatten, anzukämpfen, da diese gegen die alten Rechte der Grafschaft verstoßen hätten. Es ging ihm nicht nur um die Verteidigung alter Rechte und Freiheiten, sondern zunehmend auch um die Aufhebung der Leibeigenschaft. Als 1725 auf Befehl des Abtes eine Aufzeichnung der Leibeigenschaft vorgenommen werden sollte, kam es zu ersten Unruhen. Fridolin Gerspach aus Altenschwand erklärte: *Vor allem möchte er wissen, wer die Fallbar-*

keit aufgebracht habe, ob Gott, Mensch oder Teufel. Komme sie von Gott, so sei er zufrieden, komme sie aber vom jemand anderem, so werde es dieser zu bereuen haben. Auf dem ganzen Hotzenwald schlossen sich die Anhänger des Salpeterer-Hans zusammen. Sie wurden allgemein die »Unruhigen« oder auch nach ihrem Anführer »Salpeterer« genannt. Die obrigkeitshörigen Untertanen, die, dem Zwang gehorchend, ihre Pflichten gemäß der Schrift erfüllten, wurden »Ruhige« genannt, von ihren Gegnern aber als »Halunken« tituliert. Ihr Hauptvertreter war der Einungsmeister und Altredmann Joseph Tröndlin, Müller zu Unteralpfen, daher auch der Ausdruck »Müllersche« oder »Tröndlinsche«. Durch gezielte Propagandafeldzüge und Unterschriftensammlungen für seine Sache gewann Albiez immer mehr Gefolgsleute. Als sich Albiez im Frühjahr 1726 direkt nach Wien zum Kaiser begab, hatte er bereits eine Mehrheit hinter sich, die nach seiner späteren Verhaftung und seinem Tod im Freiburger Arrest noch zunehmen sollte. Bei den Einungsmeisterwahlen wurden trotz einer ersten Verhaftungswelle nur »Unruhige« in das Amt gewählt. Im Mai 1727 richtete sich die Empörung direkt gegen das Kloster St. Blasien, als einem neuen Abt gehuldigt werden sollte. Sofort erhoben sich die Salpeterer: Niemand, der dem Kaiser geschworen habe, könne dem Abt von St. Blasien einen Huldigungseid leisten. Die kaiserlichen Rechte der Hauensteiner löschten die Leibeigenschaft aus. Die Huldigungszeremonie wurde zu einem Reinfall.
Vor dem Dorfe empfängt der Ortspfarrer an der Spitze seiner Pfarrkinder den Abt; die Jungfrauen sind mit Kränzen geschmückt, die jungen Männer mit Feuerwaffen versehen. Der Abt mit dem Prachtgewande seiner Würde geschmückt, wird unter dem Donner des Geschützes von dem Zug in die Kirche begleitet, von wo er nach geendigtem feierlichen Gottesdienste den Segen ertheilt. Bei seiner Rückkehr in den Pfarrhof empfängt ihn der Einungsstatthalter mit der Meldung, den Waldvogt habe eine Krankheit zurückgehalten. Nun erschienen auch die Acht-

mannen, und verlangten den Huldigungseid einzusehen. Man legt ihnen denselben vor, wie ihn die Regierung genehmigt hat. »Nimmermehr« – ist die einhellige Erklärung dieser Einungsvorsteher – nimmermehr werde man huldigen, wofern in dem Eide das Wort: »eigen« nicht ausgetilgt wäre. Dessen weigert sich der Abt. Nun pflegen die Obmänner Raths mit der unter den Kirchhoflinden versammelten Bauernschaft. Indeß besteigt der Abt den für ihn erhöhten Thron; aber nach einer Stunde bringen die Achtmannen nochmals den Bescheid: »wofern das Wort eigen nicht ausgelassen sei, huldige das Volk nicht.« Nur vier Stimmen ließen sich bewegen den Eid zu leisten.

Noch übler gieng es anderwärts. Zu Birdorf ließ sich der Abt, auf die Vorstellungen des Waldvogts bewegen, das Wort »eigen« dahin zu erläutern, daß man auf ewige Zeiten nichts anders mehr erzielen wolle, als die Gebühren und Pflichten der Hörigkeit. Allein diese Erläuterung kam jetzt zu spät. Hatten schon Tags zuvor manche Bauern dem Abt im Vorbeigehen den Hut nicht gerückt, so schimpften sie nun ungescheut gegen ihn; hatte manche Frau ihrem Manne auf der Thürschwelle im Angesicht des Abtes nachgerufen: »huldige mir nicht!« so waren jetzt die Haufen von Weibern ganz durchmengt, und bald schrie eine Frau mit Ingrimm: »wenn du huldigst, so ist die Ehe ab!« und bald ein Mädchen: »wenn du huldigst, so ist unsere Liebe aus!« Auf gleiche Weise ging es zu Immeneich, wo sogar die Achtmannen sich erkühnten, unverholen Widerspruch einzulegen.[40]

Wegen der zunehmenden Gewalttaten auf dem Wald sahen sich die österreichischen Bevollmächtigten dazu genötigt, Militär anzufordern. Mitte Mai rückten 1200 Mann aus Freiburg und Rheinfelden zur Erzwingung der Huldigung und zur Unterdrückung der Salpeterer-Erhebung an. Die Soldaten besetzten Ort für Ort und ließen sich von der Bevölkerung verpflegen, um so die Huldigung durchzusetzen. Unter dem Druck der finanziellen Belastung blieb den Bauern nichts anderes übrig, als in die Huldigung einzuwilligen. Am 17. Mai kam es zu einem Zusammenstoß in Dogern. Dort fand eine Demonstration von 700 Salpeterern statt, die durch anrückendes Militär gesprengt wurde. Die Rädelsführer flüchteten in die Schweiz, wurden aber ebenso verhaftet wie eine Gruppe, die sich nach Wien begeben hatte. Sie wurden alle nach Freiburg ins Gefängnis transportiert. Die Gefangenen mußten trotz mehrmaligen Hungerstreiks zwei Jahre auf ihr Urteil warten. Die meisten wurden zu Zwangsarbeit und Verbannung verurteilt. Im übrigen hatte die Grafschaft die Kosten des Militäreinsatzes und der Kommission zu bezahlen, insgesamt über 10000 fl. Zwar kehrte nun für einige Zeit Ruhe auf dem Wald ein, doch als die Salpeterer 1737 wieder ganz offen auftraten, wurde in Wien in Übereinstimmung mit dem sanktblasianischen Abt angeregt, die Leibeigenschaft mit ihren Rechten und Pflichten gegen eine zu zahlende Abfindung aufzugeben. Am 11. Juni 1738 wurde der Vertrag vom Kaiser ratifiziert. Zum ersten Male im 18. Jahrhundert wurde in einem deutschen Territorium die Leibeigenschaft beseitigt. Damit wurde in der Grafschaft ein Stand erreicht, auf den die übrigen Teile Vorderösterreichs erst 40 Jahre später durch die Reformen Kaiser Josephs II. gebracht worden sind. Schon während der Verhandlungen waren Zweifel an der Berechtigung der sanktblasianischen Ansprüche laut geworden: Konnte St. Blasien für die Aufgabe der Leibeigenschaftsrechte Geld verlangen, obwohl ihnen diese überhaupt nicht zustanden? Hatte man nicht immer schon gegen die Leibeigenschaft gekämpft? Bereits einen Monat nach Abschluß des Vertrags begannen die jungen Salpeterer-Führer ihre Agitation; eine erneute Wienreise wurde durchgeführt. Nach der Rückkehr wurde auf Massenveranstaltungen von einem angeblichen Erfolg berichtet. *»Der FAHL sei weg, ohne daß ein Kreutzer bezahlt werden müsse.«* Nachdem der Waldvogt die Wahlen, bei denen vier Salpeterer gewählt worden waren, nicht anerkannt hatte, rief man den Steuerstreik aus, forderte die Absetzung der »Ruhigen« und widersetzte sich den Anweisungen des Waldvogts. Als die Ratifikationsurkunde

verlesen wurde, sandten die »Unruhigen« eine neue Abordnung nach Wien, die dort sofort festgesetzt wurde. In der Grafschaft eskalierte die Situation immer mehr. Beamte wurden angefallen, »Ruhige« traktiert, der Steuerstreik wurde generell ausgedehnt. Die staatliche Autorität war zusammengebrochen. Der Waldvogt berichtete, *daß die Unruhigen auf die ambtliche befehl keine Achtung mehr trageten, ja sich in allemalen wie freye, keiner obrigkeit underworfen leuth aufführten und in keine schrankhen mehr zue bringen seien.* Wieder mußte Militär eingreifen.
Am 16. März sammelten sich über tausend zum Teil bewaffnete Salpeterer auf dem Etzwihler Feld zu einer riesigen Demonstration, die jedoch bei der Aufstellung von Militäreinheiten gestört und in die Flucht geschlagen wurden. Die militärische Entscheidung war gefallen. Ein Dorf nach dem anderen mußte sich unterwerfen. Gegen die Rädelsführer ging man sofort mit unerbittlicher Härte vor. Der bisher kaum in Erscheinung getretene Dorfmeier Jakob Leber wurde noch am selben Tag zum Tode verurteilt und am 24. März 1739 »durch das Schwerdt vom Leben zum Dot« hingerichtet. Die Hinrichtung sollte den 300 Leuten, die von 300 Soldaten bewacht wurden, als Abschreckung dienen. Am 27., 28. und 29. April wurden fünf weitere Todesurteile vollstreckt, wobei es die landesherrlichen Henker nicht beim Tod durch Erhängen oder durch das Schwert beließen, sondern die Köpfe der Hingerichteten auf die Galgen steckten und die Leiber auf Räder flechten ließen. Die Vermögen der Getöteten wurden einbehalten. Neben den Todesurteilen ergingen Urteile zu Gefängnisstrafen, erneute Verbannungsurteile, wiederum gegen Marder und Hottinger, sowie zahlreiche Verurteilungen zu Arbeits- und Geldstrafen. Die jungen Männer wurden in die österreichische Armee eingegliedert. Damit war der zweite Salpeterer-Aufstand blutig gescheitert.
Und doch sollte es noch einmal zu einer Erhebung, zum dritten Salpeterer-Krieg, kommen. Im Sommer 1743 war der Öster-

20 Votivbild: Kühe um Kruzifix mit Totenkopf, Schlange und Apfel (Schildmalerei, 19. Jh.).

21 Schlafkammer mit Eltern- und Kinderbett, Schrank und Truhe.

22 Hotzenhaus, zum Teil verputzt, mit »Wiederkehr« (um 1910).

23 Das Haus des Salpeterers Hans Friedle Albiez in Buch (um 1930).

24 a–b Hotzenwälder Bäuerin und Bauer in der Volkstracht des 19. Jh.

25 Einungsmeister und Krieger aus der Grafschaft Hauenstein.

26 Hotzenwälder als österreichisch-ungarischer Milizsoldat. Ein Dokument aus dem Österreichischen Erbfolgekrieg (1742).

reichische Erbfolgekrieg auch in der Grafschaft zum erstenmal spürbar. Durch die Präsenz österreichischer Truppen erhöhte sich die finanzielle Belastung der Grafschaft schlagartig. Im Herbst wurde erneut ein Steuerstreik ausgerufen und die Parole ausgegeben, der Armee weder Heu, Hafer, Stroh noch überhaupt irgend etwas zu liefern. Höhepunkt des Aufstandes war die Erlangung der Autonomie durch die Salpeterer auf dem Wald und die Belagerung der Stadt Waldshut. Rachezüge gegen die »Ruhigen« waren an der Tagesordnung. Thoma ab Egg übte eine unumschränkte Gewaltherrschaft aus. Vom Ausmaß der Übergriffe zeugt ein Bericht des Chirurgen Schwenter aus Immeneich:

Anna Schaiblin von Remetschwiel ist auf einen Arm geschlagen worden. Das Rohr ist völlig zersprengt. Sie ist 4 Wochen in Kur gewesen und geheilt worden. Maria Friedigin von Remetschwiel ist auf den Arm geschlagen worden, auf dem Rücken ist alles schwarz und blau. Zwei Rippen sind völlig zersprengt. 3 Wochen habe ich zu tun gehabt, bis sie wieder geheilt gewesen. Elisabeth Gängin von Remetschwiel ist das ganze Schulterblatt zerschlagen worden. Sie hat übel ausgesehen. Alles ist schwarz und blau. Sie war erst 8 Tage vorher von einer Krankheit aufgestanden. Sie war schwach und hatte noch keine Kraft. Von solchen starken Schlägen ist in ihrem Leibe eine Ader zersprengt worden, und sie hat aus ihrem Mund mehr als zwei Maß frisches Blut ausgeworfen. Man hat viel Medizin von St. Blasien angewandt, aber umsonst und vergebens. Das Bluten ist wieder gekommen, und sie hat es mit dem Leben büßen müssen. Am 6. Juli ist Julius Josef Leber von Oberalpfen zu Waldkirch übel geschlagen und gestoßen worden. Er hat zwei große Blessuren oben über dem Aug gehabt, daß beide Augäpfel mit Blut überronnen waren. Etliche Tage konnte er nichts sehen. Am Kopf hatte er zwei große Blessuren, die nur mit einem Eisen geschlagen worden sein können. Er ist am Leib geschlagen und gestoßen worden, daß alles blau gewesen ist. Auch ist die Kniescheibe und das Knie völlig auseinander gestoßen worden. Er hat 5 Wochen zur Kur gebraucht. Am 5. November ist Hans Kaiser von Tiefenhäusern erbärmlich geschlagen und gestoßen worden. Das Nasenbein war völlig eingeschlagen. Auf dem Kopf hatte er starke Blessuren gehabt. Beide Augen sind völlig mit Blut unterronnen. Vom Schlagen und Stoßen hat er ausgesehen, daß es ein Grausen war. Was innerlich von geronnenem Blut war, hat man mit Medizin von St. Blasien geheilt. Er ist wieder kuriert worden. Benedikt Uehlin von Brunnadern ist am 9. November geschlagen und getreten worden. Auf der rechten Seite sind ihm zwei Rippen eingetreten worden. Innerlich hat er geronnen Blut gehabt, welches ich von ihm gerieben habe. Er hat 4 Wochen gebraucht.[41]

Die Schreckensherrschaft hielt fast das ganze Jahr über an. Am 23. November 1745 wurden die Salpeterer bei Waldkirch geschlagen, nachdem der gesamte Landsturm des oberen Rheintals sowie schwäbische Reichstruppen und Militär, insgesamt 4000 Mann, aufgeboten worden waren. Die meisten »Unruhigen« versuchten, in die Schweiz zu gelangen, oder lieferten noch im Gebirge den Truppen einen Kleinkrieg, der aber mit ihrer Gefangennahme und der Befreiung der »Ruhigen« endete. Der gesamte Hotzenwald war vom Landsturm besetzt, der im Dezember durch ungarisches Militär abgelöst wurde. Endgültig scheiterte die Sache der Salpeterer durch die Zwangsumsiedlung von 27 Familien nach Siebenbürgen.

Daß der Wald für den Rest des Jahrhunderts ruhig blieb, lag aber nicht nur an der gewaltsamen Unterdrückung der Salpeterer, sondern auch an einem wirtschaftlichen Aufschwung, der um 1750 durch die Einführung der Hausindustrie einsetzte.

»Damit der landesverderblich Müßiggang ausgetilget werde«

Der Wald wird zur Gewerberegion

Lange galt der Schwarzwald auch nach seiner Besiedlung als ein schwer zugängliches Gebirge, als Sorgenkind jeder österreichischen Politik, das man am besten meide, auch wegen seiner Bewohner, die, im Zustand einer *behaglichen Anarchie* hausend (so urteilte Gothein), dem *rohen Volksglauben* verfallen und mißtrauisch gegen alles Neue seien. Dieses Bild änderte sich in der zweiten Hälfte des 18. Jahrhunderts gründlich. Der südliche Schwarzwald wurde zu einem Zentrum der Hausindustrie. Noch an der Wende zum 20. Jahrhundert zeigte sich der südliche Schwarzwald mit den Amtsbezirken Waldshut, St. Blasien, Säckingen, Schönau und Neustadt als klassisches Gebiet des Heimgewerbes. Hier lagen 40 von den 55 Gemeinden Badens, in denen mehr als zehn Prozent der Einwohner im Heimgewerbe beschäftigt waren. Wie war es dazu gekommen?

Die entscheidenden Impulse für das Emporkommen der Hausindustrie kamen aus unterschiedlichen Richtungen. Die Bevölkerung mußte aus ihrer Lage heraus ein Interesse an neuen Erwerbsquellen bzw. an einem zusätzlichen Verdienst entwikkeln. Die Obrigkeit, gleich welcher Art, mußte aus den verschiedensten Gründen darauf bedacht sein, einer weiteren Verelendung vorzubeugen. Schließlich mußten Unternehmern die für die Gründung von Gewerbebetrieben günstigen Bedingungen des südlichen Schwarzwalds ins Auge fallen. Vereinfachend kann man die Anfänge der organisierten Hausindustrie auf drei Impulse zurückführen: auf solche von außen, von oben und von innen.

Impulse von außen

Der wichtigste Anstoß zur oben skizzierten wirtschaftlichen Entwicklung ging von der benachbarten Schweiz aus. Hier waren schon im 16. Jahrhundert Gewerbezonen entstanden. Von Holland war das Textilgewerbe über Basel als Baumwollindustrie ins Land gekommen und hatte schon bald eine vollständige Umwälzung der gewerblichen Verfassung gebracht. Die Bearbeitung der Baumwolle, in der Zunftordnung nicht berücksichtigt, entfaltete sich zur ländlichen Hausindustrie. Bis gegen Ende des 18. Jahrhunderts, als in Deutschland die wirtschaftlichen Folgen des Dreißigjährigen Kriegs noch immer nicht überwunden waren, war die Schweiz zu einem frühindustriellen Land herangereift und gehörte mit England zu den kapitalkräftigsten Ländern. Zentren der Baumwollindustrie waren die Städte Zürich, Aarau und Basel, deren Wirtschaftskraft zum deutschen Südwesten hin ausstrahlte. Bereits in den Jahren 1680 bis 1690 ließen Züricher Fabrikanten im Todtnauer Tal rohe Baumwolle an kleinen Rädern zu Garn verspinnen, just zu der Zeit, als sich nach dem Niedergang des Bergbaus viele Talbewohner dem Spinn- und Webgewerbe zugewandt hatten. In der Schweiz selbst waren die Arbeitskräfte bei steigenden Löhnen knapp geworden, die einheimische Konkurrenz wuchs, der Zwang zur Erweiterung des Marktes verstärkte sich. Angesichts des reichlich vorhandenen Kapitals stellte das kein Problem dar, und mit dem südlichen Schwarzwald hatte man das geeignete Gebiet direkt vor der Haustür. Selbst die Unwegsamkeit dieser Gebirgslandschaft konnte die vielen Vorteile, die diese Region mit ihren Bewoh-

nern vom unternehmerischen Gesichtspunkt wie geschaffen erscheinen ließ, nicht schmälern.
Die Voraussetzungen für die Einführung der Hausindustrie waren nicht überall so günstig wie auf dem Wald. Aus anderen Teilen Südwestdeutschlands wird von erheblichem Widerstand der Bevölkerung berichtet. Schon beim Einrichten von Spinnschulen begannen die Schwierigkeiten. Trotz massiver obrigkeitlicher Eingriffe scheiterte der Versuch, die Baumwollspinnerei in der unteren Markgrafschaft einzuführen und dort heimisch zu machen. Die Bewohner waren nicht bereit, in einen für sie fremden Berufszweig überzuwechseln. Beschäftigung in der Landwirtschaft scheint zumindest saisonal noch möglich gewesen zu sein, und der Verdienst war dort höher als in der Spinnerei. Anders als im Schwarzwald hätte hier die Industrialisierung bestehende Arbeitsmöglichkeiten ersetzt, auf dem Wald wurden neue geschaffen. Die Obrigkeit mußte hier erst gar nicht die Initiative ergreifen, sondern nur wohlwollend – durch Privilegien fördernd – den Gang der Dinge verfolgen: Unternehmer brauchten nicht gesucht zu werden, sie boten sich an.
Die Spinnkunst mußte nicht gelernt werden, denn sie war schon bekannt; nur Rohstoff und Zweck waren andere, man sollte nicht mehr Hanf und Flachs für sich selbst spinnen, sondern Baumwolle für einen Unternehmer. *Ermunterung der Kommerzien* war das Schlagwort der Obrigkeit, und 1740 eröffneten die zahlreichen Schweizer Fabrikanten, sich gegenseitig beobachtend, ihren Werbefeldzug auf dem Wald. Mit dem Argument, daß so viele lutherische Lande vor allem durch die Baumwollspinnerei in Flor gekommen seien, wurde auch Abt Gerbert II. von St. Blasien von den Unternehmern überzeugt und dazu bewogen, das Klosteralmosen aufzuheben. Die dadurch freiwerdenden Summen wurden in ein Kost- und Lehrgeld für solche umgewandelt, die das Spinnen lernen wollten. Das längst gesuchte Mittel zur Landeshilfe sei gefunden,

lautete die Begründung des Abtes. Der Weg war jetzt geebnet, der Konkurrenzkampf der Unternehmer konnte beginnen.
Zu den ersten Schweizer Fabrikanten, die auf dem badischen Schwarzwald tätig waren, gehörte der Aargauer Handelsmann Franz Ludwig Hunziger. In seinem Auftrag unterrichteten ab 1744 Andreas Stiegler aus Gurtweil und Martin Albiez aus Hottingen zusammen mit seinen beiden Töchtern Frauen und Männer aus unserem Gebiet und führten die Tätigkeit anschließend als Hausindustrie ein. Allzu teure Geräte wurden nicht benötigt, Rohmaterial und Fertigprodukte waren leicht zu transportieren. Stiegler und Albiez arbeiteten nicht auf eigene Rechnung, sondern als Angestellte des Schweizer Fabrikanten. Man nannte sie Fergger, und ihre Aufgabe bestand darin, das Rohmaterial auszuteilen und die fertige Ware, die in Stücklohn bezahlt wurde, wieder abzuholen. Hunziger ließ auch in der Herrschaft Bonndorf und im Fürstenbergischen spinnen, im schwarzenbergischen Amt Tiengen erhielt Johann Schmidt aus Eglisau ein Baumwollprivileg. Zu den schweizerischen Großunternehmen zählten die Gebrüder Meinrad und Peter Montfort, die im Zeller Wiesental tätig waren. Die Montforts hatten große Pläne und beschäftigten in fast jedem Haus Heimarbeiter. Sie erhielten ein Spinnpatent von der Regierung, nach dem das Spinnen überall eingeführt werden sollte, besonders für Jugendliche im Alter von 7 bis 13 Jahren und für Erwachsene. Für alle Untertanen wurde die allgemeine Arbeitspflicht deklariert. Aus Augsburg ließ man Weber kommen, die zunächst 300 Einheimische anlernten. Die Montforts scheinen ein in sich geschlossenes Textilimperium mit Spinnen, Weben, Bleichen und Drucken geplant zu haben. Die Geschäfte entwickelten sich gut, und die Stadt Zell kann bereits 1758 als Zentrum der Wiesentäler Textilindustrie bezeichnet werden. Überhaupt waren die Anfänge der Textilindustrie auf dem Schwarzwald mehr als beeindruckend. Innerhalb kurzer Zeit wurden Tausende als Heimarbeiter beschäftigt.

Angeregt durch die Erfolge der benachbarten Schweizer Unternehmer, kamen Einheimische auf den Gedanken, das Geschäft ganz auf das rechtsrheinische Ufer zu verlegen und es auf eigene Kosten zu betreiben. Warum sollte man die Vorteile des Schwarzwalds – willige und fähige Arbeitskräfte – Fremden überlassen, statt sie selbst zu nutzen? Man wollte nicht mehr nur Fergger für Fremde sein, sondern unabhängig von diesen eine eigene inländische Industrie begründen. Mehrere kleinere Unternehmungen entstanden. Am Ende setzte sich aber ein einheimischer Unternehmer in unserem Gebiet durch: Andreas Josua Kilian aus Waldshut. Bezeichnenderweise entstammte Kilian einer jener italienischen Handelsfamilien, die lange den Wald ökonomisch beherrscht hatten. In einer Waldshuter Chronik heißt es über ihn:

Er erlernte zuerst das Bäckerhandwerk, dann das des Metzgers und errichtete dann, weil zu einem Stück Brot und einer Wurst auch ein Glas Bier gut schmeckt, eine eigene Bierbrauerei. Zwar wehrten sich die drei Zunftverbände in einer Eingabe an den Kaiser im Jahre 1796, also mitten in den napoleonischen Kriegen, gegen die Errichtung einer »Breystett«, einer Brauerei. Die Beschwerde ging mehr gegen den Waldvogt, der die Genehmigung dazu gab. Kilian dagegen wies in seiner Eingabe um Errichtung der Brauerei daraufhin, daß durch diese Bräustätte sehr viel Geld im Land bleiben würde, das sonst nach Donaueschingen, Löffingen, Ulm, Kempten, Lindau und Memmingen geschleppt wird. Nach einer Aufzeichnung im Jahre 1801 wurde damals nach Waldshut Bier aus dem »Roten Haus« bei Bonndorf und aus Laufenburg eingeführt. Kilian errichtete die Brauerei an der standortgünstigsten Stelle des Hochrheins, nämlich dort wo die Handelsstraße des Mittelalters, die von Freiburg durch das Höllental über Grafenhausen führte, kurz vor Koblenz (Schweiz) auf der gegenüberliegenden rechten Rheinseite endete, beim heutigen Fahrhaus. Schon 1242 wird die Fähre genannt. Der Wirt war zugleich auch Fährmann und hatte, laut eines

Dokumentes aus dem Jahre 1553 die Pflicht, »Schiff und Weidling hiediesseits zu bewahren« und Diebe und Räuber nicht überzusetzen. Der Pachtzins betrug (1663) vier Gulden jährlich. In unmittelbarer Nähe der Wirtschaft befanden sich die Brauerei, die Metzgerei und Bäckerei. So schuf Kilian ein Musterbeispiel einer vertikalen Konzentration auf dem Gebiete der Lebensmittelversorgung.

Gegenüber der Wirtschaft »Zum Fahrhaus« legte das Fährschiff an. Hier wurden die mit Pferden bespannten Planwagen ans Land gesetzt oder auch die Warenballen auf Schiffe umgeladen, die dann von den Mitgliedern der Schiffgenossenschaft, der »Stüdeler«, an Stricken rheinaufwärts über den Laufen bis zur Messe nach Zurzach gezogen wurden.[42]

Kilian hatte also bereits einen eigenen »Binnenhafen« für das zu errichtende Textilunternehmen. Auch kannte er von Berufs wegen – er war noch Oberzöllner – Absatzwege, Geschäftsverbindungen, Kaufleute und Fabrikanten der Schweizer Firmen. So begann er, *von hohen und niederen Standespersonen mehrfach aufgefordert,* wie er später erklärte, mit seinen Geschäften. Am 30. Januar 1751 erhielt er, unterstützt vom Abt. von St. Blasien – *um den Gassenbettel zu unterdrücken* –, ein kaiserliches Privileg auf zehn Jahre für das Verspinnen von Baumwolle im oberen Breisgau. Kilian versuchte, sich zunächst mit den Schweizern gutzustellen, und errichtete zusammen mit den Gebrüdern Brentano aus Laufenburg und Rapperswil, die 100 Weber mitbrachten, eine über das Spinnen hinausgehende vollständige Baumwollmanufaktur. Sofort nützte man das Schwarzwälder Arbeitskräftepotential, ließ Webstühle auf den Hotzenwald bringen und setzte sich mit Hilfe von Ferggern auch im Wiesental fest. In ganz kurzer Zeit wuchs die Zahl der Heimarbeiter allein in der Grafschaft Hauenstein auf über tausend Personen an. Durch Privilegien und Erlasse suchte die österreichische Regierung das Baumwollunternehmen weiter zu fördern. 1754 erhielt Kilian für die Baumwollspinnerei und -weberei das Monopol in ganz Vorderösterreich auf zehn Jahre. Darin wird nachdrücklich befohlen, *alle in Müssiggang verliegende und zur Arbeit tüchtige Untertanen zu der Kilianschen Fabrik anzuhalten.* Das Hausieren mit Baumwolle und Tuch wurde allen fremden Krämern noch schärfer als bisher untersagt. Gleichzeitig wurde ein Lohntarif festgelegt, der unter dem der Schweizer lag. Die Regierung entschuldigte sich später mit dem Vermerk, daß die Spinner und Weber inländische Unternehmer besser haftbar machen könnten als die ausländischen. In Wirklichkeit ging es um den Aufbau eines einheimischen Unternehmens in Konkurrenz zum Schweizer Kapital. In den Jahren 1761 bis 1763 verarbeiteten 133 Weber 241 380 Ellen Tuch für Kilian; Schwarzwälder Fabrikate waren inzwischen weltbekannt. Die Nachfrage nach Kilians Tuchen nahm derart zu, daß sich das Unternehmen außerstande sah, alle Bestellungen und Wünsche zu erfüllen. Kilian blieb nichts anderes übrig, als zehn Prozent aus der Schweiz einführen zu lassen, und zwar aus dem Kanton Bern 980 Stück, aus dem Kanton Appenzell 980 Stück, aus dem Kanton Zürich 3600 Stück und aus einer Fabrik in Kempten 300 Stück. Jetzt setzte die Reaktion der Schweizer ein, und es entbrannte ein heftiger Konkurrenzkampf um die ökonomische Vorherrschaft auf dem Wald, in den die arbeitende Bevölkerung hineingezogen wurde. Zunächst versuchten die Schweizer, die Arbeitskräfte über höhere Spinntarife für sich zu gewinnen, gleichzeitig wurden Kilian und seine Fergger der Lohndrückerei und der Anwendung des Trucksystems beschuldigt. Die Untersuchungen brachten dann auch traurige Zustände ans Tageslicht. Der ohnehin niedrige Lohn war durch undurchsichtige Spesenabrechnungen noch weiter gekürzt und nur ganz selten in Bargeld ausgezahlt worden. Statt Geld mußten die Arbeiter Ware nehmen, darunter völlig unbrauchbare Dinge, deren Preise sehr hoch veranschlagt waren. Unklar blieb, inwieweit Kilian sich bewußt an diesen Mißbräuchen beteiligte oder ob sie vor allem das Werk seiner Fergger waren. So beklagte sich Kilian,

Summarischer Extract,

Wie viel in 7. Jahr exclusive 1754. bis 1761. inclusive an Baum-wollen-Garn in die privilegirte Fabrique zu Waldshueth gesponnen, und wieder verwoben, und wie viel baar Geldt dargegen denen Arbeiteren bezahlet worden.

	Garn-Liefferung. Centn.	Pf.	Geld-Beziehung. Guld.	Kr.	District. Guld.	Kr.
St. Blaßianischer Zwing und Bahn.						
Johannes Krieger von Menzenschwandt	57	25	3102	15		
Johann Schmid von Bernau	111	7	6132	1		
Johann Dietsche von da	9	6	540	24		
Joseph Bachmann von St. Blaßien	4	87	247	47		
Joseph Böhler von Lindau	2	75	150	19		
Thomas Griner von Ibach	37	60	1903	29		
Joseph Beringer von Wittischwandt	102	49	5667	53		
			17744	8	17744	8
St. Blaßianische Zwing und Bahn, Nieder-Gerichts-Vogteyen.						
Stephan Bertsche von Neckhenschwil	98	17	5701	24		
Michel Jellj von Heppischwandt	339	40	16424	36		
Mathias Schmidle von Tieffenhäuseren	12	26	600	5		
Georg Thoma von Neckhenschwil	8	63	576	22		
Franz Obrist von Imenaich	3	2	154	8		
Michel Denz von Wolpedingen	5	32	247	16		
Caspar Mahler von Etzwihl	7	53	291	19		
Schönau.						
Johannes Layß	12	53	656	20		
Peter Stüb	97	56	6424	32		
Todtnau.						
Johannes Rözinger	226	56	12751	26		
			43827	28	43827	28
Freyherrlich von Zweyerische Herrschaft Underalpffen.						
Michel Tröndle, Einungsmeister	13	28	630	23		
Fridle Fromherz	14	67	663	28		
			1293	51	1293	51
Birdorffer und Dogemer Einung.						
Christoph Fehr von Waldshueth	528	86	31731	36		
Johannes Köpfler von Gematschwil	26	67	1380	51		
			33112	27	33112	27
Latus -	1719	55	-	-	95977	54

	Garn-Liefferung		Geldt-Beziehung		District	
	Centn.	Pf.	Guld.	Kr.	Guld.	Kr.
Latus	1719	55	-	-	95977	54
Gerwihler Einung.						
Johannes Gerspacher von Herrenschwand	4	20	168	-		
Joseph Strittmatter von Gerwihl	107	69	4545	44		
Martin Strittmatter von da	55	71	2318	44		
Joseph Metzger von da	62	21	2345	57		
Joseph Hueber von Segetten	21	18	808	2		
Mathias Faller aus der Güttj	18	27	780	34		
Franz Zipffel von Segetten	13	75	548	29		
Joseph Albiez von Herrenschwandt	50	10	2066	46		
Andreas Völckhle von Herrischried	23	11	960	39		
Johannes Eckhert von da	42	91	1637	1		
Antoni Gottstein von Hochschür	17	6	642	27		
Joseph Michel von Oberwihl	40	45	1634	39		
Johannes Kayser von Hardschwend	84	2	3490	7		
Joseph Lüber von Girspach	6	53	250	6		
			22197	15	22197	15
Riggenbacher Einung.						
Martin Albiez von Hottingen	66	81	2678	3		
Martin Sutter von Riggenbach	42	8	1840	48		
Andreas Völckhle von der Glashütten	22	5	992	10		
Bläße Baumgartner von Dottmoß	40	13	1920	24		
Joseph Schäuble aus der Au	10	4	455	12		
Johannes Schießle von Dottmoß	55	4	2608	13		
Joseph Hueber von Riggenbach	96	58	3997	39		
Andreas Eschbach von Hottingen	27	39	1163	17		
Nicolaus Zimmermann von Dottmoß	3	12	155	16		
			15811	2	15811	2
Hochßler Einung.						
Johannes Riedj von Hauenstein	9	88	393	45		
Joseph Hueber von Rozel	63	37	3098	52		
Johannes Gäng von Alpert	22	92	1118	16		
			4610	53	4610	53
Murger Einung.						
Xavery Banholzer von Murg	60	95	2741	49		
Fridlj Löller von Oberhoff	13	76	584	37		
Marx Baumgarthner von Hähner	4	34	184	34		
Friedle Vögt von Murg	14	25	603	2		
			4114	2	4114	2
Latus	2819	45	-	-	142711	6

daß sein Fergger in der Vogtei Zell die Einführung der Seidenkämmerei dadurch unmöglich gemacht habe, daß er das von Kilian *von Zeit zu Zeit empfangene bare Geld für sich behalten und die Arbeiter mit Spitzen und Bändel, Tabak, Zundel, Feuerstein in höchstem Preis berechnet, ausbezahlt, wodurch den Leuten Lust und Mut zur Arbeit verging.*

Tatsächlich muß die Stellung dieser Mittelsmänner als Hauptursache für den in der Hausindustrie häufigen Mißbrauch angesehen werden. Auch war ihre Rolle im Kampf zwischen den Schweizer Unternehmern und Kilian höchst undurchsichtig. Oft wurden sie von den Schweizern bestochen oder angeheuert, obwohl sie bei Kilian unter Vertrag standen; Winkellager wurden eingerichtet, in denen schlechte Baumwolle an die Heimarbeiter Kilians verteilt wurde, während die guten Baumwollstoffe des Kilianschen Unternehmens in die Schweizer Fabrikation gingen.

Die schlechte Baumwolle der Schweizer verspannen nun die Arbeiter Kilians, und das Gespinst wurde ihrem eigentlichen Arbeitgeber, Kilian, geliefert, der dann natürlich die schlechte Ware bekam. Während die Schweizer das gute Garn Kilians verarbeiten ließen bzw. weiterverkauften, saß Kilian auf einer Menge schlechter Erzeugnisse, und bald lagerten in seinen Gewölben in Waldshut unverkäufliche Stücke im Wert von 24000 Gulden. Kilians guter Ruf war angeschlagen, sein Kredit im In- und Ausland untergraben. Ein weiteres Mittel zur Ausschaltung Kilians war, Mißtrauen zwischen ihm und seinen Arbeitern zu erzeugen. Die Schweizer machten sich den Freiheitsdrang und die Abneigung der Hauensteiner gegen die Obrigkeit – man denke an die drei Salpeterer-Aufstände – zunutze: Es hieß, Kilian wolle die Hauensteiner zu seinen Leibeigenen machen, seine Fabriken und Privilegien sollten zum »Zwing und Bann« werden. Dieser Schlag saß. Für Kilian, der als Oberzöllner der verhaßten Obrigkeit angehörte und durch seine Privilegien mit dem Staat gemeinsame Sache machte, zu arbeiten, galt als Schande. Wenn man es schon mußte, so war es nicht nur erlaubt, sondern sogar eine patriotische Tat, ihn zu betrügen, wo und wie man nur konnte.

Kilian berichtet darüber: *Es kann nicht genugsam vorgestellet werden, wie schlechtes Gewissen die meisten Spinnerinnen haben, besonders da dieselben noch darzu von gewissen Leuten unterstützet werden, von zwei bis drei Ztr. rohe Baumwolle haben mir schon abgeleugnet werden wollen. Durch Beichtväter und Pfarrherrn sind mir schon ein und andere Restitutiones beschehen; allerhand Vorteil und Betrügereien geschehen, viele fürchten sich keine Sünd, zwei drittel grobes Garn unter das Raine zu verbergen und den Lohn zu begehren und nemmen als wann alles rain wäre. Einige hingegen legen das Garn über Nacht in den Keller auf den feuchten Boden, Beschweren dasselbe mit Stain oder henken selbiges über ein siediges Wasser daß der Dampf dareinschlaget und schwehrer werde, ander streuen weiß Sand oder klein Steinlein in die Stränglein, rollen es zusammen, damit man es nicht merke und können öfters auf jedes Pfund zwei, drei und mehr Loth Rohbaumwolle zurückbehalten, welche Betrügereyen erst in denen Webereyen an Tag kommen.*[43]

Die Regierungsstellen konnten an solchen chaotischen Zuständen kein Interesse haben, zumal Kilian seine minderwertig gewordene Ware schon nicht mehr absetzen konnte. Die vorderösterreichische Regierung schob kurzerhand dem angeschlagenen Kilian den Schwarzen Peter zu und entzog ihm die Privilegien. Von nun an waren es in der Textilindustrie hauptsächlich Schweizer Unternehmer, die die wirtschaftliche Entwicklung unserer Region bestimmten. Die Schweizer dehnten ihr Gebiet bis auf die Baar hin aus, und in den Jahren von 1780 bis 1790 erlebte die Baumwollindustrie im Oberrheintal, auf dem Hotzenwald und auch im Wiesental ihre Blütezeit.

Bei den Hausindustrien, die durch frühkapitalistische Unternehmer entstanden sind, fällt die wohlwollende und fördernde Haltung der staatlichen Seite auf, mit der sie diese Gründungen begleiteten. Die Motive, die die Regierung veranlaßten, Industrie ins Land zu rufen, bestanden vor allem darin, Not und Armut unter der Bevölkerung zu bekämpfen und über eine »Erziehung durch Industrie« dem Bettelwesen und dem Müßiggang entgegenzutreten. Schließlich waren stabile wirtschaftliche Verhältnisse Voraussetzung für einen stabilen Staat. Auch die spätere badische Regierung war stets bemüht, über die Heimarbeit Verdienstmöglichkeiten für die Bewohner des Schwarzwalds zu schaffen. Doch hofften die Regierungen nicht nur auf unternehmerische Aktivitäten, sondern sie ergriffen auch selbst die Initiative, so etwa bei der Einführung der Strohflechterei als Heimarbeit.

Bekannt war die Strohflechterei auf dem Schwarzwald etwa seit dem Ende des 17. Jahrhunderts, und ihr Aufkommen muß im Zusammenhang mit der sich wandelnden Mode der Kopfbedekkung gesehen werden. *Nur soviel ist gewiß: daß, nachdem die Tracht der alten Deutschen, die außer dem Kriege das Haupt unbedeckt hatten, und ihre am Wirbel des Scheitels zusammengebundenen Zöpfe für die höchste Zierde hielten, außer Mode kam, verschiedene Formen der Kopfbedeckungen, von Tuch und Leinwand, wechselten, bis zu Ende des vierzehnten oder Anfang des fünfzehnten Jahrhunderts die Verfertigung der Filzhüte entdeckt wurde, die noch im Jahr 1547 so selten war, daß Kaiser Karl V. seinen Filzhut so in Ehren hielt, daß er denselben an der Spitze seiner Armee, von einem Regen überrascht, herabzog, und lieber sein Haupt als seinen Hut wollte naß werden lassen. Zu Ende des sechszehnten Jahrhunderts aber waren die Filze schon so gemein, daß Münster sagen konnte: »die Landleute seiner Zeit trügen sich in Rücken und Jüppen von Zwilch, Bündschühen und Filzhut.« Auch die Weibsleute bedienten sich als Schirm vor Sonn' und Regen der*

Filzhüte! Nur die Reichern und die Frauenzimmer trugen zu Anfang des siebenzehnten Jahrhunderts hutartige Bedeckungen, die zwar meistens schwarz aber nicht von Filz waren; von Strohhüten aber findet man noch keine Spur.
Gemälde, Landleute des Schwarzwalds vorstellend, geben bis zu den Jahren 1700 Männern und Weibern noch durchaus Filzhüte. Erst in den Jahren 1716 und den folgenden erscheinen weibliche Figuren mit Strohhüten.[44]
Wahrscheinlich waren es die Glashändler, die die zunächst unbekannten Strohhüte als Souvenir mit in ihre Heimat brachten und damit den Impuls gaben, diese selbst anzufertigen. In dieser Anfangszeit war die Strohflechterei eine bei der Bevölkerung beliebte Tätigkeit, mit der schnell und bequem ein Zugeld zu verdienen war. Pfarrer Jäck schildert sie als eher beschauliches Treiben, so wie dieses Gewerbe schon immer Gegenstand idyllischer Beschreibungen und Zeichnungen war und bis heute geblieben ist.
Ein Lord, der Sterlinge wie Brosame wegwerfen kann, würde, – wenn er einmal durch den Schwarzwald reiten sollte, – glauben, Jesus sey so eben von einem der nahen Berge weggegangen, und die Leute kämen, von seiner segnenden Hand entlassen, dessen letzte Worte: »leset auf, was übrig geblieben ist, auf daß nichts zu Grunde gehe« zu befolgen. Allenthalben würde er weibliche Personen mit kleinen Bündeln kurzer Strohhalme, – Ueberbleibsel der sparsamen Kornernte, unterm Arm erblicken; und Berg auf und Berg ab steigend, sähe er sie arbeiten, sähe, wie die drei ersten Finger der rechten und linken Hand mit einer von keinem Auge mehr geleiteten Sicherheit und Gewandtheit, fünf bis sieben – aus dem Strohbündel herausgezogene – Hälmchen zu einem Geflechte schlingen, ähnlich einem gewobenen Bande, von ein Viertel bis zu mehr als einem Zoll breit. So wandeln Mädchen und Weiber, auch manchmal Knaben und Männer – auf dem trybergischen Schwarzwalde hin und her, und flechten selbst dann fort, wenn sie unter Wegs zu Unterredungen Gele-

genheit finden, wobei man oft zweifelhaft wird, ob sich der Mund oder die Finger geschwinder bewegen.[45]

Zu einer aufblühenden, zusammen mit der Uhrenfabrikation *großen Schwarzwälder Industrie, zur unversiegbaren Quelle des Verdienstes* – so das euphorische Urteil der Schwarzwälder in der Blütezeit – wurde die Strohflechterei durch staatlichen Druck und unter besonderer Mithilfe von Beamten. Ein landesfürstlicher Erlaß machte 1759 den Anfang.

Lieber Getreuer! Da Wir ohne Unterlaß landesväterlich bedacht sind, womit unseren treugehorsamsten Untertanen die Gelegenheit zu Gewinnung eines ehrlichen Stückel Brots nicht gebreche, vorerst aber der landesverderbliche Müßiggang ausgetilget werden möge, und in dieser Erwägung schon öfters mit Bedauern beherziget, wie viele hundert Hirtenkinder über Walde die ganze Frühlings-, Sommer- und Herbstzeit hindurch diese kostbare Zeit bald ganz und gar mit Müßiggang verzehreten und eben andurch zu vielen Lastern verleitet werden: so haben Wir zwar durch Anlegung einer Spinnerei der Sache in etwas abzuhelfen gesuchet, in der guten Hoffnung, daß damit viele arme Leut und Kinder ihre bessere Nahrung sollten erlangen mögen. Nachdem Wir aber den gesuchten Endzweck nicht erreichet und selbst finden, daß die Hirten im Feld die Spinnerei nicht wohl fortbringen können, herentgegen Wir gleich in der angränzenden vorderösterreichischen Herrschaft Triberg das gute Exempel haben, daß die Hirten durch Strohflechten zu Strohhüten bald ohne einigen Kostenaufwand täglich etliche Kreuzer verdienen und zugleich dem lastervollen Müßiggang entrissen werden mögen: so haben Wir Uns nach reifer Überlegung entschlossen, diese auch in dem Feld während dem Hüten gar wohl zu verrichten seiende nützliche Arbeit vorerst in dem Amt Vöhrenbach und zunächst zu Vöhrenbach, Schönenbach und Langenbach als denen an dem Tribergischen nächst gelegenen Tälern einzuführen.

[...]

Des Übrigen aber erwarten Wir von Zeit zu Zeit Euern gehorsamsten Bericht, wie dieser unser gnädigster und ernstlichster Befehl vollzogen werde, und Wir sehen der Nachricht von einem guten Anfang und Fortgang mit Verlangen entgegen, Euch in Gnaden gewogen verbleibend.[46]

Mit Nachdruck versuchten die Behörden die Hausindustrie einzuführen, zu fördern und wirtschaftlich zu gestalten. Der *landesverderbliche Müßiggang* sollte durch die Herstellung von Strohgeflechten ausgetilgt werden. Erst dann wird erwähnt, daß auf diese Weise die Untertanen gleichzeitig die Möglichkeit hätten, ein ehrliches Stück Brot zu verdienen. Der obrigkeitliche Erlaß spiegelt typisch aufklärerische Positionen der damaligen Zeit wider. Mit Hilfe von Zwangsmaßnahmen sollte der Wohlstand der Bevölkerung gehoben, die Erziehung der Jugend sichergestellt und die Bevölkerung dem lastervollen Müßiggang, bedingt durch die saisonale Unterbeschäftigung, entrissen werden. Erstaunlich ist, mit welcher Vehemenz von amtlicher Seite aus versucht wurde, dieses sozial motivierte Programm durchzusetzen. Jeder Bauer mußte geeignetes Stroh beschaffen und einen Dienstboten beschäftigen, der selbst zu flechten verstand und die übrigen Mägde und Knechte unterrichten sollte. Des weiteren waren alle fürstenbergischen Untertanen, Hirtenbuben und Hirtenmädle, Männer und Frauen, unter Androhung harter Strafen dazu verpflichtet, dieser *gemeinnützlichen Arbeit* nachzugehen. Kontrolliert wurden diese Maßnahmen mit Mitteln, die stark an Methoden aus Arbeitslagern erinnern: *Der Obervogt Lamberger zuchtigte mit eigener Hand die Hürth auf dem Feldt, weil sie ihr Geflecht nicht bey sich gehabt, im Beysein vieler anderer Bauern.*

Angesichts dieses Vorgehens ist es nicht verwunderlich, daß sich die Bevölkerung auf das hartnäckigste wehrte. Sie beklagte sich über die Bestechlichkeit und Zudringlichkeit der Beamten. Rügen und Strafen waren die Folgen. Auch die Hofbauern blieben der *industriellen Betätigung der Hintersassen* abgeneigt.

Doch war ihr Mißmut anderer Art. Sie fürchteten, daß die Mägde lieber *im Umherspazieren Strohhüte flechten, als Bauernarbeit verrichten.* Daß die Strohflechterei dennoch zu einer im ganzen Schwarzwald verbreiteten Erwerbsquelle mit den Zentren Triberg, Neustadt, Furtwangen, Höchenschwand und Villingen wurde, war darauf zurückzuführen, daß die Glasträgergesellschaften auch Strohhüte in ihre Handelsgeschäfte aufnahmen. So wurden allein 1785 30000 Strohhüte aus Triberg ausgeführt, und mit Recht sprach man von der Glas- und Strohhuthandelskompanie.
Die Glasträgergesellschaften entstanden gegen Ende des 17. Jahrhunderts, wo sich die einzelnen Glasträger zu Handelsgesellschaften vereinigten. Diese kleineren Kompagnieen, die sich zusammen die »große Kompagnie« nannten, hatten ihre besonderen Namen angenommen, teils nach dem Namen ihres Chefs, teils nach den Landstrichen, die den kleinen Kompagnieen zur Bereisung zugewiesen waren, so z. B. die Elsässer Kompagnie, die Scherzinger Kompagnie u.s.w.
Diese Glasträgergesellschaften hielten alljährlich in Staig oder in Triberg Abrechnung. Sie gaben sich selbst ihre Gesellschaftsgesetze, welche von den Gliedern der Handelsvereinigung (Gemeinder) unverletzlich beobachtet wurden, trotzdem dieselben anfänglich nicht etwa geschrieben waren, sich vielmehr nur durch Überlieferung fortpflanzten. Erst 1809 wurden dieselben neu vereinbart und niedergeschrieben. Etwaige Vergehen gegen die Vereinbarungen der Gemeinder wurden stets bei den jährlichen Abrechnungen vorgetragen, gerügt und nötigenfalls wurde dann auch der Ausschluß des betr. Handlungsgliedes beschlossen. Auch Aufnahmen neuer Mitglieder fanden nur unter Zustimmung der ganzen Versammlung statt. Mit Beistimmung der ganzen Gesellschaft wurden Handelsverträge mit fremden Staaten geschlossen, Glieder ihres Vereines bürgerlich eingekauft und ihnen das Indigenat erworben. Im Jahre 1770 zählte die Gesellschaft 52 Mitglieder, wovon 32 aus den Vogteien des Amtes

Neustadt waren. Neben Glas- und Strohwaren führten sie auch Holzwaren und Blechlöffel.[47]

Die Strohflechterei blieb auch weiterhin unter der besonderen Fürsorge des Staates, der inzwischen aber andere Mittel gefunden hatte, um diesen Gewerbezweig zu fördern und auszudehnen. Die Anfertigung von Strohhüten, Körben und Taschen aus Roggenstroh wurde durch den Triberger Obervogt Huber verfeinert und verbessert, an den noch heute eine Gedenktafel an einem Felsen auf der Gemarkung Prechtal erinnert.

Er zeigte den besten Grobflechterinnen das Spalten der Halme und die schweizer Flechtweise; eine beträchtliche Summe wandte er auf, um den Flechterinnen die noch recht unvollkommenen Arbeiten abzunehmen; länger als ein halbes Jahr kaufte er an bestimmten Wochentagen alles, was ihm gebracht wurde und zahlte für jedes Stück 10 bis 16 Kreuzer, ohne zu wissen, was er mit dem Geflecht anfangen solle. Endlich fand sich der Löffelschmied Jakob Weisser in Schönwald bereit, einen Handel mit den Geflechten zu eröffnen. Für die Feinflechtereien war nur gebleichtes Stroh zu verwenden, zum Bleichen mußte aber der Halm noch grün abgehauen werden. Dies wollten die Bauern nicht tun, sie hielten es für Sünde, und fürchteten Wetterschäden auf ihre Felder herabzubeschwören. Huber trug bei der Regierung darauf an, den Bauern die nötigen Halme »mit Zwang und Requisition« gegen Bezahlung des höchsten Preises wegzunehmen; dies Verfahren wurde wiederholt abgelehnt. Da ritt er in jedem Sommer vor der Ernte im ganzen Amte herum, kaufte dem einen oder anderen das Korn um den doppelten Preis ab und ließ es »ungeachtet des vom Bigottismus und Schlendrian erregten Zetergeschreis der Bauern« – so schreibt der Pfarrer Jäck – »auf dem Felde wegschneiden«.[48]

Überhaupt hatte der badische Staat immer wieder Schwierigkeiten mit den Schwarzwäldern, die sich den Glauben nicht nehmen lassen wollten, daß *die Mißernte ihren Grund darin habe, daß man die Frucht, statt zur Leibesnahrung zu gebrauchen, zum*

Strohgeflecht, also bloß zum Luxus verwende. Die Schwarzwälder Flechterei war inzwischen zu voller Blüte gelangt. Um weiterhin konkurrenzfähig zu bleiben, wurden immer wieder Wettbewerbe zur Hebung der Qualität von Strohgeflechten ausgeschrieben und prämiert, und ab 1850 vermittelte die staatlich geförderte Flechtschule in Furtwangen die wichtigsten Kenntnisse. Strohhuthandlungen und Strohhutfabriken mit einem überwiegenden Anteil an Heimarbeit entstanden. Die Strohflechterei wurde von der badischen Regierung als eine Art wirtschaftspolitische Wunderwaffe angesehen. Sie versuchte, sie überall dort einzusetzen, wo sich andere Hausindustrien gerade in einer Krise befanden oder bereits eingegangen waren, um so einen regionalen und sozialen Ausgleich zu schaffen.

Impulse von innen

Daß der Wälder auch selbst fähig war, wirtschaftliche Entwicklungen in Gang zu setzen und seinen von der Natur her begrenzten Existenzspielraum zu erweitern, hat sich bereits an vielen Stellen dieser Darstellung gezeigt. Für einen Kenner der Wäldermentalität ist das sicherlich keine Überraschung, zeichnet sich diese gerade durch einen starken Hang zum Sinnieren über technische Dinge, zum Werkeln und Tüfteln aus. Begründet war das wirtschaftliche Selbsthilfesystem im Prinzip der Selbstversorgung, ausgebaut und erweitert wurde es durch die Handelsgesellschaften des Hochschwarzwalds. Sie gaben im doppelten Sinne immer wieder Impulse für andere Wirtschaftszweige: Waren und Ideen wurden aus anderen Regionen importiert, dann auf dem Wald selbst produziert, um schließlich exportiert und verkauft zu werden. Daß sich dadurch eine neue Schicht etablierte, die die eigentlichen Produzenten in Abhängigkeit zu bringen suchte, ist sicherlich eine der traurigsten Nebenerscheinungen der Schwarzwälder Wirtschafts- und So-

27 Eine Strohflechterfamilie führt ihre Produkte dem Händler vor (Schildmalerei 1860).

28 Schwarzwälder Spinnstube. Gemälde von Wilhelm Hasemann (1902).

29 Schwarzwälder Spinnstube. Foto von M. Ferrars (um 1910).

30 Schnefler am »Schnidesel« mit fertigen Schöpfkellen (um 1940).

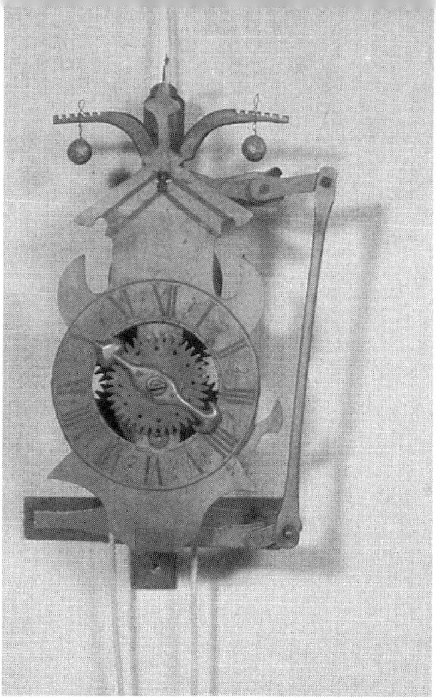

31 Frühe Schwarzwälder Holzuhr vom Ende des 17. Jh. (Nachbildung).

32 Hölzerne Vorderpendeluhr mit zwei Zifferblättern, um 1750.

33 Schwarzwälder Uhrmacherwerkstatt um 1900 aus der Sicht eines Malers.

34 Schwarzwälder beim Bemalen der Uhrenlackschilder (um 1930).

35 Eine Uhrmacherwerkstatt in Schönenbach um 1935.

zialgeschichte. Zu den bodenständigen Produktionszweigen, die sich gewissermaßen von innen heraus entwickelten, d. h. vornehmlich aus eigener Kraft, gehören die Schneflerei und die Bürstenmacherei. Beide sind dem Wald- und Holzgewerbe zuzurechnen, sind sozusagen Produkte ihrer Umwelt und gehören wie die Strohflechterei zu den großen historischen Hausindustrien auf dem Schwarzwald. Der wichtigste Unterschied zwischen der Schneflerei und der Bürstenmacherei besteht darin, daß letztere langlebiger war und sich im Prozeß der Industrialisierung in Fabriken als Bürstenindustrie konzentrierte, wo sie sich bis heute behaupten konnte. Dagegen ist der Beruf des Schneflers trotz großer Zähigkeit dem Trend zum Kunststoff- und Emailhaushalt unserer Tage erlegen. Die Schneflerei ist ein sehr altes Gewerbe, das sich mit der Herstellung von Eßgeräten wie Löffel, Gabeln, Kellen, Teller und von Haushaltsgegenständen wie Backtröge, Waschzuber, Rechen und Schachteln beschäftigte. Ursprünglich verstand man unter Schnefeln – das Wort selbst dürfte mit dem mitteldeutschen schnippeln = schnipfeln, zerschneiden, zerstückeln verwandt sein – nur die Arbeit, die man mit dem Schnittmesser ausführte, und setzte die Schneflerei von der Küblerarbeit ab. Entstanden ist die Schneflerei aus dem Zwang zur Selbstversorgung. An der Schneflerei läßt sich sehr gut die Entwicklung von einer als häusliche Arbeit ausgeübten Tätigkeit zu einer heimgewerblich organisierten Massenproduktion verfolgen, die für einen Teil der Schwarzwälder Bevölkerung existentielle Bedeutung erlangte. Mittelpunkt der Schwarzwälder Schneflerei waren der ehemalige »Zwing und Bann« des Klosters St. Blasien mit den Hauptorten Bernau und Menzenschwand und das Schönauer und Todtnauer Tal. Auf jedem Hof stand der Schnidesel, ein Sitz mit Zwinge und Fußhebel, zum Einspannen und Bewegen des zu schnitzenden Gegenstandes. Daß die Schneflerei schon immer ein fester Bestandteil des bäuerlichen Arbeitsjahres war, geht aus einer Eingabe gegen eine Waldordnung von 1611 hervor, mit der ein

Verbot des Holzabbaus durchgesetzt werden sollte. Die Bewohner des Schönauer und Todtnauer Tals beschweren sich:
Todtnau sei durch des Bergwerks Abgang und schädliche Brunst in gar große Armut und Verderben gekommen, sie könnten sich jetzt nicht anders als durch Viehzucht, Laub und Gras und Holzschnefelwerk ernähren, welch letzteres nicht auf dem Wasser, nicht auf der Achse, sondern auf dem Rücken ins Land zu bringen sei. Namentlich seien die Täler hinter Todtnau darauf angewiesen, in welchen nur wenig Ackerbau getrieben werden kann. Es sei ihnen die Ueberlassung der Wälder für Rebstecken, Schindeln, Zargen, für Schindel- und Spindelmacher, Drescher, Küfer, Löffler wie früher nötig, ferner sei Waldwaide zu gestatten, indem sie sonst Abgang an Anken und Käse hätten und dann die Abgaben nicht mehr entrichten könnten.[49]
Eine Waldordnung des Klosters St. Blasien von 1683 belegt, daß das Holzverarbeitungsgewerbe schon in dieser Zeit über den eigenen Bedarf hinausging und in größerem Umfang betrieben worden sein muß. *Damit auch den sogenannten Schneflern die Gelegenheit, ihr Stück Brot gewinnen zu können, nicht benombenwerde, ist vergünnt worden, daß das Jahr hindurch jedem Schnefler ein Baum zu seiner Handarbeit von dem Bannwarten gezeigt werde und er solche ohne Bezahlung hauen, das Holz aber dergestalten aufmachen und heimführen solle, daß dadurch die Waldung nicht wie anhero verwüstet und mit abgängigem Holz verfüllt werde [...] Wenn der Baum zur Schnefelarbeit nicht verwendbar sei, dürfe ein anderer gewählt werden. Falls ein Schnefler jedoch mehr als einen Baum zur Arbeit nötig habe, so solle er einen zweiten erhalten, jedoch um Barzahlung.*[50]
Im Laufe des 18. Jahrhunderts wurde die Schneflerei im Gebiet um St. Blasien zu einem eigenständigen Erwerbszweig. Die Nachfrage nach Holz stieg sprunghaft. Das Kloster, dem die Wälder gehörten, erließ Waldordnung auf Waldordnung, um den Holzverbrauch einzuschränken, zumal für das Eisenwerk in Albruck große Mengen Kohlholz benötigt wurden. Die Notlage

der Schnefler geht aus der folgenden Eingabe der Betroffenen hervor:

[...] allein in ihrem Waldbezirk sind die tauglichsten Waldungen nach und nach abgeschlagen worden, und in jenen, welche dieses Schicksal noch nicht getroffen, mußten die besten und höchsten Bäume von den Gemeinden zu ihrer bisherigen Nothdurft so ausgeklaubet werden, daß die darin befindlichen Bäume, wegen ihrer Rauhigkeit und der zu vielen Äste nicht einmal zum Schnefeln gebraucht werden können: Wenn man nun bedenket, daß sich beynahe der größte Teil der Inwohner aus Mangel einer anderen Nahrungsquelle mit Schnefeln nähren muß, daß der geringste Schnefler bis zehn, die anderen aus stärkeren aber 30 bis 40 Stamm jährlich verbrauchen können und daß von dergleichen Bäumen nur etwelche Stücke benützt, und zu dieser Arbeit nur schöne, glatte Bäume gebraucht werden können, so müßten die Unterthanen am Ende ihre Nahrungsquelle unmittelbar verliehren und somit in die größte Armut verfallen, wenn man auf einer Seite mit dem Holzschlagen auf das Bergwerk Albbrugg fortfährt und auf der anderen, denselben weiter nichts, als schon ganz ausgesuchte Waldungen zur Benutzung überläßt, die ihnen bald nicht mehr einen Baum gewähren, den sie zu ihrem Gewerbe brauchen können.[51]

St. Blasien lenkte schließlich unter dem Druck des Staates, der die Bedeutung der Schneflerei erkannt hatte, ein und erleichterte die Holzbeschaffung.

Im Gegensatz zur Schneflerei ist die Bürstenmacherei eine junge, ja sogar die jüngste der historischen Hausindustrien im Schwarzwald. Sie war zwischen 1790 und 1800 in Todtnau entstanden, als die Absatzschwierigkeiten in der Baumwollspinnerei immer spürbarer wurden und der Bergbau endgültig eingegangen war. In dieser schwierigen Situation, in der sich die Bevölkerung nach neuen Beschäftigungsmöglichkeiten umsehen mußte, soll der Todtnauer Leodegar Thoma beim Betrachten einer Bürste auf den Gedanken gekommen sein, Bürsten anzufertigen. Eine

Beschreibung der Bürstenmacherei, 1815 von Amtmann Ackermann verfaßt, schildert die Entwicklung folgendermaßen:
Noth und Armuth führten nun den brodlosen, jedoch thätigen und verständigen Todtnauer in dieser Periode auf einen neuen Industriezweig, dem er, so wenig er auch geachtet, und so wenig er sonst für tauglich, mehrere Familien in einem Orte zu nähren, – erkannt werden mag, – doch schon seit beinahe zwei Jahrzehnten seine Erhaltung; Mancher sogar seine Wohlhabenheit verdankt. – Es ist, wer sollte es glauben, die Bürstenbinderei, auf die er verfiel; ein Erwerbszweig, dem sich selbst in Städten wenige widmen; der nicht sehr gesucht ist, weil er nur einen geringen Absatz verspricht, dessen damit verbundene Vortheile um so kärglicher scheinen, als sie nicht für die Befriedigung der Lebensnothwendigkeiten, sondern mehr für den Luxus berechnet sind, ein Gewerbe, das einen fast entbehrlichen Nebenzweig zu behandeln scheint, und das endlich keine bald zerstörbare Sachen hervorbringt, wodurch eine Nachfrage nach neuen Produkten vermehrt würde.
Zu Anfang der 1709er Jahre, als die österreichischen Truppen die Rheingegenden besetzt hielten, fiel einem armen, aber aufmerksamen Todnauer die vielfältige Nachfrage derselben nach Bürsten auf. Auf Mittel sinnend, dieß Bedürfniß zu befriedigen, fieng er an solch eine Bürste zu zerlegen, und es gelang ihm bald alle ihre einzelne Theile, endlich auch das Zusammenfügen derselben nachzuahmen. Freilich war der erste Versuch noch sehr unvollkommen, demungeachtet suchte er, und fand auch Abnehmer seiner Waare. – Hierdurch aufgemuntert, gab er seinem aufkeimenden Gewerbszweige stets mehr Ausdehnung. In kurzer Zeit wurde er so der Lehrer seiner zahlreichen Familie, und der Schöpfer eines neuen Broderwerbs für sich, und einen großen Theil seiner Mitbürger. Als man nun dessen Familie besser gekleidet, gemächlicher leben, und ihre bisherige nackte Dürftigkeit mit einer Art beneidenswerthen Wohlstande verwechseln sah, so spornte dieß seine mittellosen Mitbürger an, auf denselben

Nahrungszweig zu verfallen; sie wurden nun theils die Schüler dieser Familie, theils befaßten sie sich mit der Speditirung der Bürsten; und so beschäftigte sich bald alles im kleinen Städtchen mit diesem neuen Fabrikationszweige.
Der Todtnauer, schon als Baumwollenhändler gewohnt, jedes Land als Hausirer zu durchstreifen, wußte sich bald das wichtigste Materiale für sein neues Gewerb, – die Schweinsborsten, zu verschaffen. Das Sammlen derselben gieng leicht, und nebenher vor sich, brachte einen Gewinn, den der Fabrikant zu Hause zahlte, und kostete beinahe keine Auslage. Pech und Holz fand sich in den waldigen Umgebungen vor, und das Zuschneiden des Letztern konnte ohne Schwierigkeit von den in Holzarbeiten so geübten Waldbewohnern bewerkstelligt werden.
Diese neue Anstalt war daher bald in vollem Gange und einer kaum gehoften Erweiterung fähig. Insbesondere merkwürdig ist, daß der denkwürdige Stifter dieses für Todtnau so wichtigen Erwerbszweigs gleichsam aus innerm Instinkte getrieben, die Arbeiten bei der unternommenen Fabrikation unter seine zahlreiche Familie theilte, dergestalt, daß der Eine mit Zurechtlegung der Borsten, der Andere mit dem Binden, der Dritte mit Herrichtung des Bürstenholzes, ein Vierter mit Einsenkung der Haarbüschel, ein Anderer endlich mit dem Verpichen und Durchziehen beschäftigt werden konnte. Hiedurch gewann er nicht nur an Produkten, sondern seine Gehilfen auch an Fertigkeit, die bald jene der gemeinen Bürstenbinder übertreffen mußte. Die Waare bekam dadurch mehr innern Werth, und die Anstalt erhielt nach und nach das solide Ansehen, wodurch sie sich noch auszeichnet, indem sie den größten Theil der Bewohner des Städtchens, und einen großen Theil der umliegenden Thalbewohner ernährt.
Keiner dieser Producenten steht mit dem Andern, als Geselle, oder Gehilfe in Verbindung, jeder arbeitet für sich mit seiner Familie, wobei ihm schon ganz kleine Kinder die wichtigsten Dienste thun können. Alle arbeiten jedoch immer nach einerlei Muster, als wenn sie unter der Aufsicht eines Einzigen stünden.

Hat der Eine eine neue Methode ausfindig gemacht, eine andere Art Bürsten erfunden, oder besondere Vortheile entdeckt, so hält er damit nicht zurück, sondern theilt einem Jeden, der ihn darum fragt, seine neuen Handgriffe und Verbesserungen mit. Jeder ahmt daher dem Andern nach, wodurch die Aehnlichkeiten der Arbeiten bewirkt werden.
Diese Bürstenbinder sind nicht eingezünftet, durch keine Verordnungen beschränkt, der Junge wird nicht aufgedungen, nicht losgesprochen, er macht kein Meisterstück, – der reichliche Gewinn, den er von seiner Arbeit hofft, ist allein die Triebfeder, seine Kenntniße auf den nöthigen Grad zu erweitern.
[...]
Man sollte übrigens nicht glauben, daß dieß wenig geachtete Gewerbe, und der damit verbundene Handel beinahe ein ganzes Städtchen von 1400 Seelen, und noch 26 Familien, in der umliegenden Gegend nähren könnte, indeß ist es doch so. Man kann sich davon täglich überzeugen, wenn man die Billanz zwischen der Auslage für das rohe Material, und dem Preise der verschiedenen Bürstengattungen zieht; wenn man die Zahl der Familien, die sich mit diesem Gewerbe befassen, berechnet, ohne noch Rücksicht darauf zu nehmen, daß sich mehrere Familien von der nackten Dürftigkeit bis zu einem ansehnlichen Vermögen geschwungen haben.[52]
Die hier beschriebene Arbeitsteilung verschaffte der Schwarzwälder Bürstenmacherei einen gewaltigen Vorsprung vor dem zünftigen Gewerbe. Der hausgewerbliche Charakter hielt sich im ganzen 19. Jahrhundert, und erst um 1900 vollzog sich endgültig die Umstellung von der manuell betriebenen Bürstenmacherei auf die maschinelle Fabrikation.

»Die Welt ist groß . . .«

Uhren machen den Schwarzwald bekannt

Anfänge und Ausbreitung des Uhrengewerbes

Kein anderer Gewerbezweig machte den Schwarzwald in der Welt so bekannt wie die Uhrmacherei; die Uhr wurde zum wichtigsten Exportartikel und ermöglichte vielen Bewohnern des Waldes ein Auskommen in ihrer Heimat. Zahlreich sind die historischen Schriften, die diese Entwicklung dokumentieren und begleiten. *Es war das wichtigste Ereignis in der Geschichte des Schwarzwaldes, als die altvererbte Geschicklichkeit der Holzbearbeitung zum erstenmal angewendet wurde, um eine Uhr zu schnitzen.*[53]

Gelegentlich finden sich in der Literatur auch autobiographische Aufzeichnungen und Briefe von Uhrenmachern und weitgereisten Händlern, Zeugnisse, die in anderen Gewerbezweigen fast völlig fehlen. Es scheint, als hätte der Wälder, seit er Uhren herstellte und verbreitete, etwas von seiner »Sprachlosigkeit« abgelegt.

Wann und unter welchen Umständen es zur Anfertigung der ersten Uhr auf dem Schwarzwald kam, ist heute nicht mehr mit letzter Gewißheit zu klären. Sicher ist nur, daß die Herstellung der ersten Uhren weder einer wirtschaftlichen Notwendigkeit entsprungen war, noch zu einer erwerbsmäßigen Fertigung führte. Sie wurde vielmehr von Vollerwerbsbauern betrieben, die die langen Winterabende dazu nutzten, Uhren ganz aus Holz zu schnitzen. Als Vorbild soll eine Holzuhr gedient haben, die angeblich 1683 von Glashändlern aus Böhmen mitgebracht worden war. Doch kann man davon ausgehen, daß mechanische Uhren aus Eisen auch auf dem Schwarzwald schon früher bekannt waren, lag doch gerade das Turnergebiet mit Waldau – dem in übereinstimmenden Berichten genannten Geburtsort der Uhrenherstellung – an wichtigen Verkehrswegen, auf denen sich bereits eine rege überregionale Handelstätigkeit abgespielt haben dürfte. Vermutlich war es eine eiserne Standuhr, die den mit dem Werkstoff Holz vertrauten Wälder schon vor 1680 veranlaßte, eine solche Uhr zu schnitzen.

Waldau, eine Vogtey der Herrschaft St. Peter, hatte die Ehre, dem Schwarzwalde die ersten Uhrenmacher zu schaffen, und wie man zuverläßig weiß, so waren diese die so genannten Kreuze auf dem Glashofe daselbst. Sie verfertigten Waag- oder Unruhuhren aus Holz, derer eine P. Peter Kalteisen, Kapitular des Gotteshauses St. Peter, und damals Pfarrverweser zu Neukirch, schon um des Jahr 1667 besaß. Bald hierauf zeigte sich auf der Schweibrunne, einem Berge, der von dem Benediktiner Kloster St. Peter eine gute Stunde entlegen, zur Pfarrey St. Mergen, und Herrschaft der Stadt Freyburg gehörig ist, ein andrer Uhrenmacher mit Nahme Lorenz Frey, den man gewöhnlich den Hackbreterlenz nannte. Dieser brachte für die umliegende Bauerhöfe einige hölzerne Waaguhren zu Stande, wovon eine der noch itzt lebende sehr alte Christian Wehrle im Besitze und zum Gebrauche hat; man schätzt sie am Alter über hundert Jahre. Auch in dem Würtembergischen zu St. Georgen in dem Stockwalde war zu Ende verflossenen Jahrhunderts ein Uhrenmacher Simon Henninger genannt, welcher darneben auch Kübel und Wasserzüber verfertigte.[54]

Diese »Feierabendphase« der Schwarzwälder Uhrmacherei endete mit dem Tod ihrer Erfinder und geriet infolge der französisch-österreichischen Kriegswirren – die Gebiete um Waldau, Neukirch und Gütenbach wurden durch Einquartierungen schwer in Mitleidenschaft gezogen – völlig in Vergessenheit. Um 1720, nach über 30 Jahren, waren es zunächst wieder wohlhabendere Bauern, die sich der ersten Schwarzwalduhren erinnerten und nach ihrem Vorbild Uhren schnitzten. Neben die in ihrer Existenz gesicherten Hofbauern traten jetzt aber Häusler aus der kleinbäuerlichen Schicht. Angeregt durch die Glasträger, die die Holzuhren in ihr Sortiment aufnahmen, wurden sie zu den eigentlichen Begründern der gewerblichen Uhrenproduktion.

Simon Dilger, aus der Schollach, Pfarrsprengel Urach, geboren ums Jahr 1672, Johann Dufner aus Schönwald, geboren den 7. Mai 1673, Franz Ketterer, aus der nämlichen Gemeinde, geboren ums Jahr 1676, Matthias Löfler aus Gütenbach, geboren den 16. Februar 1680, traten zu Anfang des 18. Jahrhunderts mit ihren, aus eigenem Erfindungsgeist verfertigten Holzuhren auf den Schauplatz ihres bürgerlichen Lebens.

Johann Dufner hatte seine Uhr als Winterbeschäftigung verfertigt, freute sich, sie zu Stande gebracht zu haben; setzte aber, da sein Bauernhof ihm größern Gewinn abwarf, die Arbeit nicht weiter fort. So begnügte sich auch Matthias Löfler, Bauer auf dem Gschwend, der nur der Tausendkünstler genannt wurde, mit dem Bewußtseyn, daß eine Uhr zu machen keine Hexerei sei. Doch wählte er sich hie und da die Verfertigung einer Uhr zur Winterbeschäftigung, sann aber in der Folge mehr auf Erfindung bequemerer Arbeitsinstrumente, wodurch er auch dieser neuen Industrie zu einem schnelleren Fortgange behülflich war.

Simon Dilger aber und Franz Ketterer, welche keine Bauern, nur Häusler waren, setzten die angefangenen Versuche fort, und wurden, daß ich so sagen darf, die Patriarchen der Uhrenmacher Familien. Denn durch sie, durch ihre Söhne und Lehrlinge verbreitete sich die Uhrenmacherei in so viele Bezirke und Familien.[55]

Die Verbreitung des Uhrengewerbes durch die Taglöhnerschicht bedeutete für den Schwarzwald einen wirtschafts- und sozialgeschichtlichen Wendepunkt. War der Blick des Schwarzwälders bisher mehr oder weniger auf den Boden ausgerichtet, auf die Bedingungen der landwirtschaftlichen Produktion, wobei dieser Blick mit dem wachsenden Mißverhältnis von Ackerfläche und Bevölkerungszahl immer sorgenvoller wurde, so tat sich jetzt durch die Aufnahme der Gewerbetätigkeit eine neue Perspektive in der Arbeits- und Lebenswelt der Wälder auf. Da sich diese Entwicklung sowohl im Hochschwarzwald mit seinem Anerbenrecht als auch im Realteilungsgebiet des südlichen Teils vollzog, können wir unter wirtschafts- und sozialgeschichtlichem Gesichtspunkt von einem Aneinanderrücken beider Gebiete sprechen. Bedeutsam erscheint dabei die Tatsache, daß die jeweiligen Gewerbezweige zunächst regional begrenzte Zentren ausbildeten und somit nicht in Konkurrenz zueinander traten. In ihrer Vielfältigkeit bildeten sie so wiederum ein Ganzes.

Die größte räumliche Ausdehnung erfuhr das Uhrengewerbe. Schönwald und Urach, die beiden Heimatorte der obengenannten »Stammväter«, wurden neben Neukirch zu Ausgangspunkten und Zentren des Uhrengewerbes. Eine räumliche Streuwirkung wurde dadurch erzielt, daß sich die zahlreichen Taglöhnersöhne, die bei den »Patriarchen« die Uhrmacherei erlernt hatten, in entlegenen Zinken, Seitentälern und Dobeln niederließen, um dort in eigenen Werkstätten Uhren herzustellen, und ihrerseits die erworbenen Kenntnisse und Erfahrungen weitergaben.

Es dauerte nicht lange, bis es auf dem Schwarzwald allgemein hieß:

Die kalte Herberg (ein einschichtiges Wirthhaus im Fürstenbergischen) sey der Mittelpunkt, von wannen man fünf Stunden weit im Bezirke diejenigen Orte zählen könne, wo es Uhrenmacher giebt. Und wirklich erstrecket sich dieser Bezirk im Durchmesser genommen von Litenwiler, eine Stund von Freyburg entlegen (zur Kommenthur gehörig) und dem Klosterthale

(Herrschaft Castel und Schwarzenberg) über St. Peter bis in das herzogl. Würtembergische Oberamt Hornberg.[56]

Um die Mitte des 18. Jahrhunderts kann man von zwei Uhrmacherzentren sprechen; zum einen von einem westlichen, der erwähnten Landschaft um die Kalte Herberge, zum anderen von einem östlichen mit der Gegend um St. Georgen. Begünstigt wurde diese gewerbliche Siedlungsbewegung durch das Heimischwerden der Kartoffel, die auf den kargen Böden der Schwarzwaldhöhen noch recht gut gedieh. Dazu vermerkte die Oberrheinische Zeitung 1843:

Den Kartoffeln hat der Schwarzwälder seine Händler, seine Fabrikanten, seine Uhrenmacher zu verdanken. – Wie diese Frucht vor hundert Jahren auf dem Schwarzwalde sich einbürgerte, war es möglich, von einem kleinen Stück Feld ein Hauswesen zu gründen und seine Familie zu ernähren; wenn diese in der Ernte, in der Heumahd [Heuernte] auch dem Bauern noch aushalf, so hatte sie im Winter Zeit genug, ihren Lebensunterhalt durch allerhand Arbeiten in Holz und Stroh aufzubessern, wie ich in einem anderen Bilde zeigen werde.[57]

So verzichtete der Schwarzwälder Uhrmacher zwar nicht vollständig auf die Landwirtschaft, doch beschränkte sich die Bewirtschaftung auf ein kleines Stück Land, einen Hausgarten und einen Kuhstall. Die Landwirtschaft diente nur noch zur Absicherung der gewerblichen Existenz: Der Taglöhner hatte sich aus der Agrarverfassung der geschlossenen Hofgüter befreit.

Gegen Ende des 18. Jahrhunderts kam es zu einer zweiten starken Wanderung, die nicht nur eine weitere räumliche Verbreitung des Uhrengewerbes bewirkte, sondern auch einige wenige größere Zentren entstehen ließ. Furtwangen und Neustadt waren solche Mittelpunkte. Dieser Tendenz lagen die bereits auf höherer Stufe stehende Produktionstechnik und Arbeitsorganisation sowie die günstigere Ausgangslage für den Absatz zugrunde. Die regionale Ausdehnung wäre nämlich ohne eine technische Weiterentwicklung der Uhrwerke wie der verwendeten Werkzeuge nicht möglich gewesen. Auch wenn man die Anfertigung der ersten Uhr mit Hilfe eines Brotmessers als Legende betrachten kann, so eigneten sich die am Anfang benutzten Werkzeuge wie Zirkel, Säge und spezielle Schnitzmesser kaum für eine gewerbliche Produktion der einfachen Waaguhr: Drei Räder mit Gewicht, ein Zeiger und ein Waagbalken als Regulator waren ihre Bestandteile.

Zum Glücke sah irgendwo Adam Spiegelhalter oder Schmidadam bey einem Sackuhrenmacher ein Zahngeschirr, mit welchem die Zähne geschwind und richtig in die Räder eingeschnitten werden, und machte nach diesem Model sogleich eines für sich, welches hierauf von einem zu dem andern kam, und sorgfältig nachgemacht wurde. [...] Vermittelst des Zahngeschirres brachte man in einem Tage schon eine Uhre zuwege, da vormahls wohl 6 Tage hiezu erfordert wurden, weil die Räder sehr langsam mit einem Zirkel ausgemessen, eingetheilt, und die Zähne mit dem Schnitzer einzeln ausgeschnitten werden mußten.[58]

Fortschritte und Neuerungen

Die Notwendigkeit instrumenteller und mechanischer Neuerungen ergab sich aus der wachsenden Konkurrenz im Uhrengewerbe und aus den höher werdenden Ansprüchen der Endabnehmer.

In zwei Richtungen gingen die Bemühungen der Schwarzwälder: Einerseits versuchte man ständig, die noch recht einfachen Holzuhren als Massenware anzubieten, andererseits wurden ausgesprochen künstlerische Raritäten als Einzelstücke angefertigt. Es gab Wälder, die tagelang über einer neuen Idee brüteten und dabei Schlaf und Essen vergaßen.

[...] so haben wir dafür in unserem Heimatsorte Gütenbach ein Beispiel an dem »Siedle-Aron«, der eine ewig laufende Uhr erfinden wollte, sich aber darob hinterdenkt und dann alle seine

Forschungsobjekte im Kohlenwalde vergraben haben soll. Auch auf der Leimgrube und später am Raben soll im letzten Jahrhundert ein Uhrmacher gewesen sein, der so tief über die Trompeteruhren nachdachte, daß er schwere Wutanfälle bekam, und die Angehörigen oft während seiner Arbeit in einer Ecke knieten und beteten.[59]

Zwar kann man die Eigeninitiative dieser bäuerlichen Industrie nicht hoch genug würdigen, doch kamen die entscheidenden technischen Impulse vom Ausland und von den Klöstern auf dem Wald, allen voran von den Benediktinern in St. Peter, die die Uhrmacher nicht nur unterstützten, sondern sich auch selbst aktiv in diesem Gewerbe betätigten. Über den Stand des Uhrengewerbes im Ausland berichteten die Händler, wobei vor allem die Schweiz und Frankreich Vorbildcharakter hatten. Für den Uhrenmacher Johann Friedrich Dilger, Sohn des bekannten Simon Dilger, war dies der Anlaß, um 1730 selbst eine Reise nach Frankreich zu unternehmen.

Es gieng mit einer Parthie Holzuhren nach Paris. Während dem er aber seine Uhren dort absetzte, besuchte er die berühmtesten Kleinuhrenmacher damaliger Zeit. Mit Sperberaugen durchforstete er die Arbeitsinstrumente, welche zur Genauigkeit und zur Richtigkeit der Kunstwerke so unbeschreiblichen Vorschub gaben, und sah der Einrichtung verschiedener Gattungen Uhren – nachsinnend zu. Seine Talente und die natürliche Genügsamkeit der Wälder ließ ihn nicht lange wegen seinem Unterhalte in Verlegenheit. Ausbesserung alter Uhren und andere kleine Dienste, zu denen er sich antrug, machten es ihm möglich, sich daselbst länger aufzuhalten, als es ihm sonst der Handel seiner wenigen Holzuhren erlaubt hätte. Erst nach einem Jahre kehrte er wieder in seine Heimath zurück.

Nicht blos sein rother Rock mit französischem Zuschnitte, sondern die Kunstwerke, die er bald nach seiner bürgerlichen Niederlassung lieferte, machten in der Gegend Aufsehen. Da kamen Uhren aus seiner Hand, auf denen beim Stundenschlag hölzerne Figuren sich bewegten; jetzt erschien eine, die auf den Druck einer Feder Feuer schlug, und einen Schwefelfaden anzündete; da – zeigte er eine Uhr, die nebst der Stunde, am neuen Jahrstage auch die neue Jahrszahl bemerkte. Sein Lehrjunge, später sein Geselle, Weisser mit Namen, sonst der Mühlenweber genannt, von St. Georgen, im Amte Hornberg gebürtig, erzählte mit Enthusiasmus andern Uhrenmachern von dem neuen Kunstwerke seines Meisters, und machte vorzügliches Aufheben von der künstlichen Erfindung, daß der Jahreszeiger des Jahrs nur einmal herumgehe. Mit aller Naivetät eines ländlichen Witzlings, sagte einer seiner Mitgesellen: »Hat sich Noth, mit dieser Erfindung viel Lärmens zu machen! Ich habe schon Uhren gemacht, deren Zeiger des Jahres nicht ein einziges Mal herumlief.«[60]

Dilger brachte von seiner Auslandsreise eine Reihe von Konstruktionsverbesserungen für Uhren und Werkzeuge mit. Seine Exkursion galt aber nicht nur einer Verbesserung der heimischen Produktion, sondern auch einer möglichst großen Unabhängigkeit vom Ausland. Seit es möglich war, die Uhr mit Stundenschlagwerken und Weckeinrichtungen zu versehen, verwendete man dazu, nachdem sich die einheimischen Glasglöckchen als unpraktisch erwiesen hatten, Metallglocken aus Solothurn und Nürnberg. Doch auch hier begann durch einheimische Schmiede die Umstellung. In verschiedenen Schwarzwaldorten entstanden Gießhütten, die Glocken gossen und die schnell verschlissenen Holzräder durch Messingräder ersetzten. Die Ablösung des Werkstoffs Holz hatte begonnen. Über die Entstehung und die Produktion der Gießhütten berichtet uns Pfarrer Jäck:

Viele tausend Gulden wanderten jährlich nach Nürnberg, als nach der ersten Hälfte des verflossenen Jahrhunderts Paul Kreuz auf dem hohlen Graben, Gemeinde Waldau, die ersten Versuche wagte, die Glocken nachzugießen, welche ihm auch so gelangen, daß die Reinheit des Tons seiner Glöckchen bald die Nürnberger verdrängte. Er bildete sich so vortheilhaft aus, daß er im Stande war, Statuen, Modelle und die feinsten Gußarbeiten zu astronomisch-mathematischen Instrumenten zu verfertigen. Leopold Hofmayer in Neustadt errichtete eine Gießhütte daselbst, woraus er den Uhrenmachern die Räder und Zeiger lieferte. Wilhelm Fackler in Gutenbach, einer der denkendsten Köpfe – hatte auf seinen spekulirenden Krämerreisen vorzügliches Augenmerk auf die Metallgießereien. Seine Erfahrungen und eigenes Nachdenken und Versuchen setzten ihn in den Stand, gleichzeitig mit Hofmayer Uhrenräder und dergleichen gießen zu können, ja selbst durch seine Metallmischung einen Vorsprung vor ihm zu gewinnen. Mathias, Johann und Andreas Siedlin in Neukirch, Johann Dorer in Furtwangen, hatten schon früher als Rädergießer ihre, für einen größern Verkehr geeigneten, Glockengießereien etablirt.[61]

Neben den Fortschritten im Werkzeug- und Materialbereich kam es zu weiteren technischen Neuerungen. 1730 gelang mit der Einführung des Kurzpendels der Anschluß an die allgemeine Entwicklung. Diesem »Kuhschwanzpendel« – es schwang wie ein Kuhschwanz vor dem Zifferblatt hin und her – folgte das behäbig schwingende Langpendel, das sich unterhalb der Uhr bewegte und durch den »Schwarzwälder Blechankergang« mit dem Gangrad verbunden war. Und dann kam es in den dreißiger Jahren zu jener Erfindung auf dem Wald, die sich bis in unsere Tage als Exportschlager erweisen sollte, obwohl sie zunächst mancherorts auf Verwunderung stieß: die Kuckucksuhr. Über seine Erlebnisse mit der 1730 von dem Uhrmacher Franz Ketterer aus Schönwald erfundenen Kuckucksuhr in Amerika erzählte der Uhrenhändler Georg Rombach dem Benediktiner Franz Steyrer:

Unter andern erzählte mir gemeldter Georg Rombach, daß, als er eins mals in Pensilvanien in einer Schenke seine Einkehr nahm, und daselbst eine Guckguckuhr zur Schaue aufstellte, auch zwey Amerikaner Vater und Sohn aus einem benachbarten Eylande dahin gekommen, welche das noch niemals gesehene Uhrwerk mit Verwunderung anstaunten. Da aber der Guckguck ganz unvermuthet sein Thürchen öffnete, die Stunde schrie, und sein Thürchen wieder zuschlug, erschracken sie darüber, wichen zurück, hielten es für eine Zauberey, und getrauten sich so lange nicht mehr hinzu zu nahen, bis man ihnen den Irrwahn handgreiflich benahm.[62]

Dem die volle Stunde anzeigenden Kuckucksruf folgte der Mönch, der jede Stunde ein Glöckchen zum Läuten bringt, der Metzger, der auf den Ochsen schlägt, oder zwei Böcke, die mit ihren Hörnern zusammenstoßen. Diese »Männle- oder Figurenuhren« waren die Vorläufer der berühmten Uhrenautomaten des 19. Jahrhunderts. Unter welchen Umständen es zur Anfertigung der ersten Kuckucksuhr kam – der Blasebalg einer Kirchenorgel soll den Anstoß gegeben haben –, ist heute nicht mehr nachzuvollziehen, doch scheint auch hier eine Mitwirkung der Mönche von St. Peter denkbar, traten sie doch gerade in dieser Zeit verstärkt mit Kalenderuhren hervor, die mit astronomischen Angaben versehen waren. Einer der bekanntesten Erfinder solcher »Klosteruhren« war der Pater Thaddäus Rinderle, der sich aber auch durch entsprechende Verbesserungen darum bemühte, die Uhr als Massenware zu fördern. Denn trotz aller Reize, die solche Kunstuhren für ihre Konstrukteure hatten, durfte man die ständig wachsende Anzahl von Schwarzwäldern, die ihren Unterhalt aus dem Uhrengeschäft bestritt, nicht vergessen. Weitere berühmte Uhrenausführungen, die den Umsatz förderten, waren die Schottenuhr von Johann Dilger, der vom Schottenhof bei Neustadt stammte, die Jockele-Uhr von Jakob Herbstrieth aus Hinterzarten und die ebenfalls nach ihrem Erfinder, Joseph Sorg aus Neustadt, benannte Sorguhr.

Eine so rasante Entwicklung, wie sie das Uhrengewerbe seit 1720 erlebt hatte, konnte nicht ohne Auswirkung auf die Arbeitsorganisation bleiben. Die Werkzeugproduktion, die sich vom eigentlichen Uhrmachergewerbe abgespalten hatte, wies die Richtung. An Technik und äußere Form wurden immer höhere Anforderungen gestellt, so daß durch die notwendige Arbeitsteilung eine regelrechte »Zuliefererindustrie« entstand, die immer weitere Bevölkerungsschichten miteinbezog.

Anfangs verfertigten die Uhrenmacher selbst die Gehäuse zu den Uhren, sägeten die Räder, und druckten die Zifferblätter, welches sie nicht wenig Zeit kostete. Kaum aber sahen sie, daß man ihre Uhren, besonders die Guckguckuhren reissend hinweg kaufte, und sie nicht genug derselben verfertigen konnten, überließen sie dann gerne Andern jene Kleinigkeiten, die mehr Mühe als Kunst erfordern, und halfen dadurch vielen zu einem guten Stücke Brod. Sonderlich jetzt sind aller Orten auf dem Walde gewisse Leute bestellt, welche die Gehäuse machen; andere, welche die Räder von den Stangen sägen, und wiederum andere, welche die Zifferblätter in allerhand Form drucken.[63]

Man hatte erkannt, daß eine Spezialisierung erforderlich war, die sich aber zunächst nur auf sogenannte Nebenarbeiten bezog und den eigentlichen Werkbau noch ausklammerte. Neue Berufszweige wie der des Gestellmachers, des Zifferblattmachers, des Uhrenschnitzers und Bildhauers oder des Schildmalers entstanden. Diese trugen wesentlich zu einer quantitativen und qualitativen Steigerung in der Uhrenproduktion bei und machen heute einen wesentlichen Bestandteil der Schwarzwälder Volkskunst aus. Wie wichtig die »Schauseite« der Uhr im Kampf um die entsprechenden Marktanteile wurde, läßt sich an der Entwicklung der Uhrenschilder ablesen. Sie reicht vom nützlichen Gebrauchsgegenstand über die stilvolle Zimmerdekoration bis zum künstlerischen Zeugnis ganz bestimmter Stilepochen. Daher ist es nicht verwunderlich, daß über die Region hinaus bekannte Künstler eng mit der Schwarzwälder Schildmalerei verbunden waren: Lucian Reich, Heinrich Frank, Johann Heinemann und nicht zuletzt Hans Thoma, der in Furtwangen bei J. B. Laule das Schildmalerhandwerk erlernt hatte, sind herausragende Vertreter dieses Genres. Daneben gab es die Masse der unbekannten Maler, deren Aufgabe es war, den Handelsartikel

Uhr einer breiten Bevölkerungsschicht schmackhaft zu machen.

Die Schildmalerei, seit dem Jahre 1770 eingeführt, bildet einen der bedeutendsten Erwerbszweige auf dem Gebiete der Uhrenindustrie, und sichert einer Menge von Familien Beschäftigung und Unterhalt. Die Werkstatt manches Schildmalers gleicht einer kleinen Fabrik; denn es gibt deren, welche 15 und mehr Arbeiter beschäftigen. Da die Uhrenschildmalerei ein Gewerbe ist, welches keine körperliche Anstrengung und einen geringen Capitalaufwand erfordert, so widmen sich demselben nicht selten ledige Frauenzimmer, bringen es jedoch in der Regel zu keinem erheblichen Verdienste. Es ist die Aufgabe des Schildmalers, den Uhrenschild, welchen er vom Brettermacher bezieht, mit einer blendend weißen Grundfarbe zu überziehen, die Ziffern darauf zu verzeichnen und den übrigen Raum mit Blumen und allerlei Zierrathen zu bemalen. Da der bei weitem größte Theil der Uhren in die Hände des Landvolkes übergeht, welches nächst der Wohlfeilheit ein buntes Gemisch von grellen, in den Augen stechenden Farben liebt, so darf man auch unter den Produkten der Schildmaler, welche die Schilde zu ordinären Uhren liefern, keine feine geschmakvolle Arbeit, sondern meistens steife, in schreienden Farben ausgestattete Phantasiegebilde suchen. Nichtsdestoweniger hat sich aus der Sphäre der handwerksmäßigen Schildmalerei manches Künstlertalent zu höheren Leistungen aufgeschwungen. Davon zeugen die wirklich werthvollen Oehlgemälde, mit welchen man nicht selten die Zimmer der Schildmaler ausgestattet findet.[64]

Durch zahlreiche Neuerungen – weißer Kreidegrund, Lackschildtechnik, Verwendung von trockenem Lack – konnte die Schildmalerei auf Holz erheblich verbessert werden und bestimmte in dieser Form lange das Bild der Schwarzwalduhr. Motive und Technik waren der Möbelmalerei entliehen, beliebt waren Rosen, die sogenannten Apfelrosen. Auch ein

Schildmaler unserer Tage, Karl Straub aus Linach, verwendete noch dieses altüberlieferte Dekor.

Dem Schildmaler kam es hauptsächlich auf die Farbwirkung an. Die rote Rose, die Königin der Blumen, erschien ihm am sinnreichsten, und diese bot auch zum saftigen Grün der Blätter und Ranken den farbenfreudigsten Gegensatz. Die Farben Blau, Gelb und Weiß kamen hierbei seltener zur Anwendung. Für den Schildmaler, der ja seine Vorbilder in der farbenfrohen Blumenpracht der Natur vorfand, waren blaue Rosen wohl zu abstrakt. Genau so selten begegnen wir der gelben Rose, da diese Farbe für den abergläubischen Wälder Haß, Mißgunst, Neid und Eifersucht verkörperte. Weiße Rosen konnten nur in andere Farbflächen eingestreut werden, und wenn sie neben der roten Rose als Schildschmuck auftrat, dann sollte sie, wie die Uhr selbst, an die Vergänglichkeit und an den Tod erinnern. So finden wir in der Bemalung der Schwarzwälder Lackschilder jene im Volksglauben verwurzelte Bedeutung der Farben verwirklicht, die auch im Volkslied und in der Volkssage recht deutlich zum Ausdruck kommt.[65]

Eine Ausschmückung anderer Art, die sich für eine Produktion in größerem Umfang aber nicht eignete, erfuhren die Uhrenschilder durch die Schnitzerei und Bildhauerei. Einer der ersten und berühmtesten Holzbildhauer war Matthias Faller, der sich für die Gestaltung des Uhrenschildes nicht zu schade war.

Mathias Faller im Fallgrund, Pfarre Neukirch, geboren ums Jahr 1707, ist der Stifter dieser Kunstarbeit. Am Ausschnitzen der Figürchen für Uhren übte er seine natürliche Anlage, und bildete sie so sehr aus, daß er die schönsten Zeichnungen ins Holz grub. Der Drang seines Genies führte ihn bis nach Italien, wo er sich mit dem Geiste des höhern Griffels bekannt machte. Er kam als einer der ersten Bildhauer seines Vaterlandes zurück. Die Statuen der schönen Kirchen zu St. Peter, St. Märgen, Breitnau, Neukirch, Gütenbach etc. auf dem Schwarzwalde, verrathen einen Meisel, der in wahrhaft klassischem Geschmacke arbeitete.

Seine Arbeiten haben richtigen Umriß, gefällige Haltung, sprechenden Ausdruck und Charakter. Selbst das Costüm der Bekleidung – gab der unwissenschaftliche Künstler ächt geschichtlich.[66]

Aufgrund all dieser Wandlungen und Verbesserungen im technischen, arbeitsorganisatorischen und künstlerischen Bereich war die Uhr zum wichtigsten Handelsartikel des Schwarzwalds geworden. Im Jahre 1808 belief sich die jährliche Produktion auf ca. 180000 Uhren im Wert von 600000 Gulden. Wie viele Personen Anteil an der gewerblichen Produktion hatten, läßt sich für die Amtsbezirke Triberg und Neustadt genau sagen:

Unter 9013 Einwohnern der Herrschaft Tryberg nehmen also 790 Personen thätigen, erwerbenden Antheil an der Uhren-Manufaktur. Unter 8616 außertrybergischen Einwohnern beschäftigten sich also noch 682 erwerbende Individuen mit der Uhren-Manufaktur.[67]

Insgesamt dürften um 1800 im Südschwarzwald über 2200 Menschen im Uhrengewerbe beschäftigt gewesen sein: 1000 als Uhrmacher, 300 im Vorbereitungs- und Nebenbereich und 900 als Händler. Gerade letztere hatten starken Anteil an dieser Entwicklung, und auf dem Wald sagte man sich, *die Welt ist groß, und solange man den Uhrenhändler in fremden Ländern duldet, so lange kann das Uhrenmachen einen dauerhaften Fortgang haben.*

Mit der Krätze ins Uhrenland – der Schwarzwälder Uhrenhandel

Als der bereits mehrfach zitierte Franz Steyrer 1796 seine »Geschichte der Schwarzwälder Uhrmacherkunst« veröffentlichte, konnte er im Vorwort eine erfolgreiche Bilanz über 70 Jahre Uhrengewerbe auf dem Wald ziehen:

Niemand wird in Abrede stellen, daß die Kunst, Uhren zu

verfertigen, eine der nützlichsten und nothwendigsten Künste für Stadt und Land, und alle Vorfälle des menschlichen Lebens sey. Nun aber darf man dreiste sagen, daß eben diese Kunst vielleicht nirgendwo höher, vielfältiger und gemeinnütziger getrieben werde, als auf dem Schwarzwalde, und zwar von dessen Bewohnern, den Schwarzwäldern selbsten, deren Geschicklichkeit, Einsicht und erfinderischer Geist schier alle Vermuthung in diesem Fache übersteigt. Und was hiebey das Merkwürdigste ist; so beschäftigen sich nicht nur viele Hundert Schwarzwälder mit Verfertigung aller Gattungen der Uhren, sondern sie verschleißen auch diese Waaren selbsten, handeln damit in die entferntesten Lande, und kommen insgemein mit reichem Gewinne wieder zurück.[68]

Mit Recht sieht Steyrer im Absatz ein entscheidendes Moment für das Emporkommen der Uhrmacherei. Der Uhrenhandel erschloß nicht nur ständig neue Absatzmärkte, sondern gab auch seine im Ausland gesammelten Beobachtungen weiter und sorgte für die Weiterentwicklung der am Anfang doch recht bescheidenen Schwarzwälder Holzuhr. Zudem konnten bereits die ersten Uhrmacher auf ein durch die Glasträger perfekt organisiertes Handelssystem zurückgreifen. Diese hatten sich nach 1720 zur genossenschaftlichen »Großen Companie« zusammengeschlossen und nahmen die Uhr gerne in ihr reichhaltiges Sortiment auf. So wanderten die ersten Uhren in die Pfalz, ins Elsaß, nach Württemberg und in die nahe Schweiz, wo die Glasträger das Vier- bis Fünffache des Einkaufspreises erzielten. Diese Gewinnspanne war für den seßhaften und heimatverbundenen Wälder Motivation genug, sich mit seiner selbstgefertigten Uhr nach dem »Uhrenland« aufzumachen, wie die jeweiligen Absatzgebiete ganz allgemein genannt wurden.

Den Uhrenträger erkannte man an seiner bunten Lederkniebundhose, der roten Weste, dem Tuchkittel und an den schafwollenen Strümpfen. Ein Halstuch, genagelte Stiefel und ein runder schwarzer Bauernhut vervollständigten seine Kleidung.

Auf dem Rücken trug er die mit vielen Uhrwerken und Schildern beladene Krätze, an der ein übergroßer Regenschirm befestigt war, der die Vorführmodelle, die dem Träger von der Brust hingen, schützen sollte. Zu seiner Grundausstattung gehörten ferner Brotsack, Brieftasche, Paß und Geldbeutel. Mit einem Wanderstab in der Hand zog er so durchs Land, war oft wochen- und monatelang unterwegs, ließ sich von Kunden zum Essen einladen und schlief im Gasthaus oder auf einen Strohlager, das man ihm auf einem Hof gewährte.

Einer der ersten Uhrenträger vor ungefähr etlich und fünfzig Jahren war ein gewisser Mann aus dem Gütenbach, den man insgemein den Dirjackele nannte. Dieser kaufte dem Anton Ganter einige Stücke Uhren ab, und trug sie in einer Krebe oder Kretze in den Thälern des Schwarzwaldes und weiters im Breisgau herum. Eben so fieng bald hierauf den nämlichen Handel an Thomas Bärmann aus der Scholle. Dann zeigten sich zwey andere Uhrenhändler, nämlich Joseph Kammerer aus Furtwangen, und Joseph Ganter aus der Neukirch. Auch diese nahmen ihre Uhren von Anton Ganter, und handelten damit zu Kölln am Rhein, Düsseldorf und Wolfenbüttel, wo sie eine Uhr um 5 fl. verkauften. Joseph Kammerer lebte nicht lange, und starb in den ersten Jahren seiner Handelschaft. Joseph Ganter handelte bey 10 Jahr lang, und hatte anstatt des verstorbenen Kammerers einen andern Kammeraden mit Namen Georg Keller aus dem Simonswalde bey sich. [...] Schier zur nämlichen Zeit, als Kammerer und Ganter auf ihrer Handelsreise begriffen waren, und dieses geschah um das Jahr 1742, handelten Christian und Martin Krimm über den Rhein nach Frankreich, Balthasar und Matthias Höfler aber heuptsächlich nach Italien, zu welchen sich noch ihre zwey andern Brüder Christian und Franz Höfler schlugen, die alle fürstenbergische Unterthanen, und unter die ersten Uhrenhändler zu rechnen sind. Als Christian Krimm von seiner Handelsreise aus Frankreich zurück kam, wurde er mit seinem Kammeraden erstens wegen Theilung des Gewinnes, und hernach wegen Bestellung neuer Uhren, indem ein jeder derselben die bessern von dem Uhrenmacher fischen wollte, so uneins, daß sie einander derbe abgedroschen haben. Da man also wahrnahm, und sah, daß die Uhrenhändler mehrentheils mit sehr glücklichen Gewinne aus fremden Landen nach Hause kehreten, reitzte dieses die Schwarzwälder so sehr, daß sich die Zahl der Händler jährlich um ein gutes vermehrte.[69]

Oftmals beließen es die Uhrenhändler nicht beim Verkauf ihrer Uhren, sondern betrieben noch einträgliche Spekulationsgeschäfte. Beispielsweise brachte Jakob Winterhalder Kanarienvögel aus Sachsen mit, die er mit hohem Profit in Holland verkaufte. Von dem Geschäft inspiriert, gründeten zwei andere Gütenbacher, Joseph Scherzinger – »Vogeljos« genannt – und Franz Faller, die Gesellschaft der Uhren- und Vogelhändler. Um den letzteren kreist eine Anekdote, die die Geschäftstüchtigkeit der Wälder beleuchtet.

Franz Faller nahm einst, als er seine Kanarienvögel in Holland abgesetzt hatte, einen Papagei, als Rückgut mit sich. Zu Cölln verkaufte er denselben für 80 fl. Noch war der Händler nicht abgereist, als der Käufer zu ihm mit der kläglichen Nachricht kam, sein Papagei sei gestorben. Der Schwarzwälder, der seinen Mann kannte, und wußte, er habe, gleich den Holländern, den Aberglaube, daß der unschuldige Vogel, der im Zimmer hieng, wie ein Opferthier, den Unfall, der dem Herrn des Hauses zugedacht war, mit seinem Leben sühnen müßte, benutzte diese schwache Seite, und sagte mit feierlichem Ernste: »Es ist ja besser, der Vogel sei gestorben, als der Herr!« – Gut! gut! antwortete der Niederländer, drückte dem Wälder dankbar die Hand und gieng.[70]

Die immer weitere Ausdehnung des Vertriebsnetzes und die sich daraus ergebende Produktionssteigerung machte es den eigentlichen Uhrmachern unmöglich, selbst noch für den Absatz zu sorgen. Der Beruf des Uhrenhändlers wurde zu einem eigenständigen Berufszweig. Die Händler erhielten die Uhren oft auf

Kredit, kehrten, nachdem die Krätze abgesetzt war, wieder auf den Wald zurück, um sich hier neue Ware zu besorgen. Zuvor wurde abgerechnet, was nicht mit strenger Buchführung verwechselt werden darf. Oft war auf dem Türpfosten oder auf einer Schiefertafel die gelieferte Ware vermerkt, die Restschuld wurde mit Kreide auf einem Tisch ausgerechnet. Um den Absatz effektiver zu gestalten, schlossen sich bald mehrere Träger zusammen und setzten die Uhren kompanieweise ab. Danach besorgte einer von ihnen den Einkauf in der Heimat. Da sich die zeitraubenden Heimfahrten nicht lohnten, ging man dazu über, die Ware bei einem Uhrenpacker zu bestellen, der die gewünschte Fracht verpackte und an den vereinbarten Handelsplatz im Uhrenland schickte. Mit diesem Packer trat eine Zwischenperson zwischen Produzent und Händler, deren Einschaltung sich für den Uhrmacher noch verhängnisvoll auswirken sollte. Hier ist eine Entwicklung erkennbar, wie sie auch in anderen Hausindustrien des Schwarzwaldes anzutreffen ist.

Der erste Handels- und Umschlagplatz für Uhren entstand 1740 in »Magrutt«, einem Bauernhof bei Eisenbach. Diesem Speditionshandel folgte die Gründung der »Schwarzwälder-Uhrenhändler-Kolonien« in den verschiedensten Ländern. War man bis zu diesem Zeitpunkt bereits in ganz Mitteleuropa vertreten, so sollten die Handelsgeschäfte den Träger in der zweiten Hälfte des 18. Jahrhunderts bis nach England, Rußland, in die Türkei und nach Amerika führen.

Merkwürdig ist, was sich mit dem berühmten Uhrenhändler Matthias Faller aus dem Schafhofe zu Friedenweiler Fürstenbergischer Herrschaft seither zutrug. Dieser, nachdem er mit seinen fünf Brüdern Joseph, Jakob, Georg, Fidelis und Simon eine nahmhafte Summe Geldes durch den Uhrenhandel gewonnen, führte nach seiner Rückkehr aus der Fremde ein so verschwenderisches Leben, daß ihn dessentwegen seine Brüder vollends aus ihrer Kompagnie stießen. Er achtete aber dieses ihr Verfahren wenig, sammelte sich neuerdings Uhren, und machte sich wieder reisefertig mit Vermelden, er wolle bald allein so viel gewinnen, als vorhin alle seine Brüder miteinander gewonnen haben, da sich doch ihr sämmtlicher Gewinn auf 40000 Gulden belief. Hierauf zog er um das Jahr 1779 muthig nach Konstantinopel, und verehrte daselbst dem Großsultan eine Spieluhr, welche von demselben so gnädig aufgenommen wurde, daß er einen Firman oder Freybrief erhielt, in der ganzen Türkey ohne geringste Abgabe handeln zu därfen, wobey er sich viel Geld erwarb. Vor einigen Jahren, als er wieder nach Hause kehrte, zeigte er diesen Firman, und ließ sich aller Orten prächtig, zuweilen auch in seiner türkischen Kleidung sehen. Und nachdem er für sich abermal eine große Anzahl Uhren, worunter zwo neue Spieluhren als ein Präsent für den Großsultan bestimmt waren, bestellet, reisete er wieder mit seinem Firman und einer neuen Kompagnie Händler nach Konstantinopel. Jetzt befindet er sich laut eines Briefes, worin er über die ihm zugestandenen Freyheiten und vielen Vorrechten sehr groß thut, tief in der Türkey.[71]

Dieser Matthias Faller, der für einen schwunghaften Handel in die Türkei sorgte, sollte nicht mehr in seine Heimat zurückkehren. 1794 wurde er in Konstantinopel Opfer eines Raubmordes.

Neustadt den 3ten Oktober.

Die in Konstantinopel wirklich anwesende k. k. Internuntiatur hat die Nachricht gegeben, daß der ledige Uhrenhändler Matthias Faller von Neustadt, welcher schon 20 Jahre in Konstantinopel gehandelt, Nachts den 25ten Junii laufenden Jahres in seinem Gewölbe zu Galata ermordet gefunden worden seye. Die k. k. Internuntiatur-Kanzley hat die gehörige Beschau mit Beyzug eines Chyrurgus vorgenommen, und gefunden, daß der Ermordete 10 Stiche am Leib, und die Gurgel von einem Ende zum anderen abgeschnitten gehabt habe.

Wie dieser Mord geschehen, konnte zur Zeit nicht entdeckt werden; alles wurde der türkischen Gerichtsbarkeit angezeigt, die Sperre von der Kanzley angelegt, und die Extradition

[Aushändigung] der Vermögenschaft nach Abzug der Kösten ec. verwilliget; ein Beweis, wie billig die Türken auch für die Christen geneigt seyen.
Hochfürstl. Fürstenb. Obervogteyamtskanzley[72]
Die ersten Uhrenhändlerkompanien waren, wie die Kompanie der Gebrüder Faller, in der Regel Familienbetriebe, die aus nur wenigen Personen bestanden. Doch boten sich immer mehr junge Schwarzwälder an, mit in die Fremde zu gehen. Dies kam den Gründern der Gesellschaften angesichts der immer größeren und entfernteren Absatzgebiete nicht ungelegen. So zählten sie schon bald 20 und mehr Mitglieder. Man gab sich eigene Gesetze, an die jedes Mitglied strengstens gebunden war. Die Gesellschaftsverträge regelten nicht nur die Funktion und Stellung der einzelnen Träger, sondern legten auch Verhaltensvorschriften für den Auslandsaufenthalt fest. Im August oder September eines jeden Jahres wurde in Triberg, Hinterzarten und später in Lenzkirch eine Art Generalversammlung abgehalten, zu der alle Ganzgesellschafter zu erscheinen hatten, um die Abrechnung und Gewinnverteilung vornehmen zu können. Die Gesellschaftsverträge wurden im 18. Jahrhundert nur selten schriftlich fixiert, doch vermittelt ein »Societäts-Vertrag« von 1830 ein Bild von der Organisation einer Schwarzwälder Uhrenhändlerkompanie.
[...]
7) Auf jede Niederlage wird von dem Vorsteher dieser Gesellschaft Einer als Vorsteher oder Meister dieser Niederlage gesetzt. Jeder Vorsteher einer jeden Niederlage hat alles nach dem Auftrage des Gesellschaftsvorstehers zu bestellen und zu vollziehen.
Alle die ihm noch zugegebenen Kameraden oder Knechte sind dem Vorsteher oder Meister der Niederlage untergeordnet, und ihm Gehorsam und Achtung schuldig.
Auch hat jeder Vorsteher auf jeder Niederlage für allen Schaden mit seinem ganzen Vermögen zu haften.

36 Schwarzwälder Uhrenhändler auf seiner Wanderung.

37 Uhrenträger in idyllischer Landschaft (1840).

38 Lackschilduhr mit »Apfelrosen« (nach 1840).

39 Kapuzineruhr mit Betglocke (nach 1850).

40 Jockele-Uhr mit bemaltem Porzellanschild (um 1880).

41 Kuckucksuhr, geschnitzt (um 1860).

42 *Strohschuhmacher mit Enkelin (um 1935).*

43 Küche mit Herd, Rauchfang, Schinken (um 1935).

44 Strohschuhmacherinnen am Kachelofen (um 1935).

8) Wenn ein Handlungs-Mitglied oder Knecht heimlicher Weise (das heißt ohne Wissen der übrigen Handlungs-Mitglieder) Geld nach Hause schickt, oder sonst wo absetzt, so hat ersterer gleich aus der Gesellschaft auszutreten, bei Verlust seines ganzen erworbenen Verdienstes. – Letzterer wird sogleich in seinen eigenen Kosten nach Hause geschickt, und hat die geleistete Kaution von 200 fl. entweder selbsten oder dessen Gutsteher gleich baar an den Gesellschafts-Vorsteher auszubezahlen.
9) Wenn ein oder das andere Gesellschafts-Mitglied sich mit Spielen, Trinken, Tanzen, Umgang des andern Geschlechts und andern schlechten und lüderlichen Dingen abgibt, oder sonst seinem Handel nicht fleißig nachgeht, oder der Gesellschaft etwas veruntreuen sollte, und richtig von obigen Dingen überwiesen werden kann; so können die ältesten Gesellschafts-Mitglieder denselben nach Befinden der Umstände und Schaden strafen.
10) Jedes Handlungs-Mitglied ist verpflichtet, alles das, was ein Handlungs-Mitglied thut oder unternimmt, welches der Gesellschaft nachtheilig sein könnte, dasselbe sogleich dem Gesellschafts-Vorsteher anzuzeigen, unter Haftung für allen Schaden im Unterlassungsfalle.
[...]
16) Will ein Handlungs-Mitglied aus der Gesellschaft austreten, so muß selbes sich jedesmal ein Jahr zuvor, ehe es austritt, bei der Jahresrechnung melden.
17) Jedes austretende Gesellschafts-Mitglied erhält bei seinem Austritt von dem ihm zum Theil zukommenden Verdienste oder Vermögen die Hälfte gleich baar ohne Abzug, die andere Hälfte nach Verlauf von drei Jahren, von dem Tage des Austritts an aus der Handlungsgesellschaft, jedoch ohne Vergütung von Zinsen.
18) Jeder Austretende hat alle sämmtlichen ausstehenden durch ihn verborgten Schulden dem Gesellschafts-Vorsteher genau anzuzeigen und schriftlich zu überweisen.

[...]
23) Jedem neu eintretenden Gesellschafts-Mitglied und neu aufgenommenen Knecht, soll dieser Handlungsvertrag wörtlich vorgelesen werden, und daß dieses geschehen seye, von demselben eigenhändig, als wie von allen Gesellschafts-Mitgliedern, unterzeichnet werden.
24) Für die richtige Haltung und Erfüllung unseres eingegangenen, uns vor unserer Namensunterzeichnung deutlich vorgelesenen, Handlungs- und Gesellschafts-Vertrags haftet Jeder unter Verbürgung seines jetzigen und zukünftigen, beweglichen und unbeweglichen Vermögens.[73]

Wenn neue Mitglieder in eine Gesellschaft aufgenommen werden wollten – oft ehemalige Hirtenbuben –, mußten sie zunächst als »Knecht« eine Lehrzeit von drei bis fünf Jahren absolvieren.

Es geschieht nicht selten, daß sie auch Knechte mit sich in die Fremde nehmen, denen sie innerhalb 3 Jahren 100 rauhe Gulden samt der kurzen Montur, welche aus Schuhen, Strümpfen besteht, und der Kost reichen. Halten sie sich während dieser Zeitfrist wohl, so treten sie hernach in die Compagnie selbst, als Händler ein. Darum wird ein solcher Knecht die ersten 3 Jahre Ruhkammerad; als denn aber Gutkammerad von den Uhrenhändlern genannt.[74]

Ein solcher Uhrenknechtsvertrag führte auch den 16jährigen Joseph Kirner als ersten Furtwangener Uhrenhändler 1785 nach Amerika, wo seit 1751 und verstärkt ab 1780 Handel getrieben wurde.

Joseph Kirner sollte für 2½ Jahre als Uhrenknecht nach Amerika reisen. Als Jahreslohn waren 50 Gulden rheinisch vereinbart. Ferner waren ihm Reisespesen, Kleidung, Wäsche und »... Schuh so viel er braucht samt Sohlen und flicken ...« zugesagt; ebenfalls Arztkosten, vorausgesetzt, daß die Krankheit nicht länger als 4 Wochen dauert. Nach Ablauf der 2½ Jahre konnte er vom sog. Knecht zum Kamerad. d. h. zum gleichberechtigten Partner

(Uhrenhändler) aufsteigen. Die Vorraussetzung dafür war, daß sein eigener Umsatz dem der beiden anderen Partner gleichkam; andernfalls hatte er bei geringerem Umsatz 4 Prozent Zinsen zu zahlen. Josephs Vater, Peter Kirner, bestätigte diesen Kontrakt als Zeuge und gab gleichzeitig 50 Gulden als Garantie für den getreuen Vollzug der Abmachungen.[75]

Am 19. April 1785 verließ Kirner Furtwangen, am 5. August kam er in New York an.

In sein Gebetbuch schrieb er:

Den 19ten Aprill 1785 bin ich
von Haus nach Amerika gegangen;
ich bin geboren den
13ten Martz 1769.

Von Gottes Gnaden
den 5. Aug. angekommen in
America in der Stadt N. York 1785.[76]

Trotz der straffen Organisation hatte der Uhrenhandel gegen Ende des 18. Jahrhunderts mit immer mehr Schwierigkeiten zu kämpfen. Außer den Ländern, die die üblichen Schutzzölle forderten, gab es Länder, die die Einfuhr der Schwarzwälder Uhr völlig verboten. Dazu gehörten das Schweizer Waadt und Schweden, das eine besonders restriktive Handelspolitik betrieb. Die Wälder antworteten auf ihre Weise: Sie führten nur noch Uhrenteile ein, die sie dann an Ort und Stelle zusammensetzten.

Größerer Schaden erwuchs aus dem eigenen Lager. Da war das »Packerunwesen«, jene Zwischenhändlerschicht in der Heimat, deren Macht durch zweifelhafte Kreditgeschäfte immer mehr anwuchs; außerdem gab es Zwistigkeiten und Eifersüchteleien in den eigenen Reihen; schließlich kauften sich Schwarzwälder im Ausland als Bürger ein, um dort eigene Uhren zu produzieren und damit den Handel überhaupt überflüssig werden zu lassen.

Schwarzwälder waren es, die in Preußen Klage gegen ihre Landsleute erhoben, ihnen den Eintritt in dieses Reich sperrten und den freien Handel dahin vernichteten; Schwarzwälder waren es, die als eingekaufte Bürger Schwedens ihren Brüdern den Handel in diesem Reiche entrissen; Schwarzwälder sind es, die aus schadenfroher, niedriger Mißgunst und Neid ihre mithandelnden Landsleute in Rußland, Frankreich u.s.w. durch erregte Verfolgungen zu verdrängen suchen, oder durch Herabsetzung des Preises den Mithändler sprengen, oder durch Verrufung seiner Waare den Credit, mit dem sein Landsmann debitirte, ihm zu entreißen sich bemühen.[77]

Zu verwechseln sind diese »Auslandswälder« nicht mit jenen Händlern, die mit der Gründung eines Uhren- und Schmuckladens eine eigene Existenz im Ausland aufbauen wollten. Ziel solcher Existenzgründungen war vor allem die britische Insel, für viele »Schwarzwald-Engländer« im 19. Jahrhundert eine zweite Heimat. Über seine Erlebnisse mit einem Schwarzwälder Uhrenhändler in London berichtet ein Rastatter Bankier 1821:

Am 17. August 1821 trat unser Landsmann Jakob Kleyser seine Reise nach Amerika an, wo er der Schwarzwälder Industrie einen neuen Weltteil aufzuschließen versuchte. Sein Vater, der alte Herr Kleyser aus Neustadt, ist wenig nach uns in London angelangt, wohin er die Reise jedes Jahr machte. […] James, Simon Kleyser, Heinrich und ich nahmen die Post und erreichten abends zwölf Uhr nach einer schnellen Fahrt London. Jakob Kleyser erreichte, wie ich später durch einen Herrn Strickland von Philadelphia hörte, nach einer etwas stürmischen Fahrt New York, und ich zweifle nicht an dem vorteilhaftesten Fortgang und Gelingen seines Unternehmens.

Es mag nicht ohne Interesse sein, beizufügen, daß der Schwarzwälder Uhrenhandel in England sehr ausgedehnt ist. Es befinden

sich Neustädter Uhrenhändler in Manchester, Birmingham und allen bedeutenden Städten der Insel. In London aber könnte man ihrer Hunderte zählen. In beinahe jeder Straße trifft man unsere guten Schwarzwälder mit einigen Uhren auf dem Rükken, und trotz ihrer Unkenntnis der englischen Sprache machen die fleißigen unter ihnen beinahe immer gute Geschäfte. Viele von diesen Hausierern kaufen bei Kleyser ein.
Der Zoll auf diese Schwarzwald-Produkte beträgt 50 Prozent, weswegen man aber auch den Wert der Waren oft nur auf die Hälfte angibt. Dies hatte nun schon oft die Konfiskation der Waren zur Folge, welche die Zollbeamten alsdann öffentlich versteigern und den Mehrerlös als die Abgabe selbst einstecken. Der Angabewert aber wird dem Eigentümer erstattet. Doch die pfiffigen Engländer sind es doch nicht genug für unsere schlauen Schwarzwälder. So ließ einer derselben eine Kisten Uhren von mehr als 200 Pfund kommen. Aus jeder Uhr ließ er in Neustadt zwei der nötigsten Räder herausnehmen und diese, gesondert verpackt, nach London gehen. Den Wert der großen Kiste gab er beim Zoll mit 100 Pfund an, was den Beamten so gering erschien, daß die Kiste konfisziert wurde und der Eigentümer seine 100 Pfund dafür ausbezahlt erhielt [...] Bei der Versteigerung fand sich nun aber zum großen Ärger der Zollbeamten bald, daß die Uhren gänzlich unbrauchbar waren, und sie sahen sich genötigt, das Höchstgebot von 60 Pfund noch recht dankbar anzunehmen und so 40 Pfund aus der Tasche zu verlieren. Der Steigerer aber war niemand anderer als unser Schwarzwälder, welcher auf diese Art nicht nur die 40 Pfund, sondern auch seinen ganzen Zoll gewann.[78]
Zu den Schwarzwald-Engländern, die es in London zu einem eigenen Geschäft brachten, gehörte Andreas Schwär vom Schönbachhof in St. Peter. Obgleich Hoferbe, wagte er 1831 den Sprung über den Kanal in die gewerbliche Zukunft. *Man schrieb den Monat April des Jahres 1831, als Andreas Schwär, der damals erst achtzehnjährige Hoferbe vom Schönbachhof in St. Peter,*

seinen blauen, zwilchenen »Schlitzsack« packte, um als Uhrenhändler im fernen England, dem besten Absatzgebiet für Schwarzwalduhren, sein Glück zu versuchen. Sein Vater Josef Schwär brachte seinen Bub mit dem »Berner-Wägili« nach Triberg und von dort ging die Weiterreise mit Postkutschen über Offenburg und Straßburg zur Kanalküste Frankreichs, wo die Segelschiffe nach England ablegten. Nach einer vierzehntägigen Reise, die den Vater 140 Gulden kostete, erreichte er London. Hier fand Andreas Schwär liebevolle Aufnahme bei seinen Landsleuten Karl und Mathias Weber aus St. Peter, die ihm zunächst die notwendigen Werkstattkniffe und die Kunst des Handelns beibrachten.

Schon nach einigen Jahren sah man den jungen, jetzt wohlsituierten Schönbachbauern, der inzwischen ein eigenes Uhrengeschäft in der East-Street von London besaß, zu Besuch auf dem elterlichen Hof weilen. Im Jahre 1840 wurde ein solcher Aufenthalt zur Hochzeitsreise. In zeitlich verschiedenen Abständen kehrte er nach St. Peter zurück, verbrachte aber die meiste Zeit in seinem Londoner Uhrengeschäft, das er mit seinen Brüdern gemeinsam führte. 1848 verließ Andreas Schwär England und kaufte in St. Peter eine Bierwirtschaft, das heutige »Klosterstüble«.

Durch den Tod seines Vaters sah er sich jedoch verpflichtet, der nun alleinstehenden Mutter zu helfen. Er verpachtete seine Bierwirtschaft und übernahm den elterlichen Schönbachhof.

Benedikt, sein ältester Sohn, reiste am 25. Juli 1853 im Alter von siebzehn Jahren nach London, um dort seinen Vater zu vertreten, der im Jahre 1857 zum letztenmal sein Londoner Uhrengeschäft besuchte und 1862 in St. Peter starb. Auch für Benedikt war dies der Anlaß, wieder nach Hause zu kommen. Er verheiratete sich jedoch nach Waldau und wurde dort 1866 Hofbauer auf dem stattlichen Stalterhof. Sein jüngerer Bruder Adelbert heiratete im Jahre 1869 und wurde Bauer auf dem Schönbachhof. Aber auch ihn zog es in die Fremde. 1879 übergab er den Hof einem Pächter und übersiedelte mit seiner Familie nach England, um das Uhrengeschäft in London weiterzuführen. Erst 1896 kehrte Adelbert Schwär wieder nach St. Peter zurück, um den bisher verpachteten Schönbachhof selbst zu bewirtschaften. Adelbert Schwär, der letzte Schwarzwald-Engländer vom Schönbachhof, starb 1918 im Alter von siebzig Jahren und hinterließ fünfzehn Kinder.[79]

Wie die Schwärs kehrten viele reich gewordene Händler in die alte Heimat zurück, wo sie dann oftmals als Inhaber von Wirtschaften in Erscheinung traten.

Lorenz Hummel vom Kapfenhof wurde Turnerwirt (1844), Mathias Saum vom Kreuzhof Plattenwirt, Karl Schwär vom Schönbachhof Rößlewirt in St. Märgen, Georg Schwär vom Nazihof Kronenwirt in St. Märgen und Philipp Schwär vom Wolfsteigehof Hirschenwirt in St. Peter. Über das gesamte Gebiet des Hochschwarzwaldes ließen sich diese Beispiele unübersehbar fortsetzen.

Besonders erwähnenswert ist jedoch das Gasthaus »Zum Rößle« in Neukirch, das von Ende des 19. Jahrhunderts bis in die dreißiger Jahre des 20. Jahrhunderts ausschließlich von »Engländer-Familien« bewirtschaftet wurde. Das Rößle war auch ein Treffpunkt der Schwarzwald-Engländer, die in Neukirch nach dem 1. Weltkrieg noch besonders zahlreich vertreten waren. Man hielt dort sehr viel auf die aus England mitgebrachten Sitten. Viele Jahre lang trafen sich an einem Nachmittag in der Woche die »Engländerinnen« zur vertrauten Teestunde; hierbei unterhielt man sich nur in englisch. Den privat lebenden »Engländer« erkannte man an seinem zurückhaltenden und vornehmen Wesen, das er durch seine immer korrekte Kleidung besonders unterstrich. Als auffallendes Kennzeichen trug er meist eine wertvolle goldene Taschenuhr mit einer schweren, hochkarätigen Kette in der Brokatweste. Der alte gediegene Gold- und Kranatschmuck der »Engländerinnen« war ebenfalls nicht zu übersehen.

Freiburg i. Brg. wurde von den englischen Privatiers besonders bevorzugt. Wer es sich leisten konnte, floh vor dem strengen, nicht mehr beliebten Schwarzwaldwinter in die mildere Breisgaumetropole.[80]

Die Beispiele zeigen, daß die Handelsgesellschaften Kapital auf den Wald brachten. Doch sammelte sich das Kapital nur auf einer Seite, was sich schon gegen Ende des 18. Jahrhunderts andeutete. Die eigentlichen Nutznießer waren die Handelsgesellschaften. Das gilt nicht nur für den Uhrensektor, sondern auch für andere Gewerbe wie etwa die Strohflechterei und Schneflerei.

»Mir Heimarbeiter hän kein liechte Standpunkt gha«

Die Hausindustrie verändert den Alltag

Wer arbeitete als Heimarbeiter?

Die Geschichte der Hausindustrie umfaßt im Südschwarzwald eine Zeitspanne von mehr als 200 Jahren. In dieser Zeit veränderten sich die Arbeitsformen ebenso wie die Beweggründe der arbeitenden Menschen. Unverändert blieb der Zwang zur Heimarbeit, wenn man in der Region überleben wollte.
Schon die schnelle Ausbreitung der Baumwollspinnerei als Hausindustrie war eine Folge der herrschenden Armut. Die Ärmsten einer Gemeinde waren es – und die gab es in sehr großer Zahl –, die das Gros der Heimarbeiter in jener Anfangszeit, die zugleich eine erste Hochphase darstellte, ausmachten. Die Randexistenzen der Schwarzwälder Gesellschaft, ohne Grund und Boden und ohne Aussicht auf einen gesicherten Platz in der bestehenden bäuerlichen Wirtschafts- und Sozialordnung, ergriffen dankbar jede Arbeitsgelegenheit. *Dreiviertel der Bewohner sind Baumwollspinner, die sich lediglich dadurch ernähren und kein eigenes Feld noch Boden haben,* schreibt Pfarrer Wenz, von 1779 bis 1814 Geistlicher in Herrischried. Für die Armen ist das Spinnen zur wichtigsten, wenn nicht alleinigen Verdienstquelle geworden, die Verlagsarbeiten wurden zur allgemein üblichen Beschäftigung, und zwar für alle Familienmitglieder.
Einer den Baumwollspinnern vergleichbaren sozialen Schicht

entstammten die ersten Uhrmacher. Simon Dilger bewohnte als Häusler mit seiner Ehefrau das »Steigdeibissenhisli« im Zinken Engenbach bei Schollach, ehe er in das benachbarte Urachtal umzog, wo er seine Uhrmacherwerkstätte einrichtete. Zusammen mit Franz Ketterer aus Schönwald wurde er zum Vorbild für andere Taglöhner.

In Folge dieses Gewerbebetriebes trifft man nun in diesem rauhen Hochlande einen gewissen Wohlstand, ein behagliches und reges Leben, während Armuth und Beschränkung vorherrschend seyn würden, wenn hier eine gleich große Zahl von Bewohnern nur auf Feldbau und Viehzucht angewiesen wäre. Eines der glücklichsten Verhältnisse, das übrigens mit dem Entstehen und dem Wesen dieses Gewerbebetriebes enge zusammenhängt, ist dabei, daß fast jeder Uhrenmacher gleichzeitig so viel Feldbau treibt, als zur Ernährung einer Kuh und zur Anpflanzung des Kartoffelbedarfes erfordert wird. Kommt dann der lange, harte Winter, so wird ausschließlich die Uhrenmacherei betrieben, und die weibliche Hausgenossenschaft gibt sich mit Strohflechten ab. Schwarzwälder selbst verkaufen die auf dem Walde verfertigten Uhren in alle Welt, handeln wohl auch mit andern Artikeln, und kehren als erfahrene und meist auch bemittelte Männer in ihre stillen Berge zurück. Viele siedeln sich auch im Auslande an; sie bleiben dann in der Regel mit der Heimath in Verbindung. So ist im Laufe der Zeit das Uhrengewerbe und der Uhrenhandel von solch außerordentlicher Bedeutung für den Schwarzwald geworden, daß von ihrer Blüthe das Wohlergehen dieses Landestheiles vielfach abhängig ist.[81]

Von der neuen Entwicklung noch etwas irritiert, schrieben die Stabsvögte der Kameralherrschaft Triberg 1741 einen Bericht an die vorderösterreichische Regierung, in dem es heißt, *dass sich in ihrem rauhen und wilden Revier viele Hundert Personen befänden, welche diese oder jene Arbeit aus ihrem eigenen Kopf ohne Lehrmeister erlernt. Was sie wünschten, war nur: ungehinderte Freiheit sowohl des Gewerbes wie des Verkehres.*[82]

Neben den Uhrmachern gab es viele in der Landwirtschaft nur noch saisonal beschäftigte Taglöhner und Mägde, die sich der Strohflechterei und der Musselinstickerei zuwandten, um auch im Winter einen Verdienst zu haben und so, über das ganze Jahr gesehen, eine größere Selbständigkeit zu erlangen. Schon bald regte sich dagegen Widerstand in der bäuerlichen Oberschicht. *Bei gegenwärtiger Wohlfeile der Früchte möchten die Mägde lieber im Umherspazieren Strohhüte flechten als Bauernarbeit verrichten.* Die Bauern sahen mit Ärger ihre Macht über die einst mittellose Schicht schwinden und befürchteten, für weniger Arbeit mehr Geld bezahlen zu müssen. *Jetzt müsse der Bauer sogar vom Pfunde Hanf spinnen das Doppelte gegen früher bezahlen [...] Fast sind die Dienstboten und Tagelöhner kaum noch zu bekommen. Es sagt eine jede: Was soll ich mich lang von den Bauern scheren lassen, ich kann mein Brot mit Sticken und Spinnen erhalten [...] Vermieten sie sich dann noch einmal zur Heu- und Erntezeit, so wissen und kennen sie noch die etwaigen Häuser, in welchen man ihnen Fleisch, Wein und in Schmalz schwimmende Knöpfle geben könne.*[83]

Die Entwicklung führte zunächst dazu, daß ein Teil der bäuerlichen Unterschicht seinen Lebensunterhalt aus gewerblicher Arbeit bestreiten konnte und für die landwirtschaftliche Hilfsarbeit nicht mehr zur Verfügung stand. Bald ergriffen aber auch kleinbäuerliche Familien die Gelegenheit, Arbeitskräfte, die im eigenen Betrieb nicht voll ausgelastet waren, mit Heimarbeit zu beschäftigen. Manche Heimarbeiter, die bislang besitzlos gewesen waren, konnten ein Stück Ackerland erwerben. Allenthalben – ob im Uhrengewerbe, in der Strohflechterei, bei den Hauswebern, in der Bürstenmacherei oder im Schneflergewerbe – betrieb man noch Landwirtschaft, allerdings in sehr unterschiedlichem Umfang. Die Mischung aus landwirtschaftlicher Tätigkeit und gewerblicher Praxis gab jedenfalls dem südlichen Schwarzwald im 19. Jahrhundert sein charakteristisches Gepräge: Der Schwarzwälder Bauer wurde zum landwirtschaftlichen Hausindustriellen.

Die Verschwisterung von Landwirtschaft und Gewerbe erfolgte nicht überall im Schwarzwald in gleicher Weise. Es gibt vielmehr charakteristische Unterschiede in den einzelnen Hausindustriezweigen. In der Textilhausindustrie auf dem Hotzenwald war die Heimarbeit der Landwirtschaft untergeordnet, hatte also Nebenerwerbscharakter: Der Nebenverdienst war allerdings unentbehrlich und diente zur Sicherung einer bäuerlich orientierten Existenz. Alle Arbeitskräfte, die nicht in der Landwirtschaft gebraucht wurden, waren in der Hausindustrie tätig; im Winter waren das alle. Die einfache Formel »Landwirtschaft + Heimarbeit = Existenzsicherung« behielt bis in die Zeit von Zeno Spitz und Franz Landis ihre Gültigkeit.

Da der Verdienst aus der Landwirtschaft nicht genügend abwarf, war man froh, überhaupt noch Geld zu bekommen. Aber immer hat man sich als Landwirt gefühlt. Das Gesamteinkommen setzte sich etwa zu 80 Prozent aus der Landwirtschaft und zu 20 Prozent aus der Heimarbeit zusammen. Die großen Bauern hatten keine Webstühle. Nur die kleinen – und das war die Regel – waren auf den Webstuhl angewiesen. Denn wo es fast keinen Wald gibt, herrscht Armut. [...] Es gab keine Verdienstmöglichkeiten, die Busverbindungen ins Rheintal waren miserabel. Autos konnte man sich nicht leisten.[84]

Die Landwirtschaft konnte eine fruchtbare Zusammenarbeit mit der Verlagsindustrie eingehen. Die Entwicklung zur verdichteten Gewerbezone erfolgte nicht auf Kosten der Landwirtschaft. Im Gegenteil: Erst die Verlagsindustrie ermöglichte ein Weiterarbeiten als Landwirt. Die Einführung technischer Neuerungen und die damit verbundenen Ertragssteigerungen waren nur durch die zusätzliche Gewerbearbeit möglich, verschuldete Höfe und Güter konnten nur so gehalten werden.

An dieser Stelle muß vor einem Mißverständnis gewarnt werden, das sich in der Literatur über die Arbeitswelt des Schwarzwaldes

bis heute hartnäckig gehalten hat. Es ist das Genrebild vom friedlichen Landmann, der seinen Acker bestellt, seine Kuh melkt und als Nebenbeschäftigung mit seiner Familie etwas Heimgewerbe betreibt. Schon die Tatsache, daß man wie Franz Landis tagsüber auf dem Feld oder im Wald arbeitete und dann noch um zwei Uhr nachts zu weben anfing, muß dieses populäre Bauernbild zerstören. Die Hausindustrie hatte zwar noch keinen Vorrang, war aber Grundlage und Voraussetzung dafür, daß bäuerliche Teilwirtschaftsbetriebe geführt werden konnten.
Noch schmaler als im Textilnebengewerbe war die landwirtschaftliche Basis bei den Schneflern. Nach einer Berechnung bedurfte es mindestens 12 ha landwirtschaftlicher Fläche und Wald, um eine Familie ohne Gewerbe ernähren zu können. Die Bernauer Schneflerfamilien bewirtschafteten im Durchschnitt aber nur 1,72 ha Land und 1,88 ha Wald, insgesamt hatten 20 von 89 Familien überhaupt keinen Waldbesitz. Von Landwirtschaft kann hier nur noch bedingt die Rede sein.
Am unabhängigsten von der landwirtschaftlichen Produktion waren die Uhrmacher, ohne aber auf sie zu verzichten. Für sie blieb der Schwarzwälder Hofbauer das große Vorbild, und einige durch das Uhrengewerbe zu Reichtum gelangte Wälder kauften sich später große Höfe.
Schon die geschilderte Bauart der Häuser zeigt ihren ländlichen Zweck, doch auch wo in den Marktflecken mehr städtische Gebäude bestehen, sieht man überall sehr sorgfältig geschichtete Düngerhaufen an ihrer Seite, und im unteren Geschoss Stallungen für das Vieh und Vorratskammern für die Ackergerätschaften. [...]
Ein großer Teil dieser Parzellen ist nicht im Eigentum der Fabrikanten, sondern nur von Bauern, Gastwirten oder Kirchenverwaltungen abgepachtet; indes dauern die Pachten gewöhnlich sehr lange, und Kapital und Pachtzins stehen so gleich, dass wenig Unterschied zwischen Pächtern und Eigentümern besteht. [...] Kleinere Parzellen werden viel vorteilhafter durch eine Art

Gartenwirtschaft benutzt. Der Fabrikant hält einen verhältnismäßig sehr großen Viehstand, den er auch in ungünstigeren Jahren durch sein Gewerbe behaupten kann, es fehlt ihm also niemals an Düngung. Außerdem ist von den wenigen Morgen noch der größte Teil Wiese, so dass das kleine Ackerstück von Frau und Kind auf das vortrefflichste mit der Hand bearbeitet werden kann: Endlich kann er für Aussaat und Ernte den günstigsten Augenblick vollkommen benutzen, weil die Werkstatt stets disponible und genügende männliche Kräfte bietet. Allerdings sind auf diesen kleinen Parzellen keine Reinerträge zu erzielen, wenn man die Arbeit der Familie zu dem landesüblichen Tageslohn anschlägt, indes sind sie immerhin unverhältnismäßig hoch verwertet. Man rechnet im allgemeinen auf 2 Morgen das Futter für eine Kuh und etwa 180 Sester Kartoffeln, und in besseren Gegenden, wie St. Georgen, Kirnach u. dgl., wol noch gegen 40 Sester Getreide.[85]

Abhängigkeiten und Widerstände

Schon die Entwicklung der Hausindustrie in ihren einzelnen Sparten hat gezeigt, wie vielschichtig und verschiedenartig ihre Verhältnisse auf dem südlichen Schwarzwald waren. Um eine gewisse systematische Ordnung zu erhalten, empfiehlt sich die Aufteilung in drei Organisationsstufen: die Organisation der Rohstoffbeschaffung, die der Produktion und die des Absatzes. Entscheidend für die Stellung des Wälders war nun, auf welche Weise und mit welcher Intensität Einfluß auf ihn, den Heimarbeiter und eigentlichen Produzenten, genommen wurde. Im wesentlichen lassen sich die Hausindustrien im südlichen Schwarzwald in zwei große Gruppen einteilen: in solche, bei denen von Anfang an ein Dritter als Träger der Organisation auftritt (und zwar in allen ihren Teilen), und in solche, bei denen sich erst allmählich eine Abhängigkeit herausbildete, die dann zumeist im Absatz lag.

Letzteres gilt für das Uhrengewerbe, die Schneflerei und die Bürstenmacherei, ersteres für die Textilhausindustrie. Die Ursache für diese unterschiedliche Entwicklung liegt darin, daß sowohl Schneflerei als auch Bürstenmacherei und Uhrengewerbe gewachsene, bodenständige Gewerbezweige waren, die auf heimischen Roh- und Hilfsstoffen aufbauen konnten. Bei der Textilhausindustrie handelte es sich von Beginn an um eine reine Verlagswirtschaft, die mit Hilfe der Fergger – der Mittelsmänner zwischen Unternehmern und Heimarbeitern – aufgebaut wurde. Die Stellung der Fergger war für die Organisation der Hausindustrie ebenso wichtig wie zwielichtig. Die Kommissionäre nahmen im Auftrag der »Fabrikanten«, die für die Rohstoffbeschaffung zuständig waren, die Verteilung der Arbeit an die einzelnen Familien vor. Sie beschafften die Geräte, sorgten für die Ausbildung, nahmen das fertige Produkt entgegen und bezahlten die Ware im Stücklohn. Aufgrund ihrer Machtstellung erregten die Fergger nicht nur das Mißtrauen der Unternehmer, sondern waren bei den Heimarbeitern selbst gefürchtet. Diese befanden sich in einer totalen Abhängigkeit, die sich im Trucksystem, in der Gewährung von Krediten und im Einbehalten von Provisionen vom rechtmäßigen Lohn ausdrückte. Mit Recht nahm man an, daß das »unrechtmäßige« Gehalt dieser Mittelsmänner ihren offiziellen Verdienst weit übertraf. Da die einzige Schranke, die ihrer Willkür gesetzt war, in ihrer eigenen gegenseitigen Konkurrenz bestand, verwundert es nicht, daß viele von ihnen später die ersten einheimischen Unternehmer wurden.

Die Rohstoffe für die einzelnen Zweige in der Textilhausindustrie wurden aus unterschiedlichen Quellen beschafft. Die Baumwollspinnerei bezog die Rohstoffe aus der Schweiz und aus Griechenland, die Seidenbandweberei verwendete Naturseide aus China, Japan und Italien; später gebrauchte man Kunstseide. Gemeinsam war allen der zentralisierte Einkauf über Verwaltungsstellen, die auch die Dispositionspläne für den einzelnen Heimarbeiter aufstellten und die Organisation des Absatzes vornahmen.

Der eigentliche Unternehmer bestimmte sämtliche Richtlinien, während die Fergger die Anweisungen weitergaben, ihre Ausführung überwachten und die fertigen Produkte an die Zentrale leiteten. Die bereits angedeuteten Mißstände, denen die Schwarzwälder mit eigenen Mitteln zu begegnen wußten, traten schon in der Anfangsphase der Baumwollspinnerei auf. Die Regierung schritt mit drastischen Mitteln ein. Am 1. Juli 1785 wurde eine Polizeiordnung erlassen, die einen Einblick in die kleineren und größeren Betrügereien auf seiten der Spinner wie der Fergger ermöglicht.

[...]

1) Jeder im Land gesponnene Schneller [Garnmaß] Baumwollengarn soll die Länge von 2 Schuh haben, und 1000 Fäden halten, auch jeder Schneller zu 500 Fäden unterbunden werden.

2) Diejenigen Spinner, welche ihre Häspel verfälschen, oder deren Schneller nicht die vorgeschriebene Anzahl Fäden enthalten, sollen das erstemal mit dem Verluste des Spinnerlohns, das zweitemal mit eben diesem Verluste und einer dreitägigen Einsperrung bei Wasser und Brod, das drittemal aber mit einer dreiwöchigen öffentlichen Arbeit und dem gleichmäßigen Verluste des Lohns, wie noch überhin mit Untersagung der künftigen Arbeit gestraft werden.

[...]

4) Damit sich aber Niemand wegen Ungleichheit des Maaßes entschuldigen könne; so soll die gesetzmäßige Länge des Schnellers an mehrern öffentlichen Orten von Eisen eingemauert werden.

5) Wer die wahre Schwere des Gespinnstes durch Dampf, Eisen, oder auf irgend eine andere Art verfälscht, soll das erstemal mit dreitägiger Thurmstrafe bei Wasser und Brod, das zweitemal mit dreiwöchiger Schellenarbeit, und das drittemal mit viertel-

jähriger Zuchthausstrafe und auf alle drei Fälle jeweils mit Verlust des Lohns gezüchtiget werden [...].
[...]
8) Soll niemand erlaubt seyn, ohne besondere Bewilligung des Amtes mit Baumwollengarn zu fergen.
[...]
17) Wer ohne amtliche Erlaubniß ferget, soll mit Hinwegnahme der Waare bestraft werden; und jeder mit einer amtlichen Erlaubniß versehene Ferger, den andern zu Vorweisung seiner Erlaubniß anzuhalten befugt seyn.[86]

Dieses Organisationssystem in der Textilhausindustrie hielt sich bis in die Zeiten unserer Hausweber; noch immer waren die Webstühle im Besitz des Stammbetriebs, der sich dadurch vor unliebsamer Konkurrenz schützen wollte: *Unsere Firma, mit Sitz in Säckingen, arbeitete im Lohnauftrag eines Basler Unternehmens. Bis die eigentliche Arbeit zum Hausweber auf den Hotzenwald kam, war bereits zweimal der Rahm abgeschöpft. Der Weber mußte das Lokal, Heizung und elektrisches Licht stellen, die Webstühle waren im Besitz der Firma und konnten nicht übernommen werden. Als die Seidenbandweberei Ende der 60er Jahre endgültig aufhörte zu existieren, wurden die Webstühle in einer Nacht-und-Nebel-Aktion von den Schweizern abtransportiert oder zusammengeschlagen. Die beiden Webstühle, der eine im Klausenhofmuseum, der andere in Görwihl, mußten aus dem Schweizer Jura geholt werden. Die Aufgabe des Meisters – jeder hatte einen ganz bestimmten Bezirk – war es, die Aufträge an den einzelnen Weber weiterzugeben, die Arbeiten zu kontrollieren, wenn nötig Reparaturen vorzunehmen bzw. zu veranlassen. Mußte die Ware vor dem eigentlichen Termin fertig sein, hatte er für eine schnellere Erledigung zu sorgen. [...] Die Fertigware wurde einmal in der Woche von einer Niederlage aus in den Stammbetrieb gebracht, auf die selbe Weise gelangte die Rohware auf den Wald. Vor dem Krieg noch wurden Webfehler mit empfindli-*

chen Geldstrafen geahndet, später begnügte man sich mit strengeren Kontrollen.[87]
Ähnlich wie die Textilhausindustrie war die Strohflechterei organisiert. Hinter der Hausindustrie stand, nach der obrigkeitlichen Anfangsphase, ein Unternehmer, Händler oder Fabrikant, der die fertige Ware in seinem Magazin zusammenzog und für ihren Absatz sorgte. Er koordinierte die Aufträge und wurde so zum Auftraggeber für die gesamte hausindustrielle Produktion. Der Roggen für das Roggenstroh wurde meist auf eigenem Grund und Boden gewonnen oder auf gepachteten Feldern angebaut oder auch auf dem Markt eingekauft. Die Rohstoffbeschaffung erfolgte nicht durch den Bauern in eigener Regie, sondern gehörte schon zum Geschäft des Unternehmers.
Auch hier kam es zu Zwischenfällen, die die verschiedenen Abhängigkeiten und Interessenkämpfe widerspiegeln. So erstickten die Glashändlerkompanien – die neben den Händlern für den Absatz sorgte – alle Versuche der Heimarbeiter, ihre Produkte selbst zu vertreiben, im Ansatz: Die angestrebte Unabhängigkeit war nicht zu erreichen.
In all diesen Zweigen gingen die Organisation und die Initiative nicht von Heimarbeitern, sondern von Verlegern, »Unternehmern und Fabrikanten«, oder von Gesellschaften aus. Sie waren die Träger der hausindustriellen Organisation. Anders verhielt es sich in der Schneflerei und in der Bürstenmacherei. Rohstoffbeschaffung, Produktion und Absatz lagen hier bis zum 19. Jahrhundert in den Händen der Schnefler und Bürstenmacher. Zwar besorgten sie nur in den wenigsten Fällen den Absatz selbst, sondern ließen ihre Waren über Hausierer verkaufen, doch waren diese sozusagen in einem Angestelltenverhältnis beschäftigt. Der Produzent trug das Risiko allein. Dieser Zustand dauerte jedoch nicht lange. Bald kauften die Händler den Schneflern die Waren ab und vertrieben diese auf eigene Rechnung. Der vermittelnde Händler oder Verleger machte sich zum »Chef« der Schnefler. Er trat nun als Kapitalist auf, zwängte sich

zwischen Produzenten und Konsumenten und übte durch die Macht seines Kapitals einen ungeheuren Druck auf die Preise aus. Nun war das Schneflergewerbe Hausindustrie im eigentlichen Sinn geworden.

In der Bürstenmacherei bestand lange Zeit keine organisatorische Abhängigkeit von anderen. Die Bürstenmacher sorgten selbst für den Ankauf des erforderlichen Arbeitsmaterials und den Absatz der fertigen Waren. Holz für die Bürsten war in der eigenen Umgebung reichlich vorhanden, Haare und Borsten wurden zur Hälfte aus Württemberg, Bayern, Frankreich, der Schweiz und aus Fernost bezogen. Die Erzeugnisse gingen zu zwei Dritteln ins Ausland, ein Drittel wurde in Baden abgesetzt. Der Absatz wurde zwar oft von Familienmitgliedern betrieben, doch bestand in der Regel eine Trennung zwischen Produzenten und Händlern, was aber nicht zum »Verlegen« der Bürstenmacherei führte. Es ist eine denkwürdige Erscheinung, daß die Schwarzwälder Bürstenmacher und Bürstenhändler jahrzehntelang miteinander und nebeneinander arbeiteten, ohne daß die eine Klasse von der anderen abhängig wurde.

Ganz anders im Uhrengewerbe, wo sich die Händler bald über die Produzenten erhoben hatten, was zu erheblichen Mißständen führte. Die Uhrmacherschülerin Margaretha Dufner weist in einem Gedicht darauf hin:

Ich hab die Woche gearbeitet in der Uhrenmacherei;
Ich weiß, daß es eine der freien Künste sei.
Aber – sie ist leider tödtlich blessirt;
Und bei den Speditoren verschmirt.
Und man laßt den Uhrenmacher sorgen;
Er muß drei und vier Jahr borgen.
Der Händler im Land
Treibt sein Sach, es ist ein' Schand.
Schickt Geld heim, wenn er mag,
Was ist das für eine Plag!

So kann der Uhrenmacher nicht mehr bestehn,
Wer kann ruhig dieses Elend sehn?
Der Händler das Geld in andere Waaren steckt,
Daß es nie für den Uhrenmacher streckt.
Die Speditoren haben Meß, Räder, sie haben Draht,
Sie haben Tuch, sie haben andere Sachen zum Staat –
Verkaufens dem Uhrenmacher, und schinden und schaben,
Daß sie die Uhren allbereit vergebens können haben.
Der Wirth geht auch mit. Wer nicht ins Wirtshaus lauft,
Und nicht sein Geld darin versauft;
Dem nimmt er keine Uhr ab. Sonst sind die Uhren schlecht,
Und niemals einem Wirth recht.
So ist der arme Uhrenmacher in der Noth,
Und sie stehlen Weib und Kind das Brod.
Der Händler im Land, der keinnützig ist und thut,
Der verschwendet die Uhren im Uebermuth.[88]

Das Mädchen, selbst im Uhrengewerbe tätig, prangert in seinem Gedicht genau die Mißstände an, die seit den vierziger Jahren des 19. Jahrhunderts die Uhrmacher bedrohten und später auch in offiziellen Berichten beschrieben wurden: Unregelmäßigkeiten bei der Bezahlung der Ware, fragwürdige Kreditgeschäfte, das Trucksystem und die übermächtige Stellung der Packer und Spediteure. Diese kontrollierten nicht nur vollständig den Versand und kassierten riesige Profite, sondern drängten sich auch zwischen Zuliefererindustrie und Uhrmacher. Hatten sich die Uhrmacher der ersten Generation beim Bezug von Einzelteilen vom überregionalen Markt unabhängig gemacht und eine eigenständige Produktion auf dem Wald angeregt, so konnten deren Nachfolger die benötigten Werkstücke nur über den Zwischenhändler beziehen, der gleichzeitig den Absatz unter sich hatte. Der Uhrmacher war einem perfekt aufgebauten Verlagssystem ausgeliefert, das Uhrengewerbe zur Hausindustrie geworden. *Allein es sind andere für den Uhrmacher höchst verderbliche*

Unordnungen und Übervorteilungen gang und gäbe. Einmal liefert der Spediteur an die Uhrmacher, welche ihm gewöhnlich ihre Fabrikate zur Spedition abgeben, alle von ihnen benötigten Materialien an Eisen, Zink, Kupfer, Draht, Instrumenten, Farben, Holzstämmen etc., und der Uhrmacher muß sich dieses auch bei Aufrechnung noch so übertriebener Preise gefallen lassen, weil ihm sonst, wenn er seine Materialien auf anderen Wegen zu wohlfeileren Preisen und unmittelbar selbst beziehen will, seine Fabrikate von dem Spediteur nicht mehr zu Versendung übernommen werden. Ist mir sogar in Neustadt der Fall vorgekommen, daß einem Uhrmacher, welcher aus der dortigen Gießerei Glocken, Zeiger u. s. w. beziehen wollte, erwidert worden, man dürfe diese Gußwaren nur an den Spediteur abgeben, und der Uhrmacher möge sich an diesen halten –, was denn auch geschah, aber einen nicht unbedeutenden Aufschlag zur Folge hatte. [...]
Die Abrechnung erfolgt erst dann, wenn die Erlöse aus den ins Ausland versendeten Uhren an den Spediteur eingekommen sind, welcher diese Gelder willkürlich unter die Uhrmacher verteilt und hierbei vorzugsweise diejenigen bedenkt, welche während des Jahres am meisten bei ihm zugesprochen haben. Bei dieser Geldverteilung werden nun die Aufschreibbüchlein hervorgeholt und dem Uhrmacher an seinem Guthaben vor allem abgezogen, was er an den Spediteur außer den gewöhnlichen Spesen noch für gelieferte Gewerbsmaterialien, für Zechen und für abgegebene Viktualien schuldig geworden ist, und nur der gewöhnlich sehr kleine Rest wird ihm in die Hand bezahlt. Diejenigen Uhrmacher aber, welche während des Jahres für den Kaufladen oder die Wirtsstube des Spediteurs nur schlechte Kunden waren, können – auch wenn ihre abgegebenen Fabrikate schon längst verkauft sind – noch lange warten, bis ihnen endlich nach und nach kleine Abschlagszahlungen als angebliche Vorschüsse hingeworfen werden. So sind die Uhrmacher ganz in den Händen des Spediteurs und eigentlich

bloße Handlanger desselben, und aller Gewinn fällt in den Sack des Spediteurs.[89]

Beschwerden über diese Geschäftspraktiken gingen bis vor die Zweite Badische Kammer, wo man sich vor allem über das Trucksystem und über die sogenannten »Stimpleswirtschaften« empörte. Diese waren im Besitz von Packern, oft ohne Konzession, und ihr Besuch stellte für das wirtschaftliche Überleben des Uhrmachers ein Muß dar.

Ich will nun ein Bild vorführen von einem Packer, den ich selbst kennen gelernt habe; dieser Packer war Wirt und Kaufmann und befaßte sich mit allen Gegenständen, welche der Mensch nur irgend für sich und seinen Leib und in Haus und Geschäft brauchen kann. Er hatte alles an Kleidungsstücken, vom Hut bis zum Schuh, alle möglichen Lebensmittel, alles Handwerkszeug und Materialien zum Uhrenmachen. Da bekamen nun die Leute, die ihm ihre Uhren lieferten, kein oder nur wenig Geld, sondern statt dessen Kleidungsstücke, Nahrungsmittel, Handwerkszeuge und Materialien, aber nicht um den Preis, um den sie anderwärts zu haben waren, sondern viel teurer und mußten noch manches annehmen, was sie sonst nicht gekauft hätten. Ich rede nicht von dem, was sie noch überdies im Wirtshause verzehren, und von den Abzügen, die ihnen noch gemacht wurden. Das ist es vorzugsweise, was man damals schon beklagte und als die Ursache des dereinstigen finanziellen Unterganges dieser Gegend bezeichnete.[90]

Den Uhrmachern selbst war es bei der Dichte des Organisationsnetzes und der Anzahl der Packer unmöglich, auszubrechen. Beispielsweise kamen 1840 in Furtwangen auf 18 Packer 126 Uhrmacher, insgesamt gab es im Amtsbezirk Triberg 61, im Amtsbezirk Neustadt 162 Spediteure. Es hatte sich wohl herumgesprochen, daß in diesem Geschäft einiges zu verdienen war, wie auch die Biographie des Triberger Löwenwirts Johann Evangelist Faller (1771–1838) zeigt.

[. . .] war der einzige Sohn von Johann Faller gleichen Namens.

Dieser kaufte mit einer Bauerntochter aus Triberg, die er heirathete, das damals geringe Gasthaus zum Löwen. Nach wenigen Jahren verliess er seine Frau heimlich und gieng nach Russland. Nach 3 Jahren kehrte er wieder zurück, aber ohne viel Geld; doch konnte er zur Noth die Wirthschaft fortbetreiben, auch ein Pferd und einen Karren kaufen. Damit betrieb er einen Branntweinhandel und handelte zugleich noch mit Butter, Bohnen und was es war. Er war dabei so sparsam, daß er in Wirthshäusern, wo er einzukehren genöthigt war, vorgab, um keinen Wein trinken zu müssen, er könne ihn nicht vertragen, und trank blos Kaffee. Bald brachte er es so weit, daß er einem kleinen Güterfuhrmann sein Fuhrwerk mit 3 Pferden abkaufen konnte. Jetzt eröffnete er ein Güterfuhrwerk nach Strassburg mit solchem Erfolg, dass er bald Uhrenkisten von Nah u. Fern zum Verführen dorthin anvertraut bekam. Als Rückfracht nahm er aussergewöhnliche Kaufmannsgüter, hauptsächlich Metalle und andere schwer ins Gewicht fallende Materialien, die für die Uhrmacherei nöthig waren, mit sich und trieb damit bald einen ansehnlichen Handel, sowie auch mit allen möglichen Waaren, wofür er einen Laden einrichtete. Nach 1815 kaufte er Bomben und Kanonen um sehr billigen Preis und verkaufte diese gut an die Giesser von Uhrenglocken. Dieser Gewinn sowie das Zutrauen, das er bei Uhrenhändlern genoss, die ihm ihre Kapitalien zu billigen Zinsen anvertrauten, gab ihm die Mittel, auch noch einen Holzhandel nach Strassburg zu eröffnen. Den Bauern, die den Preis des Holzes und den Werth ihrer Wälder noch nicht kannten, kaufte er Holz um Spottpreise ab, das er noch um so theurer in Strassburg verwerthen konnte, als er inzwischen die grossartige Sägmühle unten an der Kreuzbrücke gebaut hatte. So bereicherte sich Johann Faller ungemein und wurde, trotzdem däss er kaum leserlich schreiben konnte, zuletzt auch noch der allgemeine Banquier für den ganzen Schwarzwald. Er galt für den reichsten Mann, der je auf dem Schwarzwald lebte und war es auch, denn er hinterließ über eine halbe Million Gulden Vermögen.[91]

Die Hausindustrie hatte vielen Schwarzwäldern Arbeit gebracht, sie aber auch abhängig und unselbständig werden lassen. Das drückte sich besonders in der Art ihrer Entlohnung aus.

Ich war Zeuge, wie ein altes Mütterchen vier Stück feines Geflecht – nach ihrer von niemand widersprochenen Angabe das Werk von fünf Tagen – an eine arbeitgebende Dorfgenossin ablieferte; nach einer kritischen Musterung durch die Brille bewertete die Abnehmerin die Lieferung auf 50, 40, 37 und 20 Pf., zusammen auf 1,47 Mk. statt auf den normalen Preis von 1,70 Mk., ohne daß nur ein einziges Wort zwischen den Parteien gewechselt worden wäre.

Nach anderen Angaben braucht eine Flechterin zur Herstellung eines Stückes groben Geflechtes etwa drei Stunden; die Vorbereitung der Halme erfordert etwa eine halbe Stunde, so daß es zur Herstellung eines Stückes einer Zeit von dreieinhalb Stunden bedarf. Der Preis des Stückes betrug 15 Pf., der Anschaffungspreis des Strohes 2 Pf., so daß 13 Pf. Verdienst bleiben, entsprechend 3,7 Pf. in der Stunde. Von einigen älteren Flechterinnen wurde angegeben, daß das Vorrichten der Halme eine Stunde und das Flechten eines Stückes vier Stunden in Anspruch nehme; hiernach beträgt der Stundenverdienst 2,6 Pf.[92]

Ein Mißstand besonderer Art war das in der Hausindustrie verbreitete Trucksystem: Statt mit Bargeld wurde die Arbeit mit Waren bezahlt. Die Gewerbeordnung von 1869 hatte das Trucksystem für die Fabriken verboten, doch erst 1878 wurde das Verbot auf alle Gewerbe ausgedehnt. In der Uhrenindustrie und in der Strohflechterei war das Trucksystem fast schon zum Gewohnheitsrecht der Verleger geworden. Wer sich aus Not dagegen wehrte und Bargeld verlangte, dem wurde beim nächstenmal kein Geflecht mehr abgenommen.

In Schonach z. B. ist Barzahlung eine Ausnahme; dort steht das Trucksystem in vollem Schwung und nur der Bürgermeister weiß nach seiner eigenen Aussage davon ganz und gar nichts. Es ist in Schonach allgemein üblich, die Geflechte gegen Waren einzutauschen. So erhielt die oben erwähnte Frau unter meinen Augen für die abgelieferten vier Stück Geflecht ein Bleistiftzettel, dessen Zahlenhieroglyphen einen Gutschein über 1,47 Mk. darstellten, einzulösen beim Sohn des Hauses, einem Ladenbesitzer unten an der Straße. Dort holte sich die Flechterin unverweilt Zucker, Kaffee und Cichorie; dort wurde mir auch das Kontobuch gezeigt und mitgeteilt, daß alle Flechterinnen der Eltern auf solche Anweisungen Waren holten, »deshalb haben wir doch das Geschäft«. Der durch diese Verbindung erzielte Umsatz wurde auf 1600 bis 2000 Mk. jährlich angegeben; wenn die eine oder andere Flechterin mal lieber bares Geld haben wolle, so könne sie es ja auch kriegen, aber – hm –. Auch zwei andere Geflechtkäufer besitzen offene Läden mit Kolonialwaren und Bedarfsartikeln, Schuhen, Stoffen und dergl. In aller Offenheit wurde der Tauschverkehr zugegeben. Allerdings, so erzählten einige Flechterinnen, könnten sie auch Geld statt Waren fordern, aber das werde nicht gern gesehen und bei Wiederholungen werde kein Geflecht mehr abgenommen. Andere Orte stehen im Trucksystem nicht hinter Schonach zurück. Der Bürgermeister von Katholisch Tennenbronn berichtete: »Die gefertigten Geflechte werden an auswärts wohnende Spezereihändler abgegeben und dafür Spezereien entgegengenommen.« Und auch er fügte vorsorglich hinzu: »die Namen der Abnehmer sind hier nicht bekannt.«[93]

Nicht besser erging es den Schneflern im Bernautal: *In einem Falle arbeitete der Vater mit zwei Söhnen und die Mutter half nach. Er lieferte sämtliche Produkte an einen Händler ab, dem er dagegen Waren abnehmen mußte. Der Jahresabschluß ergab für die Schneflerfamilie eine Unterbilanz von 100 Mk. Eine Unredlichkeit konnte dabei dem Händler direkt nicht nachgewiesen werden. [...] Daß die Schnefler bares Geld zu sehen bekamen, gehörte zu den Seltenheiten. Wenn das Jahr um war und der*

Schnefler sich in Elend und Arbeit abgeplagt hatte, bekam er eine Abrechnung, aus der klar und deutlich hervorging, daß er nichts mehr zu beanspruchen habe, oder daß das Ergebnis seiner Arbeit eine Schuld zu Gunsten des Händlers sei.[94]

Die Löhne lagen im Hotzenwald deutlich unter denen in anderen Heimarbeiterregionen. Im Bergischen Land verdienten Seidenbandweber je nach Muster 33 bis 127 Prozent mehr als ihre Kollegen im südlichen Schwarzwald. *Die Fabrikche hän g'wüßt, wo ma cha Geld verdiene. Bim arme Weber hän sie's g'holt,* meinte noch jüngst der ehemalige Heimarbeiter Zeno Spitz beim Interview, und er fuhr fort: *Dumm isch mer gsi, daß mer i d'Hüser ie gstande isch un gwobe hät, bi so me Verdienscht. D'Frau lachet mi hüt no us, will i noch em Krieg nomal agfange ha mit dere Weberei.* 329 DM im Monat betrug der Verdienst von Franz Landis 1961. 1966, nach dem Wechsel in die Fabrik, wurde ihm als Anfangsgehalt gleich das Dreifache gezahlt. Hat Franz Landis in unseren Gesichtern Ungläubigkeit gelesen? Jedenfalls springt er auf, um uns eine Lohnabrechnung aus jenen Jahren zu zeigen: 329 DM. Ein solcher Zettel befindet sich auch an einem Webstuhl im Museum, wo er den Besucher auf die soziale Dimension dieses eher brav und antik wirkenden Werkzeugs aufmerksam machen soll. *Weisch wa, Franz,* setzt Zeno Spitz an, *wenn die alt Chefi mol is Museum chunnt, würd sie ihn scho abe rieße .... Wege de Schand! Glaubsch sell, Franz?* Dieser Einwurf des ehemaligen Webermeisters bringt ihn noch mehr in Rage. *Dä Zettel blibt hange, ußerdem han i no en ganze Stapel vo dene Schißzettel!*

Und wie meinte Zeno Spitz: *Üse Herrgott hät vil glitte, aber gwobe hät er nie.* Übrigens sei bei manchem Hausweber ein Spruch über dem Webstuhl angebracht gewesen: »Weber hab Geduld auf Erden, im Himmel wird's mal besser werden.«

Immer wieder versuchte man, die Hausindustriellen des Schwarzwalds für einen Zusammenschluß zu gewinnen, um so den Mißständen besser begegnen zu können. Meistens blieben jedoch die Versuche ergebnislos, zu groß war die Abhängigkeit, zu groß die Angst um den Arbeitsplatz. Verständlich, wenn man weiß, daß beispielsweise die Seidenfabrikanten bei erkennbarem Widerstand sofort damit drohten, die Stühle einzuziehen.
Einen erfolgreichen Emanzipationsversuch, der über den Schwarzwald hinaus Beachtung fand, unternahmen die Bernauer Schnefler. Deren Lage hatte sich um die Mitte des 19. Jahrhunderts ständig verschlimmert. Zur Abhängigkeit von den Händlern, die Rohstoffbeschaffung und Absatz bestimmten, kamen Absatzschwierigkeiten. Beim Versuch der Händler, ihr Absatzgebiet zu erweitern, waren sie nämlich im Norden auf die Konkurrenz der thüringischen Holzwarenindustrie und im Osten auf hohenzollerische Schnefler gestoßen. Um konkurrenzfähig zu bleiben, mußten die Preise herabgesetzt werden. Die Verlustspanne wälzten die Händler einmütig auf die Bernauer Schnefler ab. Hinzu kamen Schulden der Bernauer aus der Beteiligung an der Revolution von 1848, in deren Verlauf sie teilweise ihre Arbeit niedergelegt hatten und dann gezwungen gewesen waren, Geld aufzunehmen oder ihre Häuser zu verpfänden. Das Geld bekamen sie von den Händlern. Darlehen wurden gewährt, neue und langfristige Abhängigkeiten entstanden. Die Händler investierten ihrerseits das Geld in Krämerläden und zogen den Lebensmittelhandel an sich. Für die Holzwaren, die die Schnefler den Händlern ablieferten, bekamen sie kein Geld, sondern nur Gutschriften, für die sie dann Nahrungsmittel oder Kleidungsstücke eintauschen mußten. Dabei wurde der Wert der Schneflerware viel zu niedrig, der der Lebensmittel und Kleidungsstücke viel zu hoch angesetzt.
Anders als die übrigen Hausindustrien fand sich das Schneflerge-

werbe jedoch nicht mit der Abhängigkeit ab. In der Mitte der fünfziger Jahre des 19. Jahrhunderts schlossen sich erstmals sechs Schnefler zusammen, um den Absatz ihrer Produkte selbst zu organisieren. Obwohl sie alle unvermögend waren und unter dem Druck der Händler litten, setzten sie sich durch und gründeten unter dem Firmennamen Meyer u. Cie – benannt nach dem Initiator des Zusammenschlusses, Alois Meyer – eine Gesellschaft zur gemeinsamen Führung der Geschäfte. Das Rohmaterial wurde aus gemeinsamen Mitteln gekauft und dann an einzelne abgegeben. Einer besorgte den Verkauf, ein zweiter hatte die Geschäftsführung am Platz, die anderen übten gemeinsam die Aufsicht aus; die Produktion wurde dem Absatz entsprechend auf die einzelnen Schnefler verteilt. Die Firma entwickelte sich sehr gut und hielt sich bis in unser Jahrhundert hinein.

In Bernau dachte man indes weiter: Man wollte eine Genossenschaft gründen. Im Jahre 1885 kam es zur Gründung eines landwirtschaftlichen Konsumvereins, durch den die Not wenigstens etwas gelindert wurde. Die Mitglieder, zumeist Schnefler, erhielten Lebensmittel, Futtermittel und andere Waren zu niedrigeren Preisen. Damit war den Händlern eine weitere Schranke gesetzt. Am 17. Januar 1897 erreichte die Genossenschaftsbewegung nach mehreren mißlungenen Anläufen einen neuen Höhepunkt. Auf einer Versammlung, zu der fast alle Schnefler des Ortes erschienen waren, wurden den Händlern ultimative Forderungen gestellt: Lohnerhöhung um zehn Prozent und Bezahlung ausschließlich bar. Die Händler unterbreiteten ein Angebot von fünf Prozent, zeigten aber in der Frage »Barzahlung« keine Kompromißbereitschaft. Die Schnefler lehnten einstimmig ab. Die Gründung einer Absatzgenossenschaft wurde beschlossen.

Noch einmal versuchten die Händler das Ruder herumzureißen. Auf Gegenversammlungen wurden den Schneflern Konzessionen gemacht, mit Freibier sollten einzelne umgestimmt werden.

Doch es war zu spät: Am 7. Februar 1897 konstituierte sich die »Holz-Rohstoff-, Magazin- und Absatzgenossenschaft Bernau«. Der Name deutet die Art der Organisationsform an: Rohstoffbeschaffung, Produktion und Absatz lagen in dieser Hausindustrie fortan bei den Produzenten. Hier Auszüge aus der Satzung:

I. Errichtung der Genossenschaft

§ 1.

Unter der Firma

*HOLZ-ROHSTOFF-, MAGAZIN-
UND ABSATZGENOSSENSCHAFT BERNAU*

mit dem Sitz zu Bernau errichten die unterzeichneten Holzarbeiter eine dem Reichsgesetz vom 1. Mai 1889 unterstehende Genossenschaft.

§ 2.

Dieselbe bezweckt die gemeinschaftliche Beschaffung der zur Anfertigung der Holzwaren erforderlichen Rohstoffe für die Mitglieder, sowie die gemeinsame Lagerung und den gemeinschaftlichen Verkauf der von den Mitgliedern gefertigten Holzwaren.

II. Mitgliedschaft

§ 3.

Die Mitgliedschaft können erwerben alle, den Beruf eines Holzarbeiters ausübenden Personen, welche sich durch Verträge verpflichten können, im Besitz der bürgerlichen Ehrenrechte sind und ihren Wohnsitz im Amtsbezirk St. Blasien, oder in einem angrenzenden bad. Amtsbezirk haben.

[...]

§ 15.

Jedes Mitglied der Genossenschaft hat die Pflicht:

[...]

4. Ein Eintrittsgeld und einen Jahresbeitrag zu zahlen, falls solche von der Generalversammlung beschlossen werden;

5. alle zur Warenanfertigung nötigen Rohstoffe, soweit die Genossenschaft deren Anschaffung sich zur Aufgabe macht, von derselben zu beziehen;

6. alle in ihrem Betriebe gefertigten Waren an die Genossenschaft zu verkaufen;

7. diejenigen Waren in meistermäßiger Herstellung zu liefern, deren Anfertigung nach dem Stande des Marktes geboten ist und vom Vorstande gefordert werden;

8. bei allen ihm, gemäß Beschlusses der Generalversammlung, vom Vorstande etwa zugeteilten Arbeiten der Verpackung und Versendung der Waren auf Verlangen gegen entsprechende Vergütung Hilfe zu leisten [...].[95]

In der Presse wurde die Genossenschaftsgründung euphorisch aufgenommen.

Genossenschaftliche Organisation der Hausindustrie in Baden.

Einen Beweis für die Macht und den Werth genossenschaftlicher Vereinigung für die Hausindustrie bietet eine Genossenschaft, die sich im Frühling dieses Jahres in der Thalschaft Bernau bei St. Blasien im Schwarzwald gebildet hat. [...]

Längst hatten einsichtsvolle Männer, namentlich Bezirksbeamte, eingesehen, daß sich die Holzarbeiter sehr wohl durch Bildung einer Ein- und Verkaufsgenossenschaft helfen könnten, aber ihre Bemühungen scheiterten zum Theil an der Schwerfälligkeit der Holzarbeiter, die vor Neuem zurückschreckten und kein rechtes Verständniß zeigten, zum größeren Theil aber an der Furcht der Arbeiter vor ihren Verlegern, deren Schuldner sie waren. Endlich ist es aber dem dermaligen Amtsvorstand Dr. Schmid gelungen,

die Leute eines Besseren zu belehren und die Furcht unter Hinweis auf andere Genossenschaften und deren Hilfe mit Credit zu beseitigen. [...].
Die Holzarbeitergenossenschaft Bernau, als Genossenschaft mit unbeschränkter Haftpflicht gegründet, konnte ins Leben treten und mehr als die Hälfte der Holzarbeiter betheiligte sich schon bei der Gründung. Rasch folgten die übrigen Meister und nur einige wenige alte Leute, die nichts Neues mehr beginnen wollten, schlossen sich bisher aus. [...]
Der Geschäftsbetrieb der Genossenschaft ist ein streng kaufmännischer und die Abnehmer der Verleger sind als Kundschaft auf sie übergegangen. Neue Kunden werden durch Versendung von Preisbüchern und durch Reisende gewonnen und so haben die Holzarbeiter der Thalschaft diesen Sommer alle Hände voll Arbeit gehabt, um das Bestellte liefern zu können. Sie arbeiten aber mit größerer Freudigkeit, weil sie etwas höhere Preise und mehr Reinverdienst als bisher haben.
Wie manche Gebirgsgegend hat eine ähnliche Hausindustrie und kann sich ein Beispiel an Bernau nehmen.[96]

Arbeiten, schlafen und essen unter einem Dach

Lange Zeit bestimmte der Einzelhof das Siedlungsbild des Südschwarzwalds. Durch die Aufnahme gewerblicher und verlagsindustrieller Tätigkeit begannen sich Siedlungsform und äußeres Erscheinungsbild des Schwarzwaldhauses zu verändern.
Die rege Bautätigkeit der vormals bäuerlichen Unterschicht führte ab 1750 zu einer gewissen Siedlungskonzentration und zu einem Ansteigen der Grundstückspreise auf das Doppelte des früheren Werts. Heutige Schwarzwaldstädte wie Triberg, Furtwangen oder Neustadt erlebten in dieser vorindustriellen Zeit ihre erste Aufschwungphase; ihre weitere städtebauliche und

wirtschaftliche Entwicklung blieb seither eng mit dem Fortgang der Uhrenindustrie verbunden.
Als der norddeutsche Gelehrte August Meitzen sich 1848 zu Forschungszwecken auf dem Schwarzwald aufhielt, traf er bereits auf eine durch die gewerbliche Tätigkeit geformte Landschaft.
Ich betrat das Gebiet der Industrie in Triberg, und fand hier ein kleines freundliches Landstädtchen, das die Chaussée als breite Hauptstraße durchschneidet. Die Häuser sind in gleichen Reihen, zusammenhängend an ihre Seite gebaut, und bilden, wo es sich in dem engen Tale tun ließ, ebenso regelmäßige Querstraßen. Die Bauart ist fast durchweg massiv und in solidem bürgerlichem Geschmack. Die Straßen sind alle gepflastert oder chaussirt und sehr reinlich gehalten. Die Einwohner tragen sich ganz städtisch, und das Gasthaus zum Löwen würde jeder großen Stadt Ehre machen.
Von hier durchreiste ich zu verschiedenen Malen sämtliche Ortschaften zwischen St. Georgen, Voehrenbach, Kappel und Waldau, also mit Ausnahme sehr weniger und unbedeutender Gemeinden das ganze Gebiet der Industrie.
Sie liegen meist alle sehr weit hingedehnt in den langen Tälern, die sich dem Hochberge zuziehen. Die Häuser lehnen zerstreut an den Bergabhängen; der Wald auf den Höhen und die nassen Wiesen auf der Talsohle geben der Landschaft ein frisches, lachendes Ansehen. Die Wege fand ich überall gut imstande, und es fiel mir besonders die Menge sehr betretener Fußsteige auf, die sich fast in gerader Linie über die Höhen ziehen, und zwischen den verschiedenen Ortschaften kreuz und quer die nächsten Verbindungen herstellen. Meist vereinigen sich in der Nähe der Kirchen die Häuser zu einigen Straßen oder einem größeren Platze, auf dem sich der Verkehr konzentrirt. Hier wird dann die Bauart städtisch, man sieht lange Fronten und mehrere Stockwerke; Gardinen an den Fenstern, bunte Fensterladen, Bänke vor der Tür und weiße Zäune um die kleinen Gärtchen machen

den Eindruck von Wohlhabenheit und Ordnung. Diese Mittelpunkte der Orte haben überall einen großen Ueberfluss an Wirtshäusern und Kramläden, und in größeren Flecken wie Furtwangen, Neustadt, Voehrenbach sieht man tagtäglich Frachtwagen aufpacken und ankommen, immer herrscht eine gewisse Bewegung. Die Leute sind gut und anständig gekleidet; auch erinnere ich mich nicht irgendwo einen Bettler oder Herumtreiber gesehen zu haben, die sich sonst in so unfruchtbaren Gebirgsgegenden Reisenden nur zu bald bemerkbar zu machen pflegen.
Die entfernteren Häuser haben einen eigentümlichen, mehr ländlichen Charakter: für rauhe Winter berechnet, sind sie mit der Rückseite an den Berg angelehnt, auf den sich ein großes Schindeldach bis an die Erde auflegt und nur den vorderen Teil oder eine Ecke des Gebäudes freilässt. Dieses Dach dient als Scheuer und hat vom Berge her eine Einfahrt. Den hinteren Teil des Hauses nehmen Stallungen und Vorratskammern, den vorderen die Wohnung der Familie ein, die aus einem großen Wohnzimmer und mehreren darüber liegenden Schlafkammern besteht. Das Wohnzimmer dient zugleich als Werkstatt, und ist mit einer fortlaufenden Fensterreihe ohne Pfeiler versehen.
Viele Häuser haben nach der Talseite einen massiven Unterbau, der als Keller oder als Stallung benutzt wird, andere sind mit hölzernen Gallerien und Schnitzwerk verziert, und alle haben etwas sehr Wohnliches und Heimliches. Ihr Baustand schien mir, so oft ich auf ihn aufmerksam war, ganz zufriedenstellend.[97]
Von der äußeren Erscheinungsform her paßten sich die Häuser der Gewerbetreibenden den veränderten Anforderungen der neuen Erwerbslage an. Die von der Landwirtschaft bestimmten Ansprüche verloren an Bedeutung, Stall und Scheune waren nur klein, gerade noch groß genug, um ein bis zwei Stück Vieh oder einige Ziegen und Schweine zu halten. Wohnräume wie Stube, Kammer und Küche nahmen den Hauptteil des Hauses in Anspruch. Dieser Haustyp beruhte auf der Verbindung von

Hausindustrie und Landwirtschaft, paßte sich der doppelten Wirtschaftsweise an und war äußerlich dem des Parzellen- oder Zwergbauern ähnlich. Bestimmend für das Innere eines Heimarbeiterhauses war das Zusammenfallen von Arbeiten und Wohnen. Der Schwarzwälder Gewerbetreibende hatte in der Regel keine eigene Werkstätte, sondern mußte den Produktionsbereich unmittelbar in die Wohnräume integrieren, beide berührten sich nicht nur, sondern beeinflußten und durchdrangen sich gegenseitig. Der oben erwähnte August Meitzen beschreibt eine solche Uhrmacherwerkstätte:

Die Familie lebt und arbeitet in der Werkstatt, die nicht gar hoch aber geräumig und sehr hell ist. An die Fenster sind die Werktische angerückt, über denen das Werkzeug der Reihe nach an Gerüsten hängt, so dass es auf den ersten Griff zur Hand ist. An der hinteren Wand des Zimmers steht ein großer Kachelofen, der mit dem Herde in Verbindung ist, und das ganze Haus heizt. Um ihn herum stehen die nötigen Wirtschaftsgeräte, weil den größten Teil des Jahres in der Stube gekocht wird. Die Wände sind nach Schweizerart getäfelt, und rings um das Zimmer laufen Sitzbänke hin. In einer Ecke steht meist ein schwerer weißgescheuerter Familientisch, über dem ein grosses geschnitztes Kreuz und verschiedene Heiligenbilder angebracht sind.[98]

Wie sehr die Verbindung von Wohnen und Arbeiten unter einem Dach in der Textilhausindustrie das Haus selbst veränderte, zeigt der Grundriß eines Heimarbeiterhauses: Die Wohnräume bleiben zwar in der für das Schwarzwaldhaus typischen Weise eingeteilt, doch sind die Wirtschaftsteile des Hauses (Stall, Scheune usw.) den neuen Erwerbsformen entsprechend umgestaltet. Die landwirtschaftlichen Teile wie Stall, Futtergang, Tenne und Holzschopf fehlen ganz oder sind stark verkleinert. Statt dessen wurde an der Stirnseite eine Werkstätte, die sogenannte Budik, angebracht, in der die Webstühle untergebracht waren. Außerdem bemühte man sich, die Anlage des Hauses klarer, praktikabler und dem Sonnenlicht zugänglicher zu ge-

Rechts:
Grundriß eines geteilten Bauernhofs im Hotzenwald.

Unten:
Grundriß eines Hotzenhauses beim Übergang von der Landwirtschaft zum Heimgewerbe. Aus dem »Schopf« wird die »Budik«.

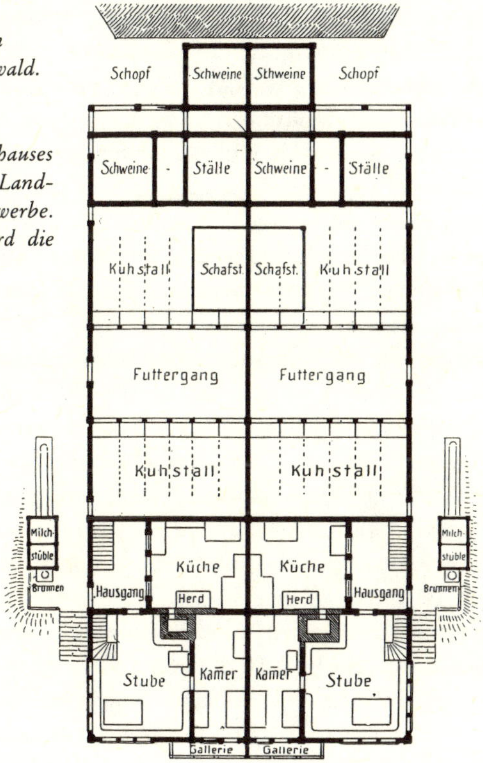

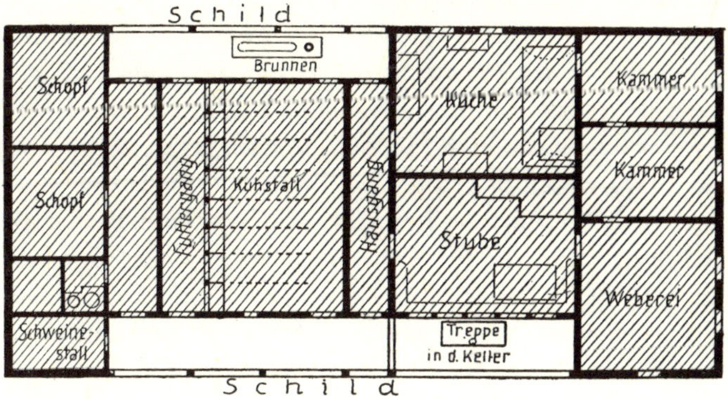

stalten. So sind bei diesem Heimarbeiterhaus der Rundgang mit Schild, der Seitengang und die Laube ganz weggefallen.
Die Besitzer von Budiken waren in vielerlei Hinsicht im Vorteil: Arbeits- und Wohnbereich waren getrennt und trotzdem unter einem Dach. Dies war in der Seidenband- und Seidenstoffheimindustrie besonders wichtig, da hier die Arbeit stets gute Beleuchtung und peinliche Sauberkeit erforderte, eine Voraussetzung, die in Wohnstube oder Schlafkammer aufgrund der natürlichen Staubentwicklung und der ständigen häuslichen Tätigkeit nicht gegeben war, was die Verdienstmöglichkeiten wesentlich beeinträchtigen konnte. Bei getrenntem Wohn- und Arbeitsbereich wurde zudem die Wohnqualität für die Menschen weniger eingeschränkt. Doch war diese Trennung in der Hausindustrie keineswegs die Regel. Die Webstühle hatten meist ihren festen Platz in der Stube, die ihre eigentliche Funktion als Aufenthalts- und Wohnraum verlor und nun den Zweck eines Arbeits- und – in kinderreichen Familien – eines Schlafraums erfüllen mußte. In den Stuben der Heimarbeiter konnte man Betten, Windmaschinen, Webstühle verschiedener Art finden, die bis zu 4 m lang, 1,50 m tief und 2,5 m hoch waren und 6 m^2 der Bodenfläche beanspruchten. Beengtheit und Dunkelheit waren die Folge. Was die Hygiene betrifft, so ließen die Verhältnisse sehr zu wünschen übrig. In der Textilhausindustrie war es die Beuteltuchweberei, die besondere hygienische Nachteile zeigte und bei den Arbeitern gesundheitliche Schäden hervorrief. Für den Arbeitsprozeß, der eine ständige Luftfeuchtigkeit erforderte, wurden oft Kellerräume benutzt, in denen meist ein feuchtes und stickiges Klima herrschte. Nicht einmal im Winter durfte geheizt werden. Rheumatische Erkrankungen waren die Folge. Weitere Berufskrankheiten traten in Form von Herz- und Lungenleiden und in einer Verminderung der Sehkraft auf.
Da sitzt nun ein dreiundfünfzigjähriger Beuteltuchweber in Görwihl schon über 25 Jahre in einem feuchten Kellerloch und

webt. Nur mit äußerster Vorsicht ist es dem Uneingeweihten möglich, in die Werkstätte zu gelangen. Ein dunkler Gang führt zum Arbeitsraum in der Ecke des Gebäudes, das nach der üblichen Bauart in den Berghang hineingebaut ist. Der ganze Raum wird durch den Stuhl ausgefüllt. Zwei kleine Fenster, die kaum einige Centimeter über dem Erdboden liegen, lassen notdürftiges Licht ein. Der Fußboden ist eine einzige Lache sumpfigen Wassers. Auf lose gelegten Brettern gelangt der Besucher bis zum Sitze des Webers. Nicht immer sei soviel Wasser da, meint dieser, nur wenn draußen Schnee liege oder wenn es ordentlich regne, werde Wasser hereingedrückt. Die Wände zeigen das kahle Mauerwerk, ein Verputz würde nicht lange halten. Die Pfosten des Webstuhles stehen auf dem Fußboden aus festgestampfter Erde und zerfaulen in kurzer Zeit, so daß sie öfters erneuert werden müssen. Alle Gegenstände fühlen sich feucht an und in der naßkalten Luft wird es dem Besucher bald unbehaglich. Wegen Kälte und Schnee müssen im Winter die Fenster geschlossen bleiben; in der guten Jahreszeit muß alles versucht werden, den Raum vor dem Austrocknen zu bewahren.

Es ist erstaunlich, daß ein Mensch, der unter solchen Verhältnissen 8 bis 9 Stunden täglich arbeitet, nicht in kurzer Zeit erwerbsunfähig wird. Eine Schädigung der Gesundheit macht sich aber doch geltend; wegen Rheumatismus in Hand und Arm ist es dem Weber oft tagelang nicht möglich zu arbeiten. Und in Strittmatt haben schon verschiedene Weber ihren Beruf nach kurzer Zeit wieder aufgegeben, weil ihre Gesundheit zu leiden begann. Daß sich nicht häufiger Krankheiten unter den Gazewebern bemerkbar machen, rührt daher, daß nur die kräftigsten und widerstandfähigsten Naturen sich diesem Gewerbe zuwenden und dabei bleiben.[99]

Äußerst ungünstige Wohnverhältnisse herrschten in der Bürstenhausindustrie. Als Arbeitsräume dienten die niedrigen Wohn- und Schlafzimmer, und auch die Küche hatte im Arbeitsprozeß eine wichtige Funktion. Zum Einpichen der Borsten in die Hölzer mußte das Pech während der Arbeitsstunden durch Holzfeuerung in dünnflüssigem Zustand gehalten werden. Da in der Küche Fleisch und Wurst geräuchert wurden, gab es keinen Rauchabzug, so daß die Luft in den niedrigen und dunklen Räumen stickig und voller Rauch war. Auf dem Küchenherd wurden die Bürsten gefärbt und getrocknet, oft während dort Speisen zubereitet wurden. Das Sortieren, Zurichten, Kämmen und Bündeln fand in den Wohn- und Schlafräumen statt, die dadurch völlig verstaubten. Ein Beispiel:

Die Familie besteht aus Mann, Frau, einem zweiundzwanzigjährigen Sohn und einer achtzehnjährigen Tochter. Das Haus im Wert von 7000 Mk. ist Eigentum. Es werden zwei Morgen Land bewirtschaftet, zwei Stück Rindvieh und ein Schwein gehalten. Die Kartoffeln reichen aus, Brot wird gekauft. Der Vater ging bis vor wenigen Jahren auf den Hausierhandel in die Schweiz: infolge eines Unfalles ist ihm dies nicht mehr möglich. Die Mutter besorgt Haushalt und Vieh. Der Vater, der Sohn und zeitweise die Mutter pichen für die Freiburger Bürstenfabrik Bürsten ein. Die Arbeitszeit von Vater und Sohn beträgt täglich 12 bis 13 Stunden, die der Mutter etwa 4 Stunden. Für 1000 Loch wird 1 Mk. bezahlt. Nach ihrer Angabe beträgt der tägliche Gesamtverdienst der Familie 3,50 Mk., was einem durchschnittlichen Stundenverdienst von 12 Pf. für jede Person entspricht. Der Arbeitsraum ist zugleich der gemeinsame Wohnraum und Schlafraum der Eltern. Das unter dem Pechtopf befindliche Holzfeuer und das heiße Pech erfüllt den ganzen Raum so sehr mit Qualm und Dunst, daß der aus dem Freien Eintretende zuerst nur mit Mühe atmen kann. Im gleichen Raum zieht die Tochter für eine Todtnauer Fabrik Bürsten ein, womit sie täglich 50 bis 60 Pf. verdient. Die ganze Familie macht einen ärmlichen, aber nach den Verhältnissen immerhin sauberen Eindruck.

[. . .]

In vielen Fällen haben die Küchen keine oder nur ganz ungenü-

gende Beleuchtung durch Tageslicht; oft besteht der Fußboden nur aus der festgestampften Erde.
Häufig ist für genügenden Rauchabzug absichtlich nicht gesorgt, da in der Küche Fleisch und Würste geräuchert werden.
[...]
Wohnen, schlafen, kochen, essen und arbeiten findet in gleichen oder in aneinanderstoßenden Räumen statt, die trotz der Türe nicht als getrennte betrachtet werden können. Die Gewöhnung der eng zusammenlebenden Familie bringt Mann, Frau und Kinder, insbesondere im Winter, der Hauptarbeitszeit, bis zum späten Abend, ja vielleicht noch für die ganze Nacht in eine gemeinsame Atmosphäre – kurzum, die Gefahren unmittelbarer und mittelbarer Ansteckung sind nirgends größer als gerade in der Hausindustrie, um so größer als diese Gefahren zumeist nicht gekannt oder, was noch schlimmer ist, als Vorurteile verlacht werden.[100]
Diese Atmosphäre, der Mann, Frau und Kinder, vor allem während der Hauptarbeitszeit im Winter, vom frühen Morgen bis zum späten Abend ausgesetzt waren, blieb nicht ohne gesundheitliche Auswirkungen. Eine besondere Gefahr für Gesundheit und Leben stellte der Milzbrand dar. Nach mehreren durch Milzbrand verursachten Todesfällen wurde 1899 der Desinfektionszwang von Haarborsten in die Gewerbeordnung aufgenommen.
In der Uhrenproduktion galt vor allem das Bemalen und Lackieren der Schilder im eigenen Haus als gesundheitsschädlich. *Der Schildmaler arbeitet Jahr aus Jahr ein in einer mit Terpenthindünsten und Farbetheilen geschwängerten Atmosphäre. Am schädlichsten wirkt das Arbeiten mit Bleiweiß auf den körperlichen Zustand; Bleikolik und Auszehrung (Schwindsucht) findet man häufig im Gefolge dieser Beschäftigung. Um diesem Uebel wenigstens nach Kräften vorzubeugen, sollte ernstlich darauf gesehen werden, daß das Anreiben und Auftragen des Kremserweißes, so wie auch das Schleifen des Farbengrundes in einem*

abgesonderten Raume geschieht, und nicht, wie dieses allzuhäufig vorkommt, in demselben Zimmer, worin die Maler beschäftigt sind, damit nicht auch diese dem Einflusse des giftigen Stoffes ausgesetzt sind. Auf eine zwekmäßige Ventilation des Locales sollte außerdem besonderes Augenmerk gerichtet werden.[101]
Wie gefährlich Heimarbeit für Kinder sein konnte, zeigt der Unfall, der einem vierjährigen Buben, dem Sohn eines Schildmalers, zustieß: *Ein großer Unfall betraf freilich vor etwa vier Jahren den Knaben; er machte sich bei den Arbeitsgeräthen des Vaters zu schaffen und schüttete sich eine Pfanne mit glühendem Leim über den Rücken. In Folge davon lag der Knabe unter den heftigsten Schmerzen fast ¾ Jahre darnieder, und noch heute sind furchtbare Brandmale an seinem Rücken sichtbar.*[102]
Einfach und genügsam sei der Schwarzwälder in seiner Lebenshaltung, heißt es in den historischen Darstellungen über den Wälder. Davon, daß diese als Tugend gepriesene Bedürfnis- und Anspruchslosigkeit der Bevölkerung einer Not- und Zwangssituation entsprungen sein könnte, ist nirgendwo die Rede.
Arm hät mer früher müsse durelebe, bestätigt einer unserer Gesprächspartner. Meine Frage, wie oft es auf dem Wald in der Woche Fleisch gegeben habe, kann er nicht beantworten. Er jedenfalls habe nie welches gesehen. 1917 habe er »Weißen Sonntag« gehabt, ob wir uns vorstellen könnten, was es da zu essen gab? – *I säg wie's isch. Mi Muoder hät en Kartoffelbrei gmacht und en Gugelhupf backe. Un hüt? Hüt git's z'esse wie an ere Hochzit. Jesses Gott, s'cha no vil cho, aber des chunnt jo nüme, wa mir erlebt hän. Mord und Todschlag däts gä!*
Wie die tägliche Nahrungszubereitung unter der Heimarbeit zu leiden hatte, wurde bereits berichtet. Es war nicht die Ausnahme, sondern eher die Regel, daß die Mehlsuppe neben den Borstenhaaren gekocht wurde und daß Geräuchertes den Schwefeldämpfen der Strohbleiche ausgesetzt war. Grundsätzlich wurden die herkömmlichen Ernährungsgewohnheiten durch die Hausindustrie verändert. Ein Großteil der Bevölke-

rung konnte seinen Nahrungsbedarf nicht mehr ausschließlich aus dem eigenen Anbau decken, sondern mußte Lebensmittel hinzukaufen. Mit der Hausindustrie bekamen die Krämerläden ihren festen Platz im Schwarzwälder Wirtschaftsleben. Die Läden waren oft eng an die Verlagsindustrie gekoppelt, denn die Fergger und Unternehmer waren in der Regel auch Betreiber dieser Läden. Lebensmittel und Bedarfsartikel, Schuhe und Stoffe wurden den Heimarbeitern bei Ablieferung ihrer Ware ausgegeben, meist anstelle des Lohns. Mit den Krämergeschäften kamen verstärkt sogenannte Luxusartikel wie Zucker, Kaffee, Zichorie, Gewürze, Zigarren und Tabak auf den Wald. Reis und Nudeln veränderten den herkömmlichen Speisezettel. Überhaupt scheint die seit der Mitte des 19. Jahrhunderts zu beobachtende Leidenschaft für Tabak, Kaffee und alkoholische Getränke den Heimarbeitern zuzuschreiben zu sein. Der große Kaffeehafen hatte seinen festen Platz in der »Chunst«, wo er den Tag über warmgehalten wurde und bei der täglichen Arbeit stets griffbereit war. Immer regeren Zuspruch fand auch der »Brenz« im oberen Hotzenwald.

Als [der] Schreiber dieses im Jahr 1875 hier Pfarrer wurde, hatte sich das Schnapstrinken in bedenklichem Grade eingebürgert. Er wurde nicht literweise, sondern fäßleweise gekauft u. zwar lagerten Schnapsfäßle in sehr vielen Häusern der Pfarrei. Am schlimmsten war dieses Uebel in Segeten zu Hause. Eine ziemliche Anzahl lediger u. verheirateter Mannspersonen u. auch etliche Weibsleute hatten sich diesem Laster ergeben. Demselben wurde in der Schule u. überhaupt bei den jungen Leuten so viel nur möglich im Religionsunterricht und wo es anging, auch private Häuser wurden besucht, entgegengearbeitet. Infolge davon gaben viele dieses Laster auf, andere starben. Nachwuchs gab es keinen, auch begannen viele Heidelbeer- oder sonstigen Kunstwein aus Weinbeeren, die man seit etwa 10–12 Jahren in jedem Kaufladen um billigen Preis haben könnte, zu machen. So kam es dahin, daß z. Zt. das Schnapstrinken fast ganz aufgehört hat. Nur noch wenige Schnapserexemplare sind in der Pfarrei zu finden. Möge der Allmächtige verhüten, daß dieses Laster nicht wiederkehrt, das soviele in zeitliches und ewiges Verderben gestürzt hat.[103]

So wurde die Zubereitung des Heidelbeerweins zum besten Gegenmittel gegen den erhöhten Schnapskonsum. Pfarrer Döbele in Görwihl berichtet über seine unermüdliche Tätigkeit zugunsten eines guten, billigen und ungefährlichen Haustrunks für das Volk.

Im Jahre 1879 hatte der derzeitige Pfarrer hier den ersten Versuch gemacht, aus Heidelbeeren Wein zu bereiten. Bis dahin hatte man nur Branntwein daraus herzustellen gewußt. Da dieser Versuch glückte, wurde in den folgenden Jahren mehr Wein hergestellt und schließlich das Unternehmen veröffentlicht, so daß in diesem Jahr viele hundert Hektoliter auf dem Schwarzwald fabriziert wurden. Daher kam es, daß die Heidelbeeren, die früher per Sester 30 bis 35 Pfennig gekostet, auf Mark 1,50 stiegen. Dieser Wein wurde auf folgende Weise bereitet, zu ca. 100 Liter Wein: Man zerstößt drei Sester Heidelbeeren, läßt sie dann etwa drei Tag stehen, bis sie in Gährung kommen, gießt dann 100 Liter Wasser von 20 Grad Wärme dazu ins Faß mit 35 Pfund weißem Zucker. Damit aber die Gährung schneller vorwärts geht, thut man noch etwa 5 bis 8 Pfd. Corinthen, die man vorerst in Gährung gebracht hat, dazu ins Faß. Läßt dann alles gähren in ca. 2 Monat, worauf dann der Wein abgelassen wird. Dieser Wein wird mehrfach von Aerzten empfohlen denen, die an Magenschwäche leiden, auch für Kinder. Der Hektoliter wurde verkauft um 35 Mk. Man fügt noch die Bemerkung bei, daß je wärmer der Ort ist, wo das Faß steht, die Gährung um so schneller vor sich geht u. daß der Wein um so stärker wird, je mehr Zucker genommen wird.[104]

Der Pfarrer scheint Erfolg gehabt zu haben: Heidelbeerwein wurde dem hochprozentigen Schnaps vorgezogen. Die verstärkte Hinwendung zu Genußmitteln war aber auch den öffentlichen

Ämtern ein Ärgernis. Als die Gemeinde Görwihl das Marktrecht beantragte, gab das Amt Waldshut zur Antwort: *In der Bittschrift sei auch von verschiedenen Naturprodukten die Rede, deren Anbau das Klima des Schwarzwaldes unterdrücke. Diese müßten deswegen aus der Ferne, aus milderem Klima herbeigeführt werden. Da wüßte man nicht, was man dazu noch sagen sollte. Welches seien denn überhaupt diese Naturprodukte? Etwa Luxusartikel, wie Zucker, Kaffee, Gewürz oder dergleichen? Glauben die Görwihler etwa, daß die Verbreitung solcher Dinge im Schwarzwald überhaupt wünschenswert wäre? Oder meinen sie etwa, daß die Händler aus den Städten solche Waren ausgerechnet auf den Görwihler Markt bringen würden? Derartige Luxusartikel könnten in den Rheinstädten mit Leichtigkeit gekauft und verkauft werden. Der arme Schwarzwälder könne ja in der größeren Mehrzahl doch nur wie üblich bei Grundbiren, Milch und Haberbrot bleiben und die Käufer der erwähnten Produkte kämen weder aus Laufenburg, Säckingen, Waldshut, noch aus Rheinfelden nach Görwihl hinauf um sich solche Sachen zu kaufen. Durch diese Tatsachen sei das Gesuch schon gerichtet. Wir bitten das Direktorium um Auskunft, ob hiernach eine nähere Erörterung des Görwihler Marktanliegens überhaupt noch in Frage kommen könne.*[105]

In aller Deutlichkeit tritt hier das arrogante Überlegenheitsgefühl der Städter gegenüber dem Wälder zutage. Dabei brauchte das Bürgertum keine ernsten Befürchtungen zu haben: Im Gegensatz zur Stadt, wo Heimarbeiterfrauen dazu neigten, die selbstgekochte Mahlzeit durch Schnellkost (vor allem Weißbrot und Wurst) zu ersetzen, blieben die Ernährungsgewohnheiten der Schwarzwälder Heimarbeiter denen der Bauern ähnlich, wenn sie auch ärmlicher wurden. Grundlage der täglichen Mahlzeit wurde immer mehr die Kartoffel, die man im eigenen Garten anbaute.

Kartoffeln in der Früh
Zu Mittag in der Brüh
z'Nacht mitsamt dem Kleid
Kartoffel in alle Ewigkeit[106]

lautete ein Spottvers auf die Nahrungsgewohnheiten der Heimarbeiter. Selbst wenn sie einen landwirtschaftlichen Kleinbetrieb besaßen und Vieh hielten, war Fleisch für die Heimarbeiter eine Rarität, die sie höchst selten zu Gesicht bekamen.

Lange Zeit wurde die Lage der Heimarbeiter von der Öffentlichkeit allzu idyllisch gesehen. Erst als man um die Jahrhundertwende durch Ausstellungen verstärkt auf die Heimarbeiterfrage aufmerksam zu machen versuchte, änderte sich allmählich das Bild. 1906 fand in Berlin die Deutsche Heimarbeit-Ausstellung statt, für die Käthe Kollwitz ein Plakat entworfen hatte, das aber an den Litfaßsäulen überklebt werden mußte, weil es der Kaiserin mißfiel. Erst danach war sie bereit, die Ausstellung zu besuchen.

Betroffen reagierte die Öffentlichkeit auf diese Ausstellung. Der Buchdrucker Lampbrecht aus Wehr im Wehratal schrieb: *Die Heimarbeiterkolonie war eine soziale Predigt, wie sie eindringlicher der beste Redner nicht geben kann. Aus Menschlichkeit sollte das Enthaaren der Hasenfelle der Heimarbeit entzogen werden. Kochen, essen, arbeiten, schlafen, gebären und sterben, dies alles in einem Raum, der mit einem durchdringend scharfen und üblen Geruch behaftet und mit unreinen Haarflocken erfüllt ist! Wen packt da nicht der Menschheit ganzer Jammer! Das große und schwere Problem der Heimindustrie hat sich da wieder einmal vor Hunderttausenden gezeigt, hoffentlich auch manches bisher gleichgültige Herz gerührt und zur sozialen Mitarbeit veranlaßt. Gänzlich abschaffen läßt sich die Heimindustrie wohl nie; das wäre für viele die Untergrabung der wenn auch noch so dürftigen Existenz.*[107]

Und der Schreiner Zapf aus Freiburg: *Fast zum Hohne hängt in einem der Räume der Heimarbeiterausstellung, die mehr einem Verbannungsort gleichen, das Kruzifix an der Wand. Um mich her die hageren Gestalten, aus deren Angesicht der Tod uns entgegengrinst. Um einer Ohnmacht zu entgehen, müssen wir die Räume verlassen. Arme Mädchen! Vom zweiten und vierten Jahre ab mußten sie mitarbeiten, dazu noch gequält durch einen Ausschlag am ganzen Körper und die Händchen wundgearbeitet. Mit Entsetzen scheide ich von diesem Platze und ließ in meiner gedrückten Stimmung alles, was die Ausstellung noch zu bieten hatte, als eitlen Tand an mir vorüberziehen.*[108]

Langsam begann sich auch die Haltung der Politiker zu ändern: *Wenn die Heimarbeit nichts ist als sozusagen eine Filialarbeitsstätte für die Fabriken, hat sie eigentlich mit den alten Begriffen von Familienarbeit und Familienleben nichts mehr zu tun; das ist nicht mehr die Heimarbeit der alten landesüblichen Hausindustrie, deren Erzeugnisse demnächst von den Heimarbeitern selbst verkauft wurden, sondern wie die Heimarbeit sich jetzt gestaltet, ist sie meist nichts als eine vereinzelte Arbeitsstelle eines größeren Fabrikbetriebes. Diese Art von Heimarbeit muß deshalb meines Erachtens ganz anders beurteilt werden als die alte Heimarbeit, wie sie früher innerhalb des Familienkreises mit landesüblichen Produkten geleistet wurde. In der Heimarbeit werden unzweifelhaft auch Waren hergestellt, deren Erzeugung für die Gesundheit außerordentlich gefährlich und nachteilig ist. Ich glaube, man wird sich auf die Länge an keiner Stelle der Erkenntnis verschließen können, daß, wenn die Heimarbeit diesen fabrikmäßigen Charakter tragt, unzweifelhaft die Gesetzgebung einschreiten muß, und zwar um so mehr, als unter den gegenwärtigen Verhältnissen das Gesetz, betreffend den Kinderschutz, zum Teil auf dem Papier stehenbleibt.*[109]

Die alt Frau uf dem Bild hät ihr ganz Läbe lang gwobe, bis zum Schluß, erläutert Franz Landis ein Bild, das eine Greisin hinter dem Webstuhl zeigt. Weiter erklärt er, daß sich Heimarbeit nur dann gelohnt habe, wenn drei bis vier Familienmitglieder im Wechsel gewoben hätten, so daß der Webstuhl immer in Betrieb war, auch nachts. Bei der Familie Landis hätten seine Frau, die Großmutter, eine Tante und er selber den Webstuhl rund um die Uhr in Gang gehalten. In der Regel seien in der Hausweberei mehr Frauen als Männer beschäftigt gewesen. Der badische Fabrikinspektor Bittmann, der um die Jahrhundertwende in zahlreichen Gesprächen Lebensbilder aus der badischen Hausindustrie ermittelte, kam zu dem Schluß, daß die Heimarbeiter die *am schwersten ums Brot ringenden* Beschäftigten der Zeit um 1900 waren. Sie waren darauf angewiesen, alle Familienmitglieder in den Arbeitsprozeß einzuspannen, und so haben Frauen- und Kinderarbeit der Hausindustrie im südlichen Schwarzwald ein charakteristisches Gepräge gegeben.
In der Literatur wird darauf hingewiesen, daß die Verbreitung der Hausindustrie *von dem Umstand abhänge, ob die Frauen- und Kinderhand bei der Arbeit Verwendung finden könne.* 1889 befanden sich im Deutschen Reich unter 100 Heimarbeitern 43,9 Frauen. Dieser Frauenanteil lag weit höher als in den übrigen Produktionsbereichen. In der Hausindustrie Badens war der Prozentsatz noch größer. Hier betrug der Anteil der weiblichen Beschäftigten sogar rund 69 Prozent. In der Strohflechterei stieg der Anteil der Frauenarbeit auf 80 bis 100 Prozent. In der Textilhausindustrie muß nach der jeweiligen Produktionsstufe und nach der Art der Weberei unterschieden werden. In der Baumwollweberei überwogen die männlichen Beschäftigten. Hilfsarbeiten wie das Winden und Spulen wurden jedoch von Frauen erledigt, so daß insgesamt rund 75 Prozent der in der Textilhausindustrie Beschäftigten Frauen waren. Ein rein männ-

45 Arbeit an einem Webstuhl, wie er bis nach dem Zweiten Weltkrieg im Gebrauch war.

46 Schwarzwälderin mit Bibel am Spinnrad. Gemälde von Curt Liebich (um 1900).

47 Arbeitsplatz einer Weberin in einer »Budik« (um 1942).

48 Plakat von Käthe Kollwitz für die Deutsche Heimarbeit-Ausstellung in Berlin 1906.

licher Berufszweig war dagegen die Schneflerei. In diesem mehr handwerklich orientierten Gewerbe lernten die männlichen Nachkommen die für den Beruf nötigen Fertigkeiten von ihren Vätern. Als die Schneflerei zur Hausindustrie wurde, fehlte es ihr nicht an Arbeitskräften. Mit dem Aufkommen der Fabriken wanderten freilich immer mehr Männer in die Industrie ab, und der Frauenanteil im Heimgewerbe stieg an. Diese Entwicklung läßt sich an der Bürstenfabrikation ablesen, wo in reiner Heimarbeit 81,5 Prozent Frauen und 18,5 Prozent Männer beschäftigt waren, während in Fabrikbetrieben 67,2 Prozent Männer und 32,8 Prozent Frauen arbeiteten. Dieses Umkehrverhältnis macht deutlich, wie relativ gering die Frauenarbeit an der Ausdehnung der Industrie in Gebieten mit traditioneller Heimarbeit beteiligt war, und deutet gleichzeitig auf die Doppelrolle der Frau in Haushalt und Beruf hin. Diesen Umständen mußte auch die Bürstenindustrie Rechnung tragen, indem sie vorwiegend »weibliche Arbeit« wie das Bürstenziehen und das Polieren der Hölzer in Heimarbeit vergab, während die »männliche Arbeit«, z. B. die Zurichtung der Hölzer, in den Fabriken vorgenommen wurde. Mit Heimarbeit hofften die Frauen das Zuverdienen mit den Pflichten der Kindererziehung und Haushaltsführung in Einklang bringen zu können. Stets entsprang die Arbeit einem ökonomischen Zwang, hatte das Arbeitsentgelt auch in seiner Höhe nur den Charakter eines Zusatzverdienstes, denn die Frau verdiente in der Regel bis zu 50 Prozent weniger als der Mann bei gleicher Arbeit.

Wenn die Mutter auch ganztägig im Haus und bei der Familie war, entstanden durch ihre Erwerbstätigkeit gleichwohl zahlreiche neue Probleme. Frauen, die neben der Arbeit einen Haushalt mit fünf, sechs oder noch mehr Familienmitgliedern zu versorgen hatten, die kochen, waschen, flicken und putzen mußten – und dies alles ohne moderne Hilfsmittel –, waren gezwungen, die Heimarbeit bis in die frühen Nachtstunden auszudehnen. In der Regel arbeiteten sie bis 10 oder 11 Uhr abends, aber

Arbeitszeiten bis 1 Uhr nachts waren keine Ausnahmen. Die Doppelbelastung der Frauen und Mütter benachteiligte sowohl die Frauen selbst als auch die Kinder. Häufig litt ihre Gesundheit, was sich vor allem im Alter auswirkte:

Einige der Frauen, die früher »streng« arbeiteten, haben in ihrer Leistungsfähigkeit sehr nachgelassen und können den früheren Verdienst nicht annähernd mehr erreichen. Rückenweh, Kopfschmerzen, Magenkrämpfe, Schwindelanfälle, Herabminderung der Sehkraft werden als Folgen jahrelanger anstrengender Arbeit beklagt. Welche Ansprüche manchmal an die Gesundheit gestellt werden, mag das Beispiel einer älteren Frau zeigen, die nach ihrer Angabe früher den ganzen Tag und bis zwölf oder ein Uhr nachts Bürsten polierte und 30 Mk. in zwei Wochen verdiente, während sie jetzt »nur« noch zehn Stunden arbeiten kann und sich mit einem Verdienst von etwa 8 Mk. in zwei Wochen begnügen muß; die stündlich geleistete Arbeitsmenge ist hier auf etwa die Hälfte herabgesunken, der Stundenverdienst von 14 auf 7 Pf.[110]

Lange Zeit wurde die Problematik der hausgewerblichen Frauenarbeit nicht wahrgenommen. Wo dies dennoch geschah, war der Frauenschutz mehr Vorwand als Ziel und betraf nicht die Stellung der verheirateten Heimarbeiterfrau, sondern die der ledigen, meist jüngeren Frau. Der Landwirtschaft sollten leistungsfähige und billige Schafferinnen erhalten bleiben oder wiedergewonnen werden. In diesem Zusammenhang muß das folgende Urteil aus der Anfangszeit der Heimarbeit gesehen werden.

Allmählich schlich sich nämlich eine gewisse Neigung zur Gemächlichkeit unter der niederen Volksklasse ein, deren sich in älteren Zeiten das starke Landvolk, dem rastlose Arbeit Bedürfniß war, geschämt haben würde.

Die Feldarbeit wurde nun von mehreren als eine zu mühsame Art, sein Brod zu erwerben, angesehen, und manches Mädchen ergriff nun deßwillen die Stickerey, weil sie dabey mit mehr Gemächlichkeit ihren Erwerb finden konnte.

Aber diese geänderte Lebensweise gefährdet gerade das erste Bedürfniß eines glücklichen Lebens – die Gesundheit, – indem man bey mehr Arbeit und körperlicher Uebung auf dem Felde, besonders bey einem Clima, wie das des Schwarzwaldes ist, weit gesünder, und eben darum weit froher und glücklicher lebt.
Ausser den hier erwähnten Nachtheilen hat dieser Industriezweig für Personen, die sich demselben von früher Jugend an ausschließlich widmen, noch andere üble Folgen. Nehmen wir an, daß ein Mädchen nach einigen Jahren diese Arbeit nicht mehr fortsetzen kann, daß sein Gesicht entweder geschwächt, seine Hand die nöthige Gelenksamkeit verloren hat, oder seine Gesundheit diese sitzende Lebensart schlechterdings nicht mehr erträgt, was soll nun eine solche siech gewordene, von jeder mühesamern Arbeit entwöhnte Person anfangen?
Begiebt sie sich in den Ehestand, welche Hausmutter kann sie werden, da sie sich keine Erfahrung, keine Uebung in häuslichen Geschäften, in den Feldarbeiten, und den damit verbundenen beschwerlichen Verrichtungen in der Jugend erworben hat, die von nun an ihre täglichen Berufspflichten von ihr fordern.[111]
Dieser Protest gegen die Frauenarbeit beruhte auf der Sorge um die Erhaltung der Arbeitskraft der Frauen. Wenn es um das Interesse der Frau selbst ging, um ihre persönliche Situation und ihre Rolle in der Familie, nahmen die Männer weit weniger Anteil. Sie zeigten sich eher verwundert darüber, daß Frauen aufgrund ihrer Arbeit eine gewisse Selbständigkeit und Unabhängigkeit anstrebten und einen eigenen Lebensstil zu entwikkeln versuchten.
Auch sei bei dieser Arbeit zu bemerken, dass die Weibsbilder nichts vor sich bringen, sondern fast alles an bessere Kleidung verwenden; sie setzen sich auch mit ihrer Arbeit vielfältig zusammen und treiben allerlei Zoten und Possen, verzehren auch den Lohn an Sonntagen mit den Kämmern und Verlegern im Wirtshaus.[112]
Der Freiraum der Frauen scheint in ihrer Jugend und vor der

Eheschließung am größten gewesen zu sein. Doch hat ihre Mitwirkung an der bezahlten Heimarbeit ihnen auch später in der Familie eine stärkere Position verliehen und eine gewisse Umverteilung der Haushaltsaufgaben zur Folge gehabt. In der Landwirtschaft lag der Schwerpunkt der Männerarbeit auf dem Feld und im Wald; die Frau kümmerte sich um Haus und Kinder, Garten und Kleinvieh. In der Hausindustrie lockerte sich diese geschlechtsspezifische Arbeitsteilung. Der Mann wurde ins Haus zurückgeholt, die Wohnung bildete den gemeinsamen Arbeitsplatz von Frau und Mann. Wenn die Frau gerade bei der Arbeit war, mußte der Mann auch im Haushalt zupacken. Nicht selten hörte man die Frau vom Webstuhl aus ihrem Mann in der Küche zurufen: *Wa isch, häsch d'Erdöpfel ob?*
Sehr hoch war auch der Anteil der Kinder- und Jugendarbeit in der Hausindustrie. Nach der Reichsenquete von 1898, die den Umfang der gewerblichen Kinderarbeit außerhalb der Fabriken ermittelte, wurden in Baden 28788 gewerblich tätige Kinder unter 14 Jahren gezählt. Bittmann kam bei seinen Erhebungen auf einen Kinderanteil von 9,45 Prozent für die gesamte Heimarbeiterschaft. Über den tatsächlichen Umfang der Kinderarbeit sagen diese Zahlen jedoch wenig aus, da sich die Erhebungen als äußerst schwierig erwiesen, Eltern ihre Kinder bei Befragungen korrigierten, vielfach die regelmäßigen Hilfsarbeiten nicht mitzählten oder die Erwerbstätigkeit gar nicht erwähnten. Eltern und Verleger hatten kein Interesse an der Offenlegung der Kinderarbeit. Um unliebsamen Besuchen vorzubeugen, wurden Warnsysteme eingerichtet: Ein Kind der Familie saß auf der Fensterbank und paßte auf. Sobald sich eine Gestalt in Uniform oder ein verdächtiger Herr im Frack näherte, wurde auf der Mundharmonika ein Warnzeichen gegeben. Die Kinder versteckten sich dann auf dem Speicher, bis die Gefahr vorüber war. Zu Beginn des 20. Jahrhunderts war der Anteil der Kinderarbeit aber auf jeden Fall stark rückläufig und spielte nur noch eine untergeordnete Rolle. In der Textilhausindustrie wurden Kinder

noch zu gewissen Hantierungen und zur Besorgung kleinerer Hilfsarbeiten herangezogen. Eine Beeinträchtigung der Kindheit und eine Benachteiligung bedeutete die Arbeit für die Kleinen allemal. Zeno Spitz erinnert sich noch gut daran, wie sie nach der Schule Spulen machen mußten. Neben ihrem Arbeitsplatz befand sich ein Brett, auf dem Schulbuch und Tafel lagen.

In der Anfangsphase der Hausindustrie spielte Kinderarbeit eine erschreckend große Rolle. Kinder mußten schon vom fünften Lebensjahr an in der Heimarbeit mithelfen. Es wird erwähnt, daß Kinder, die in die Schule gingen, pro Tag sechs Kreuzer verdienen könnten. Der Schweizer Fabrikant Hunziger rühmte sich gern eines besonderen Verdienstes: Schon die sechs- bis achtjährigen Kinder seien imstande, sich ihr Brot zu verdienen und so ihren Eltern zusätzliche Einnahmen zu verschaffen.

Im Bereich der Stuhlflechterei, wo früher fast ausschließlich mit Kindern gearbeitet wurde, betrug der Anteil 1906 noch 49 Prozent. Zu den Hausindustriezweigen, in denen Kinderarbeit verbreitet war, gehörten auch die Bürstenmacherei und die Strohflechterei. Die Gründe für die Kinderarbeit im Heimgewerbe sind ähnlich gelagert wie die für die Frauenarbeit: Durch den Mitverdienst der Kinder konnte in vielen Fällen erst die Existenz der Familie gesichert werden. Die Eltern sahen in ihren Kindern ein Kapital, das durch den frühzeitigen Einsatz in der Heimarbeit möglichst nutzbringend angelegt werden mußte. Kinderarbeit wurde als selbstverständliche Gegenleistung für die Mühen und Kosten in der Erziehung angesehen. So trugen z. B. 1850/51 Kinder in Todtnauberg, als sich die Bürstenindustrie in einer Krise befand, nicht nur zum Unterhalt ihrer Angehörigen bei, sondern bezahlten durch ihre Arbeit außerhalb der Schulzeit die Steuerschulden ihrer Eltern. Es handelte sich um einen Jungen und zwei Mädchen im Alter von zwölf, sieben und neun Jahren.

Kinderarbeit wurde in der ersten Hälfte des 19. Jahrhunderts auch durch kirchliche und staatliche Moralprinzipien legitimiert. Man sah Kinderarbeit als einen Segen an, weil sie aus Kindern nützliche Mitglieder der Gesellschaft zu machen versprach. Kindern wurde unter der »Aufsicht« der Eltern Gelegenheit zur Arbeit geboten. Die allgemein positive Einschätzung der Kinderarbeit führte dazu, daß kein Unternehmer, der eine Hausindustrie gründen wollte, es unterließ, mit dem »allüblichen Lockmittel«, schon das sechsjährige Kind werde dabei seinen Verdienst finden, für sein Vorhaben zu werben. In ihrem Bestreben wurden die Unternehmer von den Regierungen unterstützt. In einer Provinzial-Verordnung der badischen Regierung von 1807, die Einführung der Industrie-Schulen betreffend, heißt es: *Der Zweck der Industrie-Schulen hat die Gewöhnung der Kinder zur Arbeit, die Unterstützung armer Eltern und die Beförderung der Gewerbsamkeit zum Grunde.*

Die Kinderarbeit galt in der Hausindustrie noch lange Zeit als anzustrebende Tugend, ja sogar als gute Erziehungsmethode. Der württembergische Finanzrat Moritz Mohl sprach sich zwar gegen Kinderarbeit in der Fabrik aus, schwärmte aber von den Schwarzwälder Heimarbeiterkindern und wies ihnen für die württembergische Gewerbeindustrie eine Vorbildfunktion zu.

Die Fabrikbeschäftigung von Kindern in ihrem zarten Alter ist ein Unfug, den der Staat verhindern kann und soll. Wo der Staat dies aber wirklich tut, wo er zugleich für hinlänglichen Unterricht der Jugend, besonders aber wo er für eine Schuleinrichtung sorgt, welche etwas erwachsenern Kindern die Verbindung des Schulbesuchs und einer Erholungszeit mit einer teilweisen Verwendung des Tages zur Fabrikarbeit erlaubt, da ist unstreitig das Los solcher Kinder ungleich glücklicher als das der Kinder einer unbemittelten ländlichen Bevölkerung.

[...]

Ein Bild hievon zeigt uns zum Beispiel der Bezirk des badenschen Schwarzwaldes, zwischen Freiburg, Villingen und Hornberg, wo die Fabrikation hölzerner Uhren und Strohgeflechte ihren Sitz hat. Schon 5jährige Kinder sah der Verfasser hier Strohflechten und einige Jahre ältere Knaben und Mädchen ihren Eltern in Verfertigung der Uhren durch Ausfeilen von Rädchen usw. Hilfe leisten. Der Zustand dieser Kinder und ihrer Eltern verglichen mit dem unserer Landleute in den bevölkerten Gegenden Württembergs, welche Kontraste bieten sie dar! Schon im Äußern der Erstern kündigt sich Wohlstand und Wohlsein an.[113]

Angesichts dieser Zustände überrascht es nicht, daß sich bei der Eröffnung der ersten Flechtschule 1850 in Furtwangen ein fünfjähriges Mädchen aus Neustadt um den Posten der Flechtlehrerin bewarb. Die positive Einschätzung der Kinderarbeit wurde überdies durch das Argument begünstigt, daß sich Kinder für manche Tätigkeiten als besonders geschickt und behende erwiesen. Das galt vor allem für die Stroh- und Stuhlflechterei, so wie es heute noch für die Teppichknüpferei in manchen Entwicklungsländern gilt. Daß die möglichst frühe Ausnutzung der in den Familien vorhandenen Arbeitskräfte zu Mißbräuchen führte, liegt auf der Hand. Bittmann vergleicht die Verhältnisse in einer Familie in Heubach bei Waldshut, die in der Stuhlflechterei tätig war, mit einem fabrikmäßigen Betrieb, der es mit Zwergarbeitern zu tun hat: Vater und Mutter als Betriebsleiter und Unternehmer, die zur Eile ansporrnen und zur Ausnutzung der Arbeitskraft antreiben, der älteste Sohn als Vorarbeiter und Kolonnenführer, der die Arbeit an die Geschwister im Alter von sechs bis zwölf Jahren verteilt und beaufsichtigt.

An einem Samstagnachmittag kurz nach 6 Uhr wurde die Familie besucht.

[...]

In der geräumigen und hellen zweifenstrigen Stube, die außer zwei Tischen einigen Stühlen und Bänken, dem großen Kachelofen mit der »Kunst« und einigen religiösen Bildern keinerlei Gebrauchs- oder Schmuckgegenstände aufweist, sitzen um den großen Tisch am Fenster sechs Kinder und flechten, das siebente Kind, ein Mädchen, flicht an einem besonderen Tische.

Da ist als ältester der vierzehneinhalbjährige Anton, dann kommt der zwölfjährige Joachim, die zehnjährige Lina, der neunjährige Joseph, der achtjährige Hermann, die siebenjährige Marie und als jüngster Arbeiter der noch nicht ganz sechsjährige Pius. Drei weitere Kinder von 5, 4 und 2 ½ Jahren sitzen auf dem Boden oder auf der Ofenbank und schauen den Fremden, der sich mit der Mutter und den Geschwistern unterhält, erstaunt an. Der jüngste halbjährige Sproß der Familie schläft im Kinderwagen. Fleißig und ohne aufzusehen arbeiten die Kleinen, sicher führen die geübten Fingerchen das Rohr durch die Löcher und zwischen den schon gezogenen Streifen hindurch.

Wir haben es hier mit einem fabrikmäßigen Betriebe mit Zwergarbeitern zu tun. Vater und Mutter stellen Betriebsleiter und Unternehmer vor, die zur Eile anspornen und zur Ausnützung der Arbeitskraft antreiben. Der älteste Bruder spielt den Vorarbeiter oder Kolonnenführer, er verteilt je nach der Leistungsfähigkeit die einzelnen Arbeiten an seine jüngeren Geschwister und beaufsichtigt die Arbeit. Strenge Arbeitsteilung ist durchgeführt. Das »Zetteln« oder das Einziehen des »Ersten« und »Vierten« wird dem kleinen Pius und der siebenjährigen Marie zugeteilt. Die drei nächstältesten Arbeiter stellen das eigentliche Geflecht her, der Vorarbeiter sieht die Arbeit seiner Untergebenen nach, läßt Fehler ausbessern und macht schließlich den Sitz fertig indem er ihn »einfaßt«. Jetzt kommt die gestrenge Kontrolle von Vater oder Mutter. Während der Unterhaltung mit Mutter und Kindern war auch der Vater in die Stube getreten, mißtrauisch und zögernd gibt er Antwort, auch auf die an seine Kinder gerichteten Fragen. Dann fängt er an zu klagen, wie der Verdienst gar so gering werde; wie besonders diesen Winter bei dem schlechten, rissigen Rohre gar nichts mehr zu verdienen sei; was besonders Er für Ärger und Verdruß mit der Flechterei habe. Plötzlich reißt er einem der Kinder den Stuhlsitz aus den Händchen und nun läßt sich sein ganzer verhaltener Ärger über den unbequemen Besucher gegen den Kleinen aus. Den Streifen hier hat er wieder nicht fest genug angezogen, der macht lauter Wellen, der muß sofort wieder herausgezogen werden! was das für eine liederliche Arbeit sei! und so geht es weiter. Der Kleine erregt sich augenscheinlich über den Zornesausbruch des Vaters nicht besonders, solche Auftritte scheinen im Hause nichts Seltenes zu sein. Stumm und flink macht sich das Kind daran, den fehlerhaft eingezogenen Streifen wieder zu entfernen. Der Vater aber fährt weiter fort zu schelten: »Genau muß man aufpassen, denn sonst machen sie lauter Fehler; den ganzen Tag muß man schelten; zu Tod könnte man sich ärgern, und wenn man nicht mit ihnen schilt, machen sie keine rechte Arbeit. Im Winter, wenn ich viel in der Stube sitze, weil ich auf dem Felde doch nichts zu tun habe, da wird mehr fertig, da machen sie auch keine Fehler, aber wenn man nicht auf sie aufpaßt, dann ist es eben nichts.« Schlimm genug ist es allerdings, denn ist es den kleinen Fingern nicht aufs erste Mal gelungen, den Rohrstreifen fest genug anzuziehen, und wird dies vom Bruder oder Vater beanstandet, so muß der Streifen mit äußerster Vorsicht wieder herausgezogen werden; leicht zerschlitzt dabei das Rohr und wird unbrauchbar, und dann ist außer der aufgewandten Zeit, die ja durch angestrengtere Tätigkeit wieder eingeholt werden kann, auch noch das teuere Material verloren.

Auf die Frage, wann die Kinder in die Schule müßten, wird der Vater immer erregter. Die einen müßten am Vormittag, die anderen am Nachmittag in die Schule. Plötzlich fängt er an laut zu schimpfen auf die Flechterei, auf den geringen Verdienst, auf die Kinder und nicht zuletzt auf den Besucher: wie der nur so fragen könne wegen der Schule; das wisse doch jedes Kind, daß es in die Schule müsse, er halte seine Kinder dazu an, ihre Aufgaben zu machen. Und als ihm der Atem ausgeht, läuft er aus der Stube, deren Tür er laut zuschlägt. Als der Mann anfing laut zu werden, ist die Mutter verschwunden, die Kinder sitzen mäuschenstill um den Tisch. Keine Antwort ist mehr aus ihnen herauszubekommen, alles Fragen umsonst. So war es unmöglich, über die tägliche

Arbeitszeit der Kleinen auch nur annähernd genaue Angaben zu erhalten.[114]
Kritik wurde zunächst nur an der Kinderarbeit in der Fabrik laut. Es waren vor allem Geistliche, Politiker und Lehrer, die dagegen protestierten. Erst mehr als 70 Jahre, nachdem 1839 das erste Kinderschutzgesetz für Fabriken erlassen worden war, verabschiedete Preußen ein Gesetz in bezug auf Kinderarbeit in gewerblichen Betrieben, das die Heimarbeit betraf. Das Mindestalter für die Beschäftigung fremder Kinder wurde auf zwölf Jahre, für diejenige eigener Kinder auf zehn Jahre festgesetzt. Die Beschäftigungszeit durfte nicht länger als drei Stunden und während der Schulferien nicht länger als vier Stunden täglich dauern. Aber in bestimmten Zweigen der Hausindustrie lagen zwischen gesetzlichem Arbeitsschutz und tatsächlichen Verhältnissen lange Zeit noch Welten.

Und immer wieder Not

Zwei Spinnräder genügen zum Heurathen, so lautete eine Redewendung auf dem Wald. Mit der Hausindustrie wuchs auch die Bevölkerung, wie umgekehrt die Verbreitung der Heimarbeit durch das Bevölkerungswachstum zunahm. Im oberen Wiesental wuchs die Bevölkerung im 18. Jahrhundert in dreißig Jahren um ein Drittel. Die Bevölkerungszahl im Hotzenwald betrug 1777 noch 17415, im Jahr 1797 war sie auf 24472 gestiegen, was einer Zunahme von 29 Prozent entspricht. Konnte die Region alle ernähren?
In den letzten Jahrzehnten des 18. Jahrhunderts lebten rund 9000 Menschen im südlichen Schwarzwald von der Heimarbeit. Die Französische Revolution und ihre Folgen bedrohten indes ihre Existenz. Frankreich verbot die Einfuhr ausländischer Fabrikate. Zwar gab Wien die Einfuhr von Baumwollerzeugnissen in die Erblande frei, doch der dortige Markt war nur wenig

entwickelt. Der Arbeitslohn sank bei den Heimarbeitern bis auf die Hälfte. Die von Napoleon 1808 verhängte Kontinentalsperre legte den Baumwollimport weitgehend lahm.

Wovon sollten die Wälder leben? Der Bodenertrag konnte den Nahrungsbedarf nicht mehr decken. In der Vogtei Zell mußte man fast 75 Prozent des jährlichen Getreidebedarfs auswärts kaufen. Zum Glück und wie ein Geschenk der Vorsehung setzte sich gerade zu diesem Zeitpunkt der Anbau der Kartoffel durch. »Erdäpfel« wurden zur Volksnahrung, vor allem für die hausindustrielle Bevölkerung. Nach Aktenberichten soll es im Wiesental damals vorgekommen sein, daß man gedörrte Kartoffeln in die Mühlen brachte, um sie zusammen mit Roggen zu Brotmehl vermahlen zu lassen. Viele Baumwollweber zogen in das benachbarte Mülhausen. Als einzelne Gemeinden die Allmenden aufzuteilen versuchten, kam es zu neuen Konflikten zwischen den Armen und den Besitzern der Dorfrechte:

Die Gemeinde sei völlig zerstritten. Selbst sonst fleißige und ruhige Bürger hätten sich zur Prozeßsucht hinreißen lassen und kämen dadurch immer mehr in Armut. Viele müßten von »Almosen und Bettlen« leben. Man spricht von einer Seuche, die die Herrischrieder ergriffen habe. Händel und Schlägereien seien an der Tagesordnung. Die große Uneinigkeit der Bürger in der Allmendaufteilung führte zur Vernachlässigung des Feldbaues, so daß die Versorgung mit Nahrungsmitteln ungenügend ist. Die Baumwollspinnerei ist als Verdienstquelle versiegt. Der gänzliche Zerfall der Gemeinde kann nur noch aufgehalten werden, wenn die Allmende nach der Weisung der Behörde aufgeteilt wird, und die Bürger statt des derzeitigen Müßigganges auf ihren Feldern und in den Ställen der Arbeit nachgehen und sich ihren Lebensunterhalt verschaffen können.[115]

Die konjunkturelle Krise erlebte ihren Höhepunkt mit der Hungersnot des Jahres 1817. Über diese Notzeit liegt uns ein Augenzeugenbericht vom letzten Redmann der Grafschaft Hauenstein, Johann Michael Jehle aus Waldkirch, vor:

Von Martini 1815 bis Georgi 1816, also den ganzen Winter hindurch war sozusagen kein guter Tag. Es hat fast beständig geregnet oder geschneit. Das Frühjahr ist weit hinausgekommen. Man hat die Felder wegen dem Schnee und dem vielen Regen nicht fahren, folglich die Sommersaat spät aussäen können. Hierauf folgte noch ein sehr nasser und zum Teil kalter Sommer. Alles war spät. Das letzte Korn wurde zu Waldkirch erst am 1. Oktober heimgebracht. An einigen Orten noch später. Die Brachfelder konnten wegen dem vielen Regenwetter nur sehr schwerlich bebaut werden. Da die Winterernte an einigen Orten sehr spät heimgebracht werden konnte, waren viele genötigt, Samenfrüchte, Korn und Roggen zu entlehnen oder zu kaufen. Ein Viertel Samenkorn kostet 1 Gulden 30 Kreuzer bis 2 Gulden rheinisch. Ein Mut Kernen vor der Ernte 16 bis 17 Gulden, nach der Ernte 1 Mut Kernen 18, 19 bis 20 Gulden. Alles will verhungern. Heu hat es mittelmäßig, aber wenig Oehmd gegeben. Beide Teile wurden wegen der schlechten Witterung halb faul heimgebracht. Das Vieh war teuer. Die Erdäpfel kosteten um Bartholomä herum das Viertel 50 Kreuzer bis 1 Gulden.
Am 22. Oktober ist eine ziemliche Kälte eingefallen, daß fast sämtliche Trauben an den Reben und die meisten Erdäpfelstauden verfroren. Die Erdäpfel und Sommerfrüchte, besonders Haber, Bohnen und Wicken sind sehr langsam, ja an einigen Orten gar nicht reif geworden. Der Herbst war, wie der Sommer, durchaus naß. Am 11. November, an Martini, hat es vollkommen eingeschneit. Noch sehr viel Haber, Bohnen, Wicken und Erdäpfel sind in den Feldern gewesen. In Unteralpfen sind mehr als 700 Viertel Erdäpfel draußen gewesen. Der gefallene Schnee hat standhaft angehalten bis am 28. Dezember. Die Erdäpfel sind wegen der gar zu nassen Witterung, wie man hört, an allen Orten gefehlt. An einigen Orten hat man kaum so viel Erdäpfel, als eingesetzt wurden, bekommen. Andere haben etwas mehr. Die Glücklichsten haben beiläufig halb soviel Erdäpfel, als in einem anderen mittleren Jahre erhalten. Ein Faß voll Erdäpfel

kostet im Herbst 10 oder 11 Gulden, um die Fastnachtszeit 12 bis 13 Gulden.
Am 22. und 23. Oktober sind die Trauben an den Reben verfroren. Es hat wenig und sauren Most gegeben. Einige haben gar nicht gelesen, sondern die Trauben hangen lassen, wo sie gehangen sind.
Am 19. November 1816 ist der Ausfuhrzoll von allen Lebensmitteln erhöht worden. Auf 1 Malter Kernen wurde 4 Gulden Ausfuhrzoll gelegt. Am 1. Januar 1817 wurde kundgemacht, daß der Ausfuhrzoll von jedem Malter Kernen (7 Viertel) auf 8 Gulden und das Malter Haber auf 4 Gulden und der Saum Branntwein auf 30 Gulden erhöht worden sei.
Am 28. Dezember 1816 ist das Wetter wieder etwas gelinder geworden. Josef Baumgartner von Waldkirch hat am Kindlistag, am Neujahrsabend und am 4. Januar 1817 Haber gebunden. Viel Haber ist überall auf den Feldern gefault. Als im Monat Januar 1817 die Witterung etwas gelinder wurde, haben einige die noch im Feld gebliebenen Erdäpfel hervorgesucht. Sie haben den vorhandenen Schnee hinweggeschaufelt und die Erdäpfel ausgegraben. Drei Viertel, auch vier Fünftel, und an einigen Orten sind alle Erdäpfel vollkommen verfroren gewesen. Die Not stieg immer mehr. Für die ärmere Menschenklasse war kein Verdienst da. Am 15. April 1817 hat der Mut Kernen zu Rheinheim 32 Gulden gekostet und ein Viertel Erdäpfel 2 Gulden. Der Müller Josef Riedmatter von Eschbach hat mehrere Salzfaß voll Erdäpfel verkauft, jedes zu 22 Gulden rheinisch. 1 Pfund Anken gilt 30 Kreuzer, das Pfund Rindfleisch 12 Kreuzer. Am 28. April wurde die Ausfuhr aller Lebensmittel aus dem Großherzogtum Baden verboten. Auch die Viehausfuhr wurde gänzlich gesperrt. Am 4. Mai wurde durch einen Beamten von Waldshut und durch den Gemeindevorsteher in jeder Gemeinde eine durchgehende Hausvisitation vorgenommen und die Früchte aller Art, auch die Erdäpfel abgeschätzt und der Erfund in ein Protokoll aufgenommen.

Auf Anordnung der geistlichen und weltlichen Obrigkeit mußten vom 4. bis zum 11. Mai im ganzen Badischen Großherzogtum wegen der Hungersnot und der grausamen Teuerung Betstunden gehalten werden.
Der Bierbrauer Anton Bornhauser von Waldshut hat für jeden Mut Gerste, als die Teuerung am größten war, 24 Gulden bezahlt.
Viele, welche Geld zu 5 Prozent entlehnen wollten, bekamen statt 100 Gulden nur 90 Gulden, auch nur 80, einige sogar nur 75. Die Handschriften und Obligationen mußten sie auf 100 stellen. Der Geldmangel war äußerst groß, besonders wegen den Auswanderern nach Amerika.
Am 7. Juni gilt der Muth Kernen in Zürich, das Maß und Gelt nach dem Waldshuther gerechnet 50 fl., in Rheinheim ein Muth 42 fl., ein Muth Haber 9 auch 10 und 11 fl., wan derselbe recht guth ware. Zu diser Zeit mußte sozusagen alles sparen, viele Menschen mußten sehr Hunger leidten, viele Menschen, besonders in den Waldgegenten, lebten bereits gantz vom Gras. Diese Leuthe sahen sehr blaß aus, man hat ihnen den Hunger im Angesicht und Augen angesehen, auch seind mehrere aus Mangel der Lebensmittel, folglich Hunger gestorben. Es war niemandt mehr fröhlich, alles war traurig. Man sahe sehr selten jemandt ein wenig lachen, und das Schertzen ist bereits an allen Orthen verschwunden. Dieses war wahrhaft die Zeit der Noth.
Am 18. Juni 1817 wurde zu Waldkirch damit begonnen, wie überall im Lande, die sogenannte Pfarrsuppe zu kochen und den armen Hungerleidenden auszuteilen. Dieses Suppenkochen hat in den Städten den Anfang genommen. In Waldkirch wurden Tag für Tag wenigstens 600 Portionen zu einem halben Maß gekocht und vormittags 10 Uhr den in der Pfarrei Waldkirch befindenden Armen ausgeteilt. Hiezu wurden täglich gebraucht 40 Pfund Brot, 3 Viertel Habermehl, 3 Viertel Erdäpfel, 9 Pfund Salz und 2 Pfund gesottener Anken. Diese Pfarrsuppe wurde in dem Waschhaus des Pfarrhauses in 2 hierzu überzinkten Kupfer-

kesseln gekocht. Am 10. August hat das Austeilen der Pfarrsuppen wieder aufgehört. Diese Pfarrsuppe wurde also 7 Wochen und 4 Tage abgekocht.[116]

Eine Folge dieser wirtschaftlichen Krise, die im Hungerjahr 1817 gipfelte, war die erste große Auswanderungswelle nach Amerika. Schon im Frühjahr des Jahres 1816 waren aus Orten des Amtsbezirks Säckingen die ersten Auswanderungsgesuche nach Amerika bei der Regierung eingegangen. Begleitet wurde diese Welle von Verkaufs- und Zwangsversteigerungsanzeigen in den damaligen Wochenblättern, an denen sich die rapide wachsende Verarmung ablesen läßt. 20000 Personen, der dreißigste Teil der badischen Bevölkerung, reichten im Jahre 1817, trotz eindringlicher Warnung, Auswanderungsgesuche ein. Eine wahre Auswanderungssucht griff um sich. Schiffseigner machten mit der Not der Menschen Geschäfte.

Auf die Auswanderung aus dem Hauensteinischen übte der Basler Schiffsmeister Frey einen großen Einfluß aus. Er hatte in Basel eine Schiffsverbindung nach Holland eingerichtet und vermittelte die Beförderung nach Amerika. Es war die Meinung verbreitet worden, daß den Auswanderern nicht nur die Reisekosten von Hause bis Amsterdam, sondern daß auch jeder auf dem Schiffe 100 Gulden bares Geld und bei der Ankunft in Amerika sechs Jauchert Ackerfeld, zwei Stück Zugvieh, zwei Kühe, Schweine und anderes erhielten. Aber die Auswanderer sahen sich in den Versprechungen und Erwartungen sehr getäuscht. Als Mitte Mai 1817 zwei badische Regierungskommissäre zum Einkauf von Brotfrüchten nach Amsterdam kamen, trafen sie auf den Straßen der Stadt »haufenweise badische Landeskinder«, welche vor langem Warten auf ein Schiff fast mittellos waren und sich nicht zu raten und zu helfen wußten.

So erging es in dieser Zeit den zwei Unteralpfener Familien Dörflinger und Hilpert. Sie verkauften in Unteralpfen all ihr Hab und Gut, was sie nicht mitnehmen wollten und traten mit ihren Kindern die Reise ans Meer an. Als sie in Amsterdam nach langer anstrengender Reise ankamen, war niemand zu finden, der sich ihrer annahm. Sie waren betrügerischen Agenten in die Hände gefallen und das ausbezahlte Geld war verloren. Die armen betrogenen Leute mußten sich schließlich noch glücklich schätzen, daß sie auf Kosten des badischen Staates wieder heimreisen konnten in den Hotzenwald. Die Mutter der Familie Hilpert trug ihr kleinstes Kind auf der Reise, soweit sie zu Fuß zurückgelegt werden mußte, in einer Zaine auf dem Kopfe. Sie hatte bei der Ankunft in Unteralpfen fast keine Haare mehr auf dem Kopfe.[117]

In den zwanziger Jahren des 19. Jahrhunderts erholte sich die Hausindustrie, und wieder wuchs die Bevölkerung. Ein Hotzenwälder sah bereits 1832 eine Katastrophe auf seine Heimat zukommen: *Es sin halt z'viel Mensche bi eus, do sitzt de Breste ... 'S isch unmögli, daß es besser werde cha. Lueg nu, wie zentum in de Dörfer un in de Städte alls voll hokt; un wie viel alls Lüt lebe, wo kai Schufle voll Grund bsitza. Wie viel gits it Herrn vom Großherzog a bis zum Schrieber. Un all müen vom Buursma lebe. Un lueg, wie all Profeßione übersetzt sin. Kai verdient nüt meh; ain isch im andre im Weg! Nimm emol de Hufe Lüt, wo nüt zschaffe hänn, un isch no e Plätzli Erdrich, wo mer it benutzti? – 'S isch us, 's isch us, 's git z' viel Volch un zwenig Bode ...*[118]

Zwar hielt sich die Not 1832 noch in Grenzen; schlimm wurde sie aber durch die – vorwiegend durch eine Kartoffelkrankheit verursachte – Mißernte von 1846/47. Der Mangel an Kartoffeln, die in Heimarbeiterfamilien neben der Milch die wichtigste Grundnahrung darstellten, mußte sich katastrophal auswirken. Eine Verschuldung in bisher nicht dagewesenem Umfang setzte ein. In der Wiesentalgemeinde Ehrsberg mußten innerhalb von 2 Jahren 30 von insgesamt 112 Familien ihren Besitz verkaufen, ein besitzloses Landproletariat entstand. Um Brotgetreide kaufen zu können, wurde die letzte Kuh verkauft, Schweine konnten wegen des völligen Ausbleibens der Kartoffelernte nicht mehr aufgezogen werden. Krankheiten infolge ungenügender Ernährung und fehlender Bekleidung kamen hinzu, kirchliche und staatliche Stellen beklagten eine allgemeine Entsittlichung. Der Anteil der unehelichen Kinder an der Gesamtzahl der Neugeborenen stieg in diesen Notjahren in den am stärksten betroffenen Gebieten auf 25 Prozent an, da der land- und verdienstlose Bevölkerungsteil zum Heiraten nicht mehr in der Lage war. Welche Armut sich hinter diesen Zahlen verbirgt, veranschaulicht folgender Situationsbericht über die Hausindustriegemeinde Oberwihl:

Schon der Anblick der Häuser verrät die in denselben herrschende Not. Die Fenster sind größtenteils aus Papier, die Dächer schützen nicht mehr gegen Regen oder Schnee; an vielen Stellen sind statt neu eingesetzter Pfosten untergestellte Stützen. Das Innere entspricht vollkommen dem Äußeren. In den Keller führt eine Stiege oder Leiter zum Halsbrechen, so auch auf den Speicher; Keller und Speicher sind leer. Die Gemeinde zählt etwa 100 Bürger. Davon ist ein Drittel ganz arm, das zweite Drittel von der Art, daß es sich kaum durchkämpft, das letzte Drittel hat etwas Vermögen, unterliegt aber fast der (Steuer-)Last, daß sie vom Auswandern sprechen, bevor sie zu Grunde gerichtet sind. Die ganze Seelenzahl beträgt etwa 600. In 37 Familien sind 126 nichtarbeitsfähige und 80 arbeitsfähige unterstützungsbedürftige Personen.[119]

In Oberwihl wie in anderen Orten versuchte man die Not mit Hilfsmaßnahmen zu lindern: Suppenanstalten wurden eingerichtet, Geldzuschüsse gewährt, Saatgut und Lebensmittel ausgeteilt. Durch Wegebau- und Waldarbeiten sollten die Gemeinden Arbeitslose gegen einen geringen Lohn beschäftigen. Doch nennenswerten Erfolg brachten diese Maßnahmen nicht. Im Gegensatz zur Krise von 1817 wurden die Menschen nun vom Staat zur Auswanderung nach Amerika ermutigt. In vielen Fällen übernahm die Staatskasse die Auswanderungskosten, da die Auswanderungswilligen nicht einmal genug Geld hatten, um sich die für die Reise notwendigen Kleider und Lebensmittel zu kaufen. Die Eingaben der Bürgermeisterämter sprechen für sich. In einem Ort des Oberen Wiesentals schob man ledige Frauen mit sieben, fünf und vier unehelichen Kindern auf Gemeindekosten nach Amerika ab. Am 5. Juni 1852 bittet der Gemeinderat von Birkingen um eine Auswanderungsgenehmigung und einen Paß für Eva Herr: Sie habe drei uneheliche Kinder, von denen das älteste sieben Jahre alt sei. Die Gemeinde wolle die Reisekosten bezahlen, Vermögen habe die Frau nicht.

Die Auswanderung scheint für die badischen Behörden die einzige Möglichkeit zur Lösung des Problems gewesen zu sein. Ein Beispiel bietet die Gemeinde Herrischried. Im Jahre 1847 hatte sie 1062 Einwohner, die gesamte Pfarrei umfaßte 3102. Im Jahre 1853 waren es dagegen nur noch 741 bzw. 2504. Die Abwanderung aus der Region sollte sich in der zweiten Hälfte des 19. Jahrhunderts fortsetzen und bis zum Beginn des 20. Jahrhunderts anhalten. *Im Mai 1851 verlassen allein aus der Pfarrei Herrischried und Rickenbach über 500 Menschen die Heimat, einem ungewissen Schicksal entgegen. Da die Kleider der Auswanderer fast durchweg »aus elenden Fetzen und Lumpen« bestehen, und keiner ein Paar ordentliche Schuhe besitzt, muß für sie gesammelt werden. Am 3. Mai 1851 verläßt der erste Zug mit 150 Auswanderern Herrischried. Zur »Sicherheit, Aufrechterhaltung der Ordnung und Verhütung des Ausreißens« wird er von Gendarmerie und Soldaten begleitet. Frauen und Kinder werden auf Fuhrwerken gefahren, die Männer müssen marschieren. In Haltingen werden die Hotzenwälder auf die Eisenbahn verladen; in neunstündiger Fahrt geht es auf der badischen Hauptbahn nach Mannheim. Dort steigen die Auswanderer auf ein Dampfschiff um, das den Transport bis Köln bringt. Dann muß wieder umgewechselt werden auf die Eisenbahn zur Fahrt nach Bremen, von wo kleine Weserdampfer die badischen Auswanderer nach Bremerhaven befördern, wo sie das Segelschiff »Rebecca« übernimmt, das mit Zielhafen New York in See stechen soll. Da in Amerika kranke, gebrechliche oder*

krüppelhafte Personen, Leute über 60 Jahren ohne arbeitsfähige Familienmitglieder, alleinstehende Frauen mit Kindern keine Einreisegenehmigung zu erwarten haben, werden solche Auswanderungswillige nicht an Bord gelassen.
Jeder Auswanderer muß 40 Pfund Zwieback, 10 Pfund Fleisch, 20 Pfund Mehl, Reis, Bohnen oder Erbsen, 140 Pfund Kartoffeln, 4 Pfund Butter, 2 Pfund Salz, ½ Liter Essig und mehrere Krüge mit Mineralwasser als Verpflegung für die Überfahrt vorweisen. Und dann beginnt die Fahrt über die hohe See, einem ungewissen Schicksal entgegen. Von einigen Auswanderern kommen nach Monaten Briefe an die Daheimgebliebenen; sie berichten, daß man drüben Arbeit gefunden habe und nach den Strapazen auf dem engen Segelschiff nun voller Hoffnung auf eine bessere Zukunft sei. Von den meisten aber gelangt nie wieder eine Nachricht in den Hotzenwald. Sie sind für die Daheimgebliebenen verschollen.[120]

Das Uhrengewerbe in der Krise

Ähnlich wechselhaft wie in der Textilheimarbeiterregion des Hotzenwaldes verlief die Entwicklung im Uhrengewerbe. Viele Schwarzwälder waren in der zweiten Hälfte des 18. Jahrhunderts wohlhabend geworden, und gerne zeigte man den neuen Reichtum bei öffentlichen Anlässen. In feine Stoffe gekleidet, mit Uhrenketten, buntseidenen Mailändern (Halstüchern) und Strohhüten geschmückt, trat man bei Festlichkeiten auf:
Ein paar Tage in der Woche wurde gearbeitet und höchst frugal dabei gelebt, dann aber der Wagen angespannt und mit Weib und Kind von einer Hochzeit zur anderen gefahren; zu jedem Taufen, Kirchweih oder anderer Festlichkeit lud sich das ganze Dorf und die Nachbargemeinden selbst ein, und jeder ass auf seine Kosten so viel er konnte, von früh bis in die Nacht. Die Männer spielten um Goldstücke Karten und Kegel, und die

Weiber trugen silberne Ketten von mehreren hundert Gulden Wert. Von dieser Herrlichkeit wissen alte Leute noch viel zu erzählen, und in den heutigen Gebräuchen finden sich noch manche ihrer Spuren, doch untergrub sie sich leider selbst, und raubte der Fabrikation die Kraft, dem ersten ernsten Sturme zu widerstehen, der sie traf.[121]

Dieses Auftreten war nicht nur für die jungen Wälder Vorbild, sondern verfehlte auch in angrenzenden Regionen seine Wirkung nicht. Immer mehr Leute kamen auf den Wald, um das Uhrmacherhandwerk zu erlernen. Waren 1796 in Furtwangen 30 Uhrmacher mit 80 Gesellen tätig, so zählte man zehn Jahre später bereits 136 Meister und 87 Uhrenhändler, die Einwohnerzahl wuchs im 18. Jahrhundert insgesamt um 400 auf 1000 an, um bis 1845 noch einmal auf 2470 anzusteigen. Aber bereits in der ersten Hochphase gab es Leute, die vor einer solch inflationären Entwicklung im Uhrengewerbe warnten. Nach dem Vorbild von Zunftverfassungen wollte man 1780 die Geschäfte ordnen und regeln, um bereits erkennbaren Mißständen in Handel, Organisation und Ausbildung entgegenzuwirken. Doch stieß dieser Vorschlag bei den Uhrmachern auf wenig Gegenliebe, war doch gerade die Freiheit das eigentliche Charakteristikum ihres Gewerbes und Grund des beeindruckenden Aufstiegs. Selbst die im Verlauf der Französischen Revolution auftretenden Einbrüche änderten nichts an dieser Haltung. Ein von der badischen Regierung initiierter und von Obervogt Huber, der sich bei der Förderung der Strohflechterei große Verdienste um die »Schwarzwälder Industrie« erworben hatte, energisch vorangetriebener Vorstoß zur Besserung der Lage stieß auf breite Ablehnung. Nicht in einer straffen Zunftordnung, wie sie der »Entwurf zu einer Manufaktur- und Handelsordnung im Uhrengewerbe« von 1806 vorsah, sondern in einer intensivierten Produktion sah man die Lösung der Probleme. Ein Meister versuchte den anderen im Verkaufsangebot zu unterbieten; Überproduktion und fallende Preise waren die

Folge. Um das Absinken der Gewinnspanne möglichst gering zu halten, beschäftigte man eine immer größere Zahl von Lehrlingen – für jeden bekam man ein Lehrgeld – und stellte ihnen eine verkürzte Ausbildungszeit in Aussicht. Zusätzlich wurde den Gesellen und Lehrlingen ein Tag in der Woche freigegeben. An diesen sogenannten »Gammeltagen« durften sie »für sich arbeiten«, also in die eigene Tasche wirtschaften. Unter diesem Lehrbubenunwesen (man sprach offen von »Lehrlingszüchterei«) litt zunehmend die Qualität der Uhren. Eine übergroße Menge minderwertiger Ware wurde produziert und zu Schleuderpreisen an die Händler weitergegeben. Wegen dieser Mißstände versuchte Obervogt Huber, zusammen mit dem Pfarrer Johann Baptist Diebold aus Neustadt, 1814 erneut das Uhrengewerbe zunftmäßig zu ordnen. Auf einem alle zwei Jahre stattfindenden Kommerztag sollten die Preise festgesetzt werden, ein bestellter Schätzmeister sollte allwöchentlich die zum Zunftmeister gebrachte Ware prüfen, ob sie *meistermäßig oder pfuschmäßig* angefertigt sei. Außerdem forderte man eine inhaltliche und zeitliche Festlegung der Lehrlingsausbildung. Wiederum scheiterten die beiden Reformer mit ihren Vorschlägen, hatte sich doch inzwischen die allgemeine Lage, vor allem das Auslandsgeschäft, verbessert. Dieser konjunkturelle Aufschwung führte jedoch nicht zu einer Behebung der Mißstände im Innern. Im Gegenteil: Immer mehr geriet man in die Abhängigkeit von den Händlern. Zudem kam es im Unterschied zur ausländischen Konkurrenz nicht zu einer Verbesserung der Produktion. Immer noch wurden die Uhren nach den alten Vorbildern in möglichst großer Stückzahl hergestellt, die Arbeitsteilung machte keine Fortschritte, man war auf dem Stand von 1790 stehengeblieben. *Während in Genf, Neuenburg und der Franche-Comté mit jedem Jahre elegantere Produkte hervorgehen, bleibt der Schwarzwälder auf der einmal erreichten Stufe der Kunstfertigkeit stehen und kümmert sich wenig um das Voranschreiten seiner Rivalen.*[122]

Als es in den vierziger Jahren zu einem erneuten Einbruch kam, wurden die gleichen Mißstände bemängelt wie zu Beginn des Jahrhunderts.

[...] wie sehr complizirt ist gegenwärtig das Geschäft? und welche Misbräuche haben sich eingeschlichen vom Lehrbuben bis zum Spediteur und Spekulanten? Schon bei den Lehrjungen fängt nämlich der Unfug an, indem der Meister so viele, als seine Arbeitsstube fassen kann, in die Lehre aufnimmt, von denselben große Lehrgelder bezieht und sie nach ein paar Monaten wieder als ausgelernte Uhrenmacher mit förmlichen Lehrbriefen entläßt. Dieser Unfug wird dadurch noch bedenklicher, daß derselbe gewöhnlich von solchen Meistern getrieben wird, welche selbst wenig Geschik haben, daher nicht hinreichend beschäftigt sind und die Aufnahme recht vieler Lehrlinge als Spekulation treiben, von deren Ertrag sie leben. Ist mir doch während meinem Aufenthalte auf dem Schwarzwald ein solcher gewissenloser Meister namhaft gemacht worden, welcher bereits in den letzten 3 Jahren 17 Lehrjungen größtentheils aus Würtemberg aufgenommen, von jedem ein Lehrgeld von 60 bis 80 fl. [Gulden] bezog und jeden nach ein paar Monaten wieder mit Lehrbrief entlassen hatte. Man kann denken, wie höchst dürftig unterrichtet solche jungen Burschen aus der Lehre treten und doch denken sie gewöhnlich nicht daran, sich als Gesellen in dem gewählten Zweige der Uhrenmacherkunst vorerst noch mehr zu befähigen – sondern sie fangen sogleich ihr eigenes Geschäft an und verkaufen ihre Pfuschwerke unter dem Preiß – oder sie wandern wohl gar noch in den Jahren der Minderjährigkeit leichtsinnig ins Ausland, treiben sich dort ein paar Jahre als Händler und Hausierer herum und kommen dann wieder – gewöhnlich an Seele und Körper verwahrlost und als Bettler in ihre Heimathsgemeinde zurük, um dort zeitlebens Pfuscherei zu treiben.

Eben wegen dem verderblichen Misbrauche, daß nämlich die Lehrbuben, während sie in ihrer Lehrzeit nur schlecht unterrichtet werden und dann – sobald sie ihren Lehrbrief in Händen

haben, leichtsinnig ein eigenes Geschäft begründen, sind auch brauchbare Gesellen sehr schwer zu erhalten und vorzügliche Meister sind gewöhnlich mit förderung ihrer bestellten Arbeiten wegen Mangel an tüchtigen Gesellen in großer Verlegenheit. Wenn aber auch der Meister so glüklich war, einen wakern Gesellen einzustellen, so muß er jede auch noch so unbescheidene Anforderung des leztern befriedigen und läuft demungeachtet Gefahr, bei jedem Zahltage den Gesellen zu verlieren. Unter die gewöhnlichen Bedingungen des Gesellen gehört auch ein freier Wochentag, an welchem nämlich der Geselle auf den Maschinen und mit den Instrumenten des Meisters für sich arbeiten darf, und dann das Fabrikat unter dem Preiße verkauft. – Auch besteht das offenbar sehr schädliche Herkommen, daß der Geselle an jedem Wochenzahltage ohne vorhergehende Aufkündigung willkührlich austreten kann und der Meister zusehen muß, wie der Geselle unvermuthet aus seiner Werkstätte in jene seines Nachbarn übertritt, welcher denselben unredlich durch höhere Angebote verlokte. –
Noch größer sind die Unordnungen bei den Meistern selbst. Ich will nichts davon reden, daß derjenige, welcher für sich ein eigenes Geschäft als Meister begründen will, keine Prüfung zu bestehen, kein Meisterstük zu liefern hat und man daher seiner Befähigung nicht sicher ist. Aber offenbare Unordnungen und Misbräuche sind es dennoch, wenn Ausländer ohne diesseitiges Staats- und Ortsbürgerrecht, Uhrenmacher-Werkstätten errichten und in denselben mit Gesellen und Lehrjungen arbeiten – wenn ein Hofgutsbesitzer, welcher die Uhrenmacherei nicht erlernte und von derselben nichts versteht, nun auf einmal Gesellen und Lehrjungen einstellt, und auf seine Rechnung das Uhrenmacher-Gewerbe treiben läßt, – wenn sogar ledige Mädchen Uhrenmacherei-Werkstätten errichten und als Meisterinnen mit Gesellen und Lehrjungen arbeiten.[123]
In dieser schwierigen Situation wurde der Schwarzwälder Uhrmacher von der Agrarkrise 1846 hart getroffen. Teuerungen und

Kartoffelkrankheit gefährdeten die Lebensmittelversorgung. *Wer damals in den Schwarzwald kam [...] hörte fast nichts als Klagen über den gänzlichen Verfall des Uhrengewerbes, über Concurrenz, Mangel an Arbeit und herabgedrückte Preise. Im Jahr 1847 war die Uhrenmacherei fast bis zur Null herabgesunken. Die Noth und die Verarmung machte Riesenschritte; Banquerotte in Menge fanden statt, und mancher gute Schwarzwälder Uhrenmacher mußte suchen, sein tägliches Brod durch eine andere Beschäftigung zu verdienen. Es hatte damals den Anschein, als solle der Schwarzwald ein zweites Schlesien geben.*[124]

Angesichts dieser schwierigen Lage erinnerte man sich gerne der Vorschläge der »zünftlerischen« Bewegung. Die Notwendigkeit eines Zusammenschlusses und die Einführung einer Gewerbeordnung wurden ernsthafter denn je diskutiert. Aber auch die Rückständigkeit im Produktionsverfahren wurde nun moniert und seine Verbesserung, verbunden mit einer qualifizierten Fortbildung und einer geregelten Lehrzeit, gefordert. Energisch betrieb man die Bildung eines Gewerbevereins.

Am 13. Mai 1847 war es soweit. 68 Schwarzwälder waren anwesend, als der Furtwanger Lorenz Bob, später Lehrer an der Uhrmacherschule, im Löwenwirtshaus zu Schönenbach eine Erklärung verlesen ließ: *Unser lieber Schwarzwald, der vor etlichen 20 Jahren noch in den blühendsten Verhältnissen stand, und sowohl in Europa als auch in den übrigen Welttheilen eine wichtige Rolle in der Handelswelt spielte, liegt nun in Folge der herabgesezten Preise und aus Mangel an Absatz seines Fabrikats, sowie auch durch Concurrenz von fremdem Fabrikat gänzlich darnieder. Diesem Uebelstand nun abzuhelfen, sind wir heute hier versammelt, um durch Eintracht und vereintes Zusammenwirken uns wieder empor zu schwingen, um dadurch unser Wohl und das unserer Kinder und Kindeskinder zu erzielen. Die Vorsehung wolle, daß das Resultat unseres heutigen Beisammenseins nicht wie bei früheren Versammlungen fruchtlos, sondern daß der heutige Tag für uns und alle unsere lieben Landsleute ein Tag der Freude, überhaupt ein wichtiger Tag für das gesammte Wohl sein möge!*[125]

Bobs Appell zeigte Wirkung, und der »Gewerbeverein für den Uhrenmachenden Schwarzwald« wurde gegründet, ein »Grundgesetz«, die Satzung, aufgestellt sowie ein provisorischer Verwaltungsrat gewählt. Als Sprachrohr und Diskussionsforum diente das »Uhren-Gewerbsblatt«, das ab dem 1. Juni 1847 vierzehntägig als kostenlose Beilage des »Schwarzwälders« erschien. Der Werbefeldzug des Gewerbevereins hatte zunächst Erfolg. Als im September zur zweiten Hauptversammlung nach Furtwangen eingeladen wurde, verkündete man nicht ohne Stolz:

Einhundert und sechs und dreißig Tage sind es seit dem Himmelfahrtstag, an welchem 68 entschlossene Schwarzwälder einen Verein errichtet haben, der jetzt über 700 Mitglieder zählt. Mochten Viele anfangs lachen und spotten über das Unternehmen, dennoch ist der Verein in kaum vier Monaten zehnmal größer geworden. Noch lachen und spotten Viele – aber worüber lachen und spotten sie? Etwa darüber, daß man in nahezu 40 Gemeinden das Bedürfniß eines solchen Vereins anerkannt hat? Etwa darüber, daß nicht bloß jugendliche Köpfe, sondern graue Häupter von 70 und 80 Jahren Mitglieder des Vereins geworden sind? Oder ist es etwa lächerlich, daß nicht blos arme Uhrenmacher und Maler bei dem Verein Hilfe suchen gegen immer größere Verarmung, sondern daß vermögliche Bauern, reiche Capitalisten, ja angesehene Beamte und Männer der Wissenschaft es nicht verschmäht haben, neben armen und oft mit Unrecht verachteten Arbeitern Mitglieder des Vereins zu werden, um dieselben schützen zu helfen vor dem gänzlichen Zerfall des einst so einträglichen Uhrengeschäfts?

Lache und spotte, wer lachen und spotten mag. Der Verein kann sich beruhigen bei dem Gedanken, daß nicht nur über siebenhundert Schwarzwälder jedes Standes entschlossen sind, seine

Zwecke mit Geld und Kraft zu unterstützen, sondern daß die großh. Behörden jeder Stufe, die Bezirksbehörden, die Kreisbehörden, die Staatsbehörden die Zwecke des Vereins gebilligt haben und zu fördern entschlossen sind.[126]

Die Frage, wie denn die Schwarzwälder Uhr auf einen höheren Stand zu bringen sei, wurde in der Öffentlichkeit heftig und kontrovers diskutiert. Das war kein Wunder, ging es doch letztendlich um die Frage: Industrialisierung oder Hausgewerbe, zentrale und arbeitsteilige Produktion oder Anfertigung der Uhren wie bisher im eigenen Haus. Der Gewerbeverein bezog eindeutig Stellung. Er forderte eine größere Arbeitsteilung, eine Zergliederung der Uhrenfabrikation, die Aufnahme von Stock- und Taschenuhren in die einheimische Produktion sowie Rohuhrwerkfabriken, die die Uhreneinzelteile maschinell herstellen sollten. Man wollte Musterwerkstätten errichten und schrieb Wettbewerbe für sogenannte »Musteruhren« aus, die einer rationellen Massenproduktion als Grundlage dienen sollte. Gerade im künftigen industriellen Charakter der Schwarzwalduhr sah man eine Chance für eine Veränderung und Verbesserung der Lage. Doch der Gewerbeverein erreichte mit seinen Appellen nicht viel. Zu groß war die Skepsis der Wälder, zu groß auch die Angst vor der Fabrik, zu wenig überzeugend, zu vage, ja zu naiv die Argumentation des Gewerbevereins.

Die jetzt noch vorherrschende Scheu vor größerer Arbeitstheilung hat einen höchst ehrenhaften Grund. Man fürchtet sich nämlich vor dem Fabriklerwesen, welches damit nothwendig über den Schwarzwald hereinbrechen müsse. Diese Furcht jedoch scheint ganz und gar unbegründet zu sein. Denn weshalb sollte es bei größerer Arbeitstheilung durchaus nothwendig sein, daß die Verfertiger der einzelnen Uhrenbestandtheile alle beisammen in Einem Gebäude, oder gar in Einem Saal sollten arbeiten müssen? Wäre dies der Fall, so müßte natürlich auch ein reicher Fabrikherr vorhanden sein zu einem so großartigen Geschäft, und dann wäre es freilich um die so schöne Unabhän-

gigkeit der in einzelnen Häusern für sich arbeitenden und »ganze Uhren« verfertigenden Uhrenmacher geschehen. Allein weshalb sollte es nöthig sein, daß die Verfertiger einzelner Uhrenbestandtheile zusammen in Einem Gebäude wohnen? Wer diese Einwendung gegen die einzuführende größere Arbeitstheilung macht, bedenkt nicht, daß diese eben sowohl ohne Gefährdung der schönen Unabhängigkeit einzeln wohnender möglich ist, als die schon längst eingeführte, nur noch unzureichende Arbeitstheilung.[127]

So blieb dem Uhrengewerbsverein, der während der Revolution von 1848/49 verboten wurde, neben seiner Vordenkerrolle für spätere Entwicklungen, nur ein Erfolg: 1848 legte man dem Großherzoglichen Ministerium des Innern ein Schreiben mit der Bitte vor, eine Uhrengewerbsschule zu errichten. Sie kam Ende des Jahres als Petition mit folgendem Schlußwort vor die Badische Kammer: *Wir bitten mit der Verwilligung nicht solange zu warten, bis aus Mangel an Verdienst das Elend zu groß wird, als daß die Meister noch an Geschäftsvervollkommnung denken können oder bis unsere besten Kräfte nach Amerika ausgewandert sind, was massenweise diesen Sommer geschehen wäre, wenn Haus und Feld auch nur einigermaßen hätte verwertet werden können.*[128]

Am 28. März 1850 wurde die Großherzoglich Badische Uhrenmacherschule in Furtwangen eröffnet. Zu ihrem Leiter wurde der damals dreißigjährige Ingenieur Robert Gerwig bestimmt, der spätere Erbauer der Schwarzwaldbahn zwischen Hausach und Villingen. Das Hauptaugenmerk Gerwigs galt der Herstellung von Normal- oder Musteruhren. Hier befand er sich ganz auf der Linie des Gewerbevereins. Den Grund für die mangelnde Konkurrenzfähigkeit der Wälderuhr sah er in der willkürlichen, individualisierten Produktion, die einer Arbeitsteilung und einer rationellen Fertigung entgegenstand und sich auch bei der Reparatur für den Kunden nachteilig auswirkte. Im Gewerbeblatt erschienen Artikel, die die Vorteile von Normaluhren

aufzuzeigen versuchten. Bestandteile und Normalien für die verschiedensten Uhrensorten wurden mit dem Ziel angefertigt, Rohteile in Massenproduktion einfacher und billiger herzustellen.
Trotz großer Anstrengungen gelang es aber wiederum nicht, Musteruhren zu schaffen. Erfolgreicher war Gerwig in seinem Bemühen, die Stockuhr auf dem Wald einzuführen, die durch Zugfedern angetrieben wurde. Es gelang ihm auch, bei den Herstellern das Interesse an der Schauseite der Uhr wieder zu beleben. Die Schwarzwälder Uhr sollte als Zimmerschmuck gelten können, um »im Salon Aufstellung zu finden«. Durch Ausstellungen in den Sommermonaten auf der Promenade in Baden-Baden sollten neue Käuferkreise erschlossen werden. Und tatsächlich besserte sich Anfang der fünfziger Jahre die Absatzlage. *Die gesamte Schwarzwälder Uhrmacherei geht gegenwärtig sehr gut. Viele geschickte Meister können nicht genug Arbeit liefern und überall ist das größte und regsamste Leben. Jetzt arbeiten die Leute auch wieder mit frischem Mut, mit neuer Lust und Liebe zu ihrem Gewerbe.*[129]
Doch diese Einschätzung trog, da sie sich einseitig auf die vermehrte Produktion konzentrierte und die Produktivität unberücksichtigt ließ. Tatsächlich konnte der Preisverfall der Schwarzwälder Uhren nicht aufgehalten werden. Oft reichte der erzielte Preis nicht einmal aus, um die Ausgaben decken zu können. Häufig brachten die Uhrmacher nicht mehr als ein Stück Tuch vom Uhrenverkauf mit. Frauen und Kinder mußten die Familien mit Strohflechterei ernähren. *Fragen wir einen Uhrmacher, einen Schildmaler. [. . .] , wie es mit dem Geschäfte geht, so wird die Antwort nicht ausbleiben: Zu thun hätten wir schon, aber der Preis ist zu niedrig. Allerdings wird schwerlich die Zeit wiederkommen, daß man für eine Schwarzwälder Uhr soviel Kronenthaler bezahlt, als sie jetzt nur noch Gulden kostet, aber doch könnten die Preise höher stehen, als es gegenwärtig der Fall ist; denn diese sind seit einer Reihe von Jahren immer mehr*

gesunken, während die Nachfrage nach Schwarzwälder Uhren sich (namentlich seit zwei Jahren) bedeutend gesteigert hat.[130]
Am 1. Juni 1864 wurde laut Beschluß des Staatsministeriums die Uhrmacherschule geschlossen, da sie ihre Aufgabe erfüllt hätte. War der badische Staat ursprünglich mit dem Ziel angetreten, das alte Uhrengewerbe durch die Förderung der Uhrmacherschule zu retten, so war eher das Gegenteil eingetreten. In einer möglichst großen Arbeitsteilung und in der Einführung von Maschinen erblickten die Männer um Gerwig die Zukunft der Schwarzwälder Uhr. Sie trafen damit auf den passiven Widerstand der meisten Wälder, die kein Kapital für solche Umstellungen hatten. Auf Kapital aber war man in der nun einsetzenden Phase der Industrialisierung angewiesen. Und als ein Kind der Industrialisierung wurde die Uhrmacherschule 1877 – mit Elektrotechnik und Feinmechanik im Lehrprogramm – wiedereröffnet.

»Eine Maschine sei im Werke …«

Der Wald und die Industrialisierung

Textilfabriken

Im Spätherbst des Jahres 1794 machte sich große Unruhe auf dem Wald breit. Ursachen der Gerüchte und Ängste waren die Ereignisse im ehemaligen Nonnenkloster von Säckingen. Was war passiert? Bereits im Jahre 1782 war das Kloster der Franziskanerinnen durch eine Verordnung Kaiser Josephs II. aufgehoben worden. Der Schweizer Baumwollfabrikant Johann Georg Grob aus dem Toggenburgischen erwarb die Klosteranlage und richtete dort eine Baumwollspinnerei, eine Baumwollweberei für Tücher und eine Musselinfabrik ein. Einheimische Arbeitskräfte wurden eingestellt, und die Geschäfte schienen sich gut zu entwickeln. Nach den Revolutionswirren führte die Witwe des 1792 verstorbenen Grob die Spinnerei als Manufakturbetrieb weiter und beschäftigte zudem 50 Weber in Heimarbeit. Jedoch erfüllten sich die Hoffnungen der Bevölkerung auf eine Erweiterung des Betriebs nicht. Statt dessen kauften die beiden Schweizer Jakob Höhn und Johann Gattiker das ehemalige Klosteranwesen nebst Zubehör auf. Eine neuartige Handspinnmaschine, die sich noch in Bern befand, sollte aufgestellt werden. Die Kunde, daß in der Waldstadt Säckingen eine Spinnmaschine mit einer Vielzahl von Spindeln – man sprach von 100 – betrieben werden sollte, verbreitete sich auf dem Wald wie ein Lauffeuer.

Eine Maschine sei im Werke, die so viel Baumwollengarn spinnen könne wie 100 Personen; von dem Regiment zu Zürich sei sie bereits verboten worden, für den Schwarzwald aber sei sie noch unvergleichlich bedenklicher; denn in ihrer Grafschaft mit Schönau und Todtnau verdiene mehr als ein Drittel aller Menschen ihr Brot durch Spinnen. Der Schluss sei unabweisbar, dass das Garn billiger werden würde. Aber dem Spinner, der schon kaum im stande sei, seinen Leib mit grober Leinwand oder Zwilch zu bedecken, werde das nichts helfen, wohl aber werde ihn die Entziehung der Arbeit in die äusserste Not stürzen.[131]

Wenn Goethe sich in seinem »Wilhelm Meister« vor dem überhandnehmenden Maschinenwesen ängstigt, das sich wie ein Gewitter heranwälze, so waren die Befürchtungen der Wälder weniger mystisch-poetischer Natur, sondern entsprangen ganz existenziellen Sorgen. Die bedrohliche Wirkung der Maschine wurde gleich bei ihrem ersten Auftauchen von der hausindustriellen Bevölkerung erkannt. Die größtenteils vom textilen Hausgewerbe lebenden Hotzenwälder organisierten Versammlungen, überall regte sich zäher Widerstand. Petitionen wurden verabschiedet, und Vögte der Hauensteiner Einungen reichten im Namen ihres Landes eine Beschwerde ein. Sollte es auch auf dem Hotzenwald zu Übergriffen und zu Zerstörungen von Maschinen kommen? Die vorderösterreichische Regierung wurde durch den Mahnruf in äußersten Schrecken versetzt und stellte sich schnell auf die Seite der Bevölkerung. Unterstützung fanden die Unternehmer nur beim Magistrat der Stadt Säckingen, der es gerne gesehen hätte, wenn wieder Industrie, und zwar in mechanisierter Form, in seine Stadtmauern eingezogen wäre. *Im übrigen werde jede einzelne Maschine nur etwa 20 Arbeiter einsparen und der eigene Vorteil zwinge die Erfinder, sie geheim zu halten,* war sein Argument. Auf diese Parteinahme der Stadt reagierte die vorderösterreichischen Regierung noch heftiger. *Sie setze es als einen allgemein anerkannten Grundsatz voraus, daß jede Erfindung oder Maschine, die dahinziele, die*

Handarbeit und Nahrung vielen Menschen zu entziehen und solche künstlich zu ersetzen, für schädlich angesehen werden müsse. [...] Ob die Maschine 100 oder 20 Menschen ersetze, sei ganz gleichgültig, denn auch jene Ersparnis werde genügen, um allmählich alle Arbeiter durch Maschinen zu ersetzen. An eine wirksame Geheimhaltung sei nicht zu denken, denn die Benachbarten würden durch die Konkurrenz gezwungen, auch zu dieser Art der Fabrikation überzugehen. Kurzum, niemals könne irgend eine Maschine, welche Menschenarbeit überflüssig mache, zugelassen werden.[132]

Die beiden Schweizer Unternehmer gaben jedoch nicht klein bei und gingen mit Unterstützung der Stadt bis zur letzten Instanz, dem Kaiser in Wien.

Was wolle das Schlagwort »Ersatz der Menschenarbeit« besagen, wenn man doch nur Garn mit der Maschine spinnen könne. Dazu würde eine grosse Kunst, ja wohl die grösste, die je von Menschen erfunden, gehören, wenn man ohne Menschenhilfe von sich selbst alle Sorten Zeug weben, das Garn haspeln und spulen könnte. Auch die Baumwolle müsste sich von selbst reinigen und zum Spinnen zubereitet hervorkommen. Darum sei die Erfindung einer oder mehrerer Maschinen niemals den Menschen nachteilig, sondern gerade das Gegenteil: Kann man erst mit wenig Mühe ein grosses Quantum Garn erzeugen, dann werde man auch sofort die Leute zu den anderen Arbeiten nötig haben und viel besser als jetzt jeden nach seiner Begabung verwenden; und so würden die Menschen glücklicher sein und mehr Verdienst haben, der Staat hätte mehr Einkünfte zu erwarten und das Land würde eines der blühendsten sein, die je ein Volk bewohnt hat.[133]

Trotz dieser bemerkenswerten, mit optimistischem Fortschrittsglauben durchsetzten volkswirtschaftlichen Argumentation, die Maschine werde für Mensch und Staat Glück und Wohlstand bringen, blieb die Regierung bei ihrer Auffassung. Sie wollte nicht dulden, daß Maschinen zum Nachteil vieler und gerade der ärmeren Untertanen eingeführt würden. Die Einführung der Spinnmaschine im Schwarzwald wurde vorerst verhindert. Bewohner und Regierung schätzten die Wirkung der Spinnmaschine durchaus richtig ein: Keine andere gewerbliche Tätigkeit wurde von der technischen Revolution so früh und so tief betroffen wie die des Handspinnens von Garn für die Weberei. Insofern hatten die Schwarzwälder durchaus politisches Gespür und hohe Sensibilität für ihre Lage bewiesen. Doch war ihr Erfolg zeitlich begrenzt. Bereits 13 Jahre später zog ein anderer Schweizer, Johann Georg Bodmer vom Zürichsee, mit seinen Spinnmaschinen in das Kloster St. Blasien ein: Das war der Anfang einer industriellen Gründungswelle, die nach und nach die gesamte Hausindustrie im südlichen Schwarzwald erfaßte.

War das Kloster St. Blasien vor einem Jahrtausend Ausgangspunkt für die Besiedlung und Kultivierung des Waldes gewesen, so wurde jetzt die 1805 aufgehobene Benediktinerabtei zur Keimzelle der badischen Industrie. Zunächst bedeutete die Übernahme des Klosters St. Blasien durch den Staat eine schwere Hypothek für die badische Regierung. Zum einen war die monumentale Anlage der Verwitterung preisgegeben, zum anderen bedeutete der Auszug der karitativ und sozial tätigen Mönche für die Bevölkerung eine weitere Verschlechterung ihrer Lage. *Der Landbewohner ist durch die eben schon angekündigte Aufhebung der Klöster tief gebeugt, da man diese katholischen Institute vernichtet, diesen Weg der Versorgung für manches seiner Kinder abgräbt und den Armen dieser unfruchtbaren Gegenden, in welchen die meisten dieser Klöster gelegen sind, die bisherige Guttätigkeit entzieht und sie der Blöße und dem Hunger überläßt.*[134]

Der Vorschlag der badischen Regierung, in St. Blasien Industrie anzusiedeln, stieß bei der Bevölkerung auf keinerlei Widerstand. Die Lage auf dem Wald hatte sich seit dem Säckinger Versuch radikal gewandelt. Drückende Armut war infolge der Napoleonischen Kriege eingekehrt, die Baumwollspinnerei lag fast völlig danieder, Unsittlichkeit wurde überall beklagt. Die neue Fabrik sollte der Not Einhalt gebieten. St. Blasien wurde freilich nicht deshalb als Standort gewählt, weil hier Wasserkraft, günstige Verkehrswege und dergleichen zur Verfügung gestanden hätten, sondern weil das Klostergebäude nutzlos geworden war und die Bevölkerung der Umgebung immer mehr zu verarmen drohte.

Im Jahr 1808 wurden die Klostergebäude – mit Ausnahme der Kirche – in in- und ausländischen Zeitungen zum Verkauf angeboten. Johann Georg Bodmer, der sich als Interessent meldete, war maßgeblich bei der Einrichtung der Baumwollspinnerei von Hans Escher in Zürich beteiligt gewesen und betrieb seit 1807 eine eigene Werkstatt in Küsnacht am Zürichsee. Einen Einblick in das damals um sich greifende »industrielle Fieber« und in den Erfindergeist der experimentierenden Techniker, die sich als Künstler verstanden und auch als solche angesehen wurden, gibt der Bericht eines badischen Beamten, der das junge Genie besuchte:

Zürich ist wie jede Handelsstadt, wo alles spekuliert. [...] Man sucht sich zu verbergen, irre zu führen und zu verleumden. Ich war also überzeugt, daß ich ohne Bekanntschaft mit dem Mechanikus Bodmer der Sache nicht näher rücken werde. Ich nahm mir also vor, dieses zu versuchen, und wenn auch selbst die Ursache meiner Anwesenheit in Zürich dadurch in Gefahr käme, verraten zu werden. [...] Ich verfügte mich also am 20. dieses nach Küsnacht am Zürichsee, wo die Bodmerschen Maschinen stehen. Mechanikus Bodmer machte Bedenken, mich einzulassen, bis ich mich nannte. Er führte mich hierauf in ein großes Zimmer in einer Mühle, wo mehrere Drehstühle und Vormaschinen am Wasser stunden und in Bewegung waren. Eine kleine Spinnmaschine zum englischen Wassergarn (Troiselle) war wirklich in der Arbeit und der Vollendung nahe. Eine solche größere Maschine war zur Versendung nach Paris eingepackt. Alles, was ich sah, hatte einen Grad von Vollendung und eine Einrichtung, die wirklich ein entschiedener Beweis für die großen mechanischen Kenntnisse des Georg Bodmer sind. Außer diesem Zimmer hat er noch vier kleine Nebengebäude, worin seine Schlosser- und Schreinerei und andere Werkstätten angelegt sind. Alle diese Gebäude gehören aber dem Müller in Küsnacht und Bodmer muß, wie er mir nachhin sagte, 50 Louisd'or jährlichen Pachtzins dafür bezahlen, weil er zugleich das Mühlwasser zur Bewegung seiner Maschinen benutzen darf. Arbeiter entdeckte ich nur 4 bis 5, aber der Raum gestattete auch nicht mehrere. Bodmer wies mir seine eigenen neuen Erfindungen in der Spinnkunst, worauf er so große Hoffnungen gründet, daß er glaubt, seine Anlagen einst bis auf 100 und mehrere Arbeiter ausdehnen zu können, wenn er nämlich einmal hinlänglichen Raum hat.

Die Vorzüglichkeit der neuen Spinnkunst stützt sich hauptsächlich darauf, daß mit ihren Maschinen durch wenige Menschenhände schöneres und dauerhafteres Garn als von der Hand gesponnen wird. [...] Das sogenannte englische Wassergarn ist das vorzüglichste, weil es wegen seiner Gleichheit und Stärke die schönsten Zettel (chaines) abgibt. Bisher konnte man aber auf der besten bekannten Maschine in einem Arbeitsraum von zwölf Stunden höchstens 2 englische Schneller auf die Spindel rechnen. Wer also Anspruch auf neue Erfindungen in der Spinnkunst machen will, muß dorthin kommen, daß er entweder a) den Mechanismus vereinfachen und so den Maschinenbau wohlfeiler führen könne als bisher, ohne an der bisherigen Wirkung etwas zu verlieren, oder b) daß er ohne das Produkt zu vermindern, schönere und dauerhaftere Garne, oder c) mit weniger Menschen ein gleiches, oder d) mit gleichviel Menschenhänden ein größeres Produkt liefern kann. Ich ersuchte daher den Mechanikus Bodmer um einige seiner Garnmuster. Er wies mir zwei zwischen Nr. 30 und 50, die sehr schön waren, jedoch den besten englischen noch nicht gleich kamen. Es kann aber auch an der Baumwolle fehlen. Ich erkundigte mich, welches Produkt er in 12 Arbeits-

stunden auf die Spindel verbürgen könne. Er erwiderte mir: von Nr. 40 gegen 2½ Schneller und von Nr. 30 ganz gewiß 3 Schneller. Ich äußerte ihm, daß ich diese Angaben etwas zu hoch finde, er beteuerte mir aber wiederholt, daß er eher zu wenig als zu viel sage. Wenn Mechanikus Bodmer dieses leisten kann, so bin ich ganz überzeugt, daß er mit seiner Anlage in St. Blasien reussiert. [...]

Der wichtigste Gewinn für das ganze Land bestünde aber meines Erachtens in der Errichtung guter Spinnmaschinen und in der Emporbringung der Weberei, die am Ende nicht nur den Verlust der Handspinnerei ersetzen, sondern unter einer guten Leitung und kleinen Aufmunterung denselben übertreffen könnte. Auf die Verbreitung solcher Maschinen und Webereien inner dem Lande müßte das Hauptaugenmerk gerichtet werden, und hierzu wäre die Fabrik zu St. Blasien das Samenkorn, welches man mit Sorgfalt kultivieren müßte.[135]

Im letzten Abschnitt des Berichts wird deutlich, daß für die badische Regierung die Schaffung neuer Arbeitsplätze absolute Priorität besaß. Ihr ging es nicht um eine industrielle Revolution in Baden, sondern um die Frage, ob und inwiefern diese Fabrik zur Beseitigung der drückenden Armut auf dem Wald beitragen werde. Die Bevölkerung sollte nicht in die Fabrik strömen, vielmehr war die Übertragung der modernen Technik auf die häusliche Erwerbstätigkeit der Gebirgsbewohner das erklärte Ziel. Diese Einstellung der badischen Regierung war ein Tribut an die Schwarzwälder Lebensweise, an ihre Form der Heimarbeit, die sich mit der Landwirtschaft kombinieren ließ. Heimarbeit war hier das eigentliche Ziel der Industrialisierung.

Der Idee, im Kreise der Familie nach eigenem Sinne zu leben, opfert der Mensch – der unverdorbene – jeden andern Plan, und hat er sich noch so lange umhergetrieben, aus innerer Unruhe oder äußerem Zwang, so ist es diese Idee, die ihn zuletzt festhält. In alle Länder reist der Wälder, und aus allen kehrt er heim, auf dem Wald den eigenen Herd zu gründen.

[...] St. Blasien muß uns daher eine Gewerbsschule im Gewerbsort werden, die Schwarzwälder müssen sich umher ansiedeln, die große Domestikation des Fabrikinhabers muß sich vermindern und alles, was mit einfachen Werkzeugen und Maschinen bearbeitet werden kann, in den eigenen Wohnungen der Arbeiter gemacht werden. Die Kunst muß sich von dem Vater auf den Sohn fortpflanzen.
[...] Das Kloster St. Blasien muß nur die Zentralanstalt sein [...], an die sich die kleinen Werkstätten anschließen, durch die sie bewegt und gehalten werden. [...] Diese Entwicklung ist notwendig nach der Natur des Menschen. Das große kann nur bestehen, wenn jeder Teil sein eigenes Interesse frei verfolgen kann und ein natürliches Band die wechselseitigen Bedürfnisse, die Teile zum Ganzen vereinigt. [...]
Wenn die Knaben und Jünglinge, die jetzt in der Gewerbschule von St. Blasien gebildet werden und seit mehreren Jahren gebildet worden sind, in St. Blasien selbst oder in der Nähe desselben angesiedelt, als Männer in der Fabrik oder in ihrer eigenen Wohnung das Erlernte forttreiben, wenn ihre Mädchen in der Spinnerei arbeiten, wenn die Knaben dem Vater den Blasebalg ziehen, die erwachsenen Söhne seine Zuschläger und Gesellen werden, erst dann wird St. Blasien das sein, was es werden muß, soll es in seiner Reife leisten, was die Blüte verspricht.[136]

Das waren die Erwartungen, mit denen man Bodmer konfrontierte, als er seine Werkstatt nach St. Blasien verlegte und mit 30 Arbeitern eröffnete. Zur Maschinenfabrik für die Produktion von Spinnmaschinen, der eine Gewehrfabrik angegliedert war, kam eine eigene mechanische Spinnerei hinzu. Die Geschäftsführung teilte man auf: Der arbeitstechnische Bereich wurde von Bodmer, der kaufmännische von dem Bankier David Seligmann geleitet. In den nächsten Jahren machte die Fabrik große Fortschritte. Über den Zustand der Fabrik im Jahre 1812 und ihre Wirkung auf den Schwarzwälder Arbeitsmarkt liegt ein Bericht des Freiherrn von Fahnenberg vor, der vom Innenministerium nach St. Blasien geschickt worden war.

Die Einführung und Verbreitung von Spinnmaschinen im Inlande ist mithin in der That als ein wirkliches durch die Zeitumstände herbeigeführtes Bedürfniß, und vielleicht als das einzige Mittel anzusehen, das Weben feinerer baumwollener Stoffe auf dem Schwarzwalde in Aufnahme zu bringen.

[...]

Wie schon bemerkt wurde, wird die Vervielfältigung der Spinnmaschinen in Inlande und vorzüglich auf dem Schwarzwalde die Weberei und Kunstfärberei mehr in Aufnahme bringen und vervollkommnen. Was wir aber als eine wirkliche Wohlthat der Beschränkung des zu allgemein gewordenen Baumwollenspinnens auf dem Walde ansehen, ist, daß dadurch der Landwirtschaft, die daselbst noch in den meisten Gegenden so sehr zurück ist, mehr Hände zugewiesen werden.

Auch auf den moralischen Charakter und die körperliche Beschaffenheit dieser Gebirgsbewohner dürfte die Abnahme jenes Nahrungszweiges von glücklichem Erfolge seyn; denn allgemein ist die Klage, daß der Baumwollhaspel den Schwarzwälder verdorben, weichlich gemacht und entnervt habe. Dieser Verdienst, mit so wenig Mühe verbunden, lähmte nämlich dessen ganzte Thatkraft, und würdigte ihn so zu sagen fast selbst zu einer Spinnmaschine herab.

Unter die unverkennbaren Vortheile, welche die Fabrikanstalt zu St. Blasien noch überdieß gewährt, kann man ferner rechnen, daß dadurch der Erfindungsgeist der ohnedieß schon sehr sinnigen Schwarzwälder mehr geweckt und ausgebildet wird.[137]

Auch nach dem Ausscheiden Bodmers – er verließ St. Blasien 1812 und war später in England tätig – expandierte die Fabrik unter Seligmann, der inzwischen zum Baron von Eichthal ernannt worden war, immer mehr. 1821 beschäftigte sie 800 Arbeiter, darunter 200 Kinder unter 15 Jahren, alles Badener. In dieser Zeit war die Firma in St. Blasien eines der bedeutendsten

Unternehmen in Deutschland und muß als Musterbeispiel eines Industriewerks seiner Zeit angesehen werden. Insgesamt gab es fünf Betriebsabteilungen: die Maschinenfabrik, die Gewehrfabrik, das Eisen-Hammer- und Schmelzwerk, die Baumwollspinnerei und die chemische Kunstbleiche.

Das gewaltige Viereck der Klosteranlage war folgendermaßen aufgeteilt:

I. Stock: Pforte, Metzgerwohnung, Nähstube, Kartoffeldörre, Baumwollmagazin, Arbeiterwohnungen (Mesnerwohnung, Sakristei, Kirche), Werkstätte für Gewehrfabrikation, Gewehr- und Ölmagazin, Zeichensaal, Feilenhauerei, Mühlenmacherei, Gießerei, Tiegelmacherei, Küchengeschirrkammer, Küchenmädchen, Küchenmeisterin, Küche für Knaben und Mädchen, 2 Speisesäle, 3 Vorratskammern für Küche und Fabrik, Garnmagazin, Krankenzimmer, 1 Arbeiterwohnung, Bäckerei, Kontor, Gipsbrennerei, Maschinenmahlerei, Pförtner.

II. Stock: Geschäftsführer, Gastzimmer, Arbeiterwohnungen (Kirche), Arbeiterwohnungen »Franzosengang«, Holz- und Eisendreherei und Schlosserei, Gewehrfabrik, Spinnerei, Schlafsaal für Knaben, Spinnmeister, Wohnung Eichthal, Jägerzimmer, Schule.

III. Stock: Gastzimmer, Arbeiterwohnungen (Kirche), Arbeiterwohnungen »Franzosengang«, Schreinerei und Schäfterei (Sattlerei), Spinnerei, Museumsgesellschaft, Arbeiterwohnungen, Zimmer für Besuche, Saalmeisterin, Schlafsaal für Mädchen.

Im Keller waren nicht weniger als sieben Wasserräder als Kraftquellen untergebracht, die durch hölzerne Kanäle aus der Alb und Steina gespeist wurden.[138]

Innerhalb der Fabrikmauern entwickelten sich neue Lebensformen.

Die männlichen erwachsenen Arbeiter haben einen gemeinschaftlichen Schlafsaal, einen eigenen die Knaben, einen anderen die Mädchen. Außer diesen haben sie keine Wohnung. Im Knabensaal schläft ein besonderer Saalaufseher, im Mädchensaal eine einzige zur Aufsicht über die Mädchen bestimmte Frau; zwei Personen haben ein gemeinschaftliches Bett. In diesen Schlafsälen herrscht eine Ordnung und Reinlichkeit, die Bewunderung erregt, jedes Vergehen dagegen wird aber auch mit Strenge bestraft. Jedes Kind muß wenigstens drei gute Hemden haben, und können ihm diese seine Eltern nicht mitgeben, so werden sie ihm gegen Abrechnung an seinem künftigen Verdienst sogleich angeschafft. Alle Meister und Gesellen und selbst die Lehrjungen und Zuschläger, welche stark arbeiten müssen, haben die sogenannte große Kost, die morgens in Suppe und einem Schoppen Bier, mittags und abends in Suppe, Gemüs und Fleisch und einem Schoppen Bier besteht. Für jede Mahlzeit werden auf 10 Personen sechs Pfund Rindfleisch, neu badisch Gewicht, zugesetzt. Das Bier ist Doppelbier, so gut es zu haben ist. Das Brot ist von der besten Qualität, so gut, daß es in der Residenz, der verbesserten Brotpolizei ungeachtet, in gleicher Qualität nicht geboten wird. Die Gewohnheit der französischen Arbeiter, nur weißes Brot zu genießen, nötigt den Fabrikinhaber hierzu. Die kleine Kost, welche die Lehrjungen, die nicht stark arbeiten, und alle in der Spinnerei arbeitende Knaben und Mädchen genießen, besteht mittags und abends in Suppe und Zugemüs, oder in Suppe und Zugabe aus den Eingeweiden, Lunge, Leber pp., in einer ½ Maß Bier und Brot. Zweimal in der Woche und an Sonn- und Festtagen erhalten die Kinder Fleisch. Das Brot wird aus Roggenmehl gebacken. Die Kost ist reichlich, reinlich und gut bereitet. Die erwachsenen Mannspersonen und Knaben speisen in einem großen Saal an abgesonderten Tischen, in einem andern die Mädchen. Auch bei Tisch herrscht wie in dem ganzen Etablissement die größte Ordnung. Zehen Minuten sind vor der Mahlzeit zum Waschen bestimmt, denn reinlich muß jeder erscheinen und zu rechter Zeit. Die Uhr gibt das Zeichen zu Gebet, und vor dem Anfang desselben werden die Säle geschlossen. Der Schulmeister führt die Aufsicht am Tische der Knaben und genießt gleiche Kost mit ihnen.

Arbeit, Reinlichkeit und gute Nahrung sichern die Arbeiter vor häufigem Erkranken, tritt aber dieser Fall ein, so wird ihnen schnelle und zweckmäßige ärztliche Hilfe zuteil. Neben den Schlafsälen sind besondere Krankenzimmer, an welche die der Krankenwärter anstoßen. Nach dem unter Nr. 5 anliegenden Aufsatz des Physicus, der in dem Kloster wohnt und die Kranken besorgt, fehlt es an nichts, was Menschenfreundlichkeit und kluge – schon durch das eigene Interesse des Fabrikinhabers gebotene – Sorgfalt für die baldige Heilung der Kranken fordert. [...]
Nicht mindere Aufmerksamkeit als der physischen Pflege schenkt der Fabrikinhaber der geistigen. Mit großem Vergnügen bemerkten wir, daß auch in dieser Hinsicht das Fabriketablissement von dem wohltätigsten Einfluß für die Bewohner des Schwarzwaldes ist, und es in Zukunft noch mehr werden wird. Mit Hilfe des würdigen Dekan und Pfarrer Hipp in St. Blasien, der für den Unterricht der Jugend hohes Interesse zeigt, hat der Fabrikinhaber zwei Schulen, eine für die Knaben und Jünglinge, und eine für die Mädchen jeden Alters eingerichtet, die in zwei großen, gut erleuchteten Sälen in den Wochentagen abends von 7½ bis 8½ Uhr, an Sonn- und Feiertagen aber vormittags von 7½ bis 9 Uhr gehalten werden. Der Dekan selbst besorgt den Religions- und Sittenunterricht. Den Unterricht im Lesen, Schön- und Rechtschreiben, im Tafel- und Kopfrechnen gibt der von Staatswegen in St. Blasien angestellte Lehrer gegen eine Zulage von dem Fabrikinhaber den Knaben, und ein eigner von dem Fabrikinhaber angestellter Lehrer den Mädchen. In der Knabenschule sind gegenwärtig 115, in der Mädchenschule 220 Individuen. In beiden Schulen findet man neben den Kindern auch Mädchen und Jünglinge von 17 bis 18 und 19 Jahren, die zum größten Teil hier ihren ersten Unterricht im Lesen, Schreiben und Rechnen erhalten, eine Wohltat, die ihnen in ihrem Geburtsort nie mehr zuteil geworden wäre. Freiwillig ist der Schulbesuch der Erwachsenen, gezwungen der der Kinder. Weit über alle Schulen der Umgegend setzt der Dekan die Fabrikschu-

le und gewiß mit Recht, die einzige Schule für den Ort St. Blasien ausgenommen. In der Fabrikschule lehren unterrichtete und gut bezahlte Schulmänner; auf den Dörfern um St. Blasien Maurer, Tagelöhner, Weber, Bauern, die, wie uns der Pfarrer von Höchenschwand versicherte, zum Teil selbst nicht recht lesen und schreiben können und von den Gemeinden um 4–5 und 6 Louisdor gedungen werden; die Fabrikschule besuchen die Kinder regelmäßig das ganze Jahr, auf den Dörfern aber vergessen sie in der Freizeit das wenige wieder, was sie in der Zeit, wo Schule gehalten wird, gelernt haben ... Die Knaben und Mädchen, welche in St. Blasien unterrichtet, an Arbeitsamkeit, Ordnung und Reinlichkeit gewöhnt sind und den Wert derselben schätzen gelernt haben, werden diese Tugenden weiter verbreiten, und auf die Verbesserung vieler anderer durch ihr Beispiel wirken. Diesen Einfluß des Fabriketablissements zählen wir gewiß nicht zu den unwichtigen, denn nur durch eine bessere Erziehung wird es möglich, auf die Verbesserung des Schwarzwaldes und vorzüglich des Alt-St.-Blasianischen zu wirken.[139]

Aus der Fabrik in St. Blasien war eine eigenständige Gemeinde geworden. 1827 wurde die Gründung einer Fabrikgemeinde genehmigt; 1835 folgten die Ausführungsbestimmungen, nach denen die Fabrikgemeinde den anderen Kommunen gleichzustellen war:

[...] sie mußte einen Bürgermeister, Gemeinderat und Gemeinderechner wählen. Auf die Wahl eines Ausschusses konnte sie verzichten. Die Einwohner ohne Gemeindebürgerrecht galten als Staatsbürger und standen unter der Ortspolizei des Bürgermeisters. Die Fabrikgemeinde hatte ein Steuerkapital von 128455 fl. (weit mehr als der Ort St. Blasien mit 20990 fl.) und umfaßte auch die von den Besitzungen Eichthals umschlossenen ärarischen und privaten Besitzungen. Am 11. August 1836 wurde der Freiherr von Eichthal von vier wahlberechtigten Bürgern mit drei Stimmen zum Bürgermeister gewählt und vom Bezirksamt bestätigt.[140]

Das Gebaren des neuen Bürgermeisters entsprach allerdings eher dem eines absolutistischen Fürsten bzw. dem eines frühindustriellen Unternehmers: *Den geringsten Lärm im Hause oder Frevel in Garten oder Feld habe er eigenhändig mit dem langen Rohre seiner Tabakspfeife, die er stets bei sich getragen, bestraft ... im Geschäfte sei er eigenwillig, obgleich nicht besonders verständig, im Hause nicht gerade verschwenderisch, »aber doch etwas großartig«, im geselligen Leben munter gewesen. Er habe, solange das Museum in seinem Hause gewesen, die Abendgesellschaft regelmäßig besucht, zur Unterhaltung ein Spiel mit Karten oder dem Billard geliebt.*[141]

Ende der dreißiger Jahre, als die Industrie in Baden ihren ersten großen Aufschwung nahm, wurde es um die Fabrikanstalt St. Blasien zusehends ruhiger, zu Beginn der vierziger Jahre geriet von Eichthal in finanzielle Schwierigkeiten. Im Mai 1850 hatte man noch 26 Arbeiter beschäftigt, im Juni wurden alle Arbeiten, Anfang Februar 1851 die Zahlungen eingestellt. Das Konzept der Anstalt und der badischen Regierung, nach dem die Fabrik zu den Menschen kommen sollte und nicht umgekehrt, war an seine Grenzen gestoßen. Das Schwarzwälder Industrieprojekt konnte mit der immer stärker werdenden Konkurrenz, die ihre Standorte nach unternehmerischen Gesichtspunkten wählte, nicht mehr Schritt halten: Das Projekt »Heimarbeit durch Industrialisierung« war damit endgültig gescheitert.

»Yankee clock« from »Badenia Black Forest«

Spätestens seit der regen Tätigkeit des Uhren-Gewerbevereins und der Uhrmacherschule in Furtwangen war es für den Kenner des Schwarzwälder Uhrengewerbes nur noch eine Frage der Zeit, bis auch auf dem Schwarzwald die Fabrik Einzug halten würde. Auch wenn die Mehrheit der Schwarzwälder Uhrmacher mit großer Skepsis auf die Forderungen und Vorschläge der

beiden Institutionen reagierte und man ängstlich und voller Ablehnung auf die in anderen Ländern eingesetzten Maschinen schaute, war der Blick für die maschinelle Produktion doch geschärft worden. In die Tat umgesetzt wurden dann die Pläne durch den im Kaiserstuhl geborenen Mechaniker Eduard Hauser. Hauser war – wie der zuvor in St. Blasien tätige Schweizer Johann Georg Bodmer – ein Vertreter jener Technikergeneration, die ihre Tätigkeit als Kunst verstand, ständig auf der Suche nach Vervollkommnung durch das Experiment. Hauser absolvierte zunächst eine Lehre bei dem Lenzkircher Spieluhrmacher Johann Georg Schöpperle, ging dann in die Schweiz, wo er sich der Taschenuhrenfabrikation und verstärkt der Werkzeug- und Maschinenbranche zuwandte, was für ihn auf dem Schwarzwald in den vierziger Jahren nicht möglich gewesen wäre. Als Hauser 1849 auf den Wald zurückkehrte, hatte er konkrete Pläne: In einer mit eigenen Werkzeugen und Maschinen ausgerüsteten Fabrik sollten in serienmäßiger Fabrikation Uhrenbestandteile hergestellt werden. Ziel war es, die Massivuhrmacherei gegen französische und englische Produkte konkurrenzfähig zu machen, die »Schwarzwälder« sollte präziser, schneller und billiger produziert werden, als es die bisherige Handarbeit vermochte. Daß in dieser Phase der Industrialisierung technischer Erfindergeist allein nicht mehr ausreichte, um wirtschaftliche Bewegungen in Gang zu setzen, wird auch am Beispiel Hausers deutlich. Die Zeiten des in seinem Haus vor sich hin grübelnden Schwarzwälder Tüftlers gehörten endgültig der Vergangenheit an, Kapital war zum entscheidenden Faktor für die Realisierung von Ideen und Plänen geworden. Eine Biographie Hausers gibt Auskunft über diese entscheidende Phase der Schwarzwälder Industriegeschichte:
Im Mai 1850 entschloß er sich im Verein mit seinem Freunde Ignaz Schöpperle, dem Sohne seines Lehrmeisters, eine Fabrik einzurichten, in welcher die Rohwerke für massive Uhren durch Spezialmaschinen so weit vorgearbeitet werden sollten, daß dem

Uhrmacher nur noch die Bearbeitung der Hemmung und das Finieren verblieb. Die Einrichtung dieser Fabrik verschlang Hausers Mittel, und er fühlte sich in seiner geschäftlichen Weiterentwicklung gehemmt. Es mußte rascher gearbeitet, mehr produziert werden, wenn der Markt für diesen neuen Industriezweig gewonnen werden sollte. In dieser Einsicht wandte er sich im Januar des Jahres 1851 an die badische Regierung mit der Bitte, ihm zur raschen Durchführung seiner Pläne und zum Bau weiterer Spezialmaschinen der Rohwerkfabrikation ein zinsenloses Darlehen von 10000 Gulden, wovon die Hälfte als Betriebskapital Verwendung finden sollte, zu bewilligen. Hauser wollte dem ganzen Schwarzwalde, nicht sich selbst oder einem einzelnen dienen, und er fand es ganz gerechtfertigt, daß ihm bei seinen weitgehenden Absichten auch seitens der Regierung eine Beihilfe gewährt werde. Nach den bestehenden Verwaltungsgrundsätzen konnte dies jedoch nicht geschehen; doch wurde der Firma Schöpperle und Hauser unterm 4. April 1851 in »Anerkennung ihrer Verdienste um Einführung der Fabrikation von Rohwerken zu Stockuhren auf dem Schwarzwalde eine Belohnung von 250 Gulden bewilligt«. Dieser Bescheid konnte Hauser selbstverständlich nicht befriedigen, und wollte er sich in der Entwicklung seiner Pläne nicht aufhalten lassen, so mußte er auf andere Wege bedacht sein, um zum Ziele zu gelangen. Er war in Lenzkirch als ein genialer, nüchterner und energischer Geschäftsmann bekannt, und so konnte es nicht fehlen, daß ihm Mittel zur Erweiterung seines Geschäftes von privater Seite vielfach zur Verfügung gestellt wurden. Im Sommer 1851 besprach er sich unter anderen mit einem Lenzkircher Kaufmann, Franz Joseph Faller, der in der Welt draußen gewesen war und die Handelsverhältnisse kannte. Dieser schlug vor, zur Beschaffung des erforderlichen Kapitals eine Gesellschaft mit mehreren Teilhabern zu gründen, und so entstand am 1. September 1851 die »Aktiengesellschaft für Uhrenfabrikation in Lenzkirch«.[142]

Als die Uhrenfabrik Lenzkirch gegen den Widerstand der Bevölkerung ihre Tätigkeit aufnahm, beschäftigte sie 18 Arbeiter im angemieteten dritten Stockwerk einer Orchestrionfabrik, in dem die durch ein Schwungrad betriebenen Maschinen standen. Um 1900 dienten zwei große Dampfmaschinen mit drei Kesseln als Kraftquellen: Aus der ehemaligen Etagenfabrik war eine Firma mit Weltruf geworden, die mit ihren 480 Mitarbeitern und den zahlreichen Sonderabteilungen zur größten und leistungsfähigsten Herstellerfirma für Massivuhren im badischen Schwarzwald aufgestiegen war.
Gerade als sich der Umstellungsprozeß vom Hausgewerbe auf die Industrie endgültig abzuzeichnen begann, wurde die alte Uhrmacherei von einem weiteren Ereignis schwer getroffen, das jeder Wälder als Provokation empfunden haben dürfte. 1861 begannen die Gebrüder Junghans in Schramberg mit der fabrikmäßigen Produktion der sogenannten Amerikaneruhr. Dieser Uhrentyp kam als Billigware seit den vierziger Jahren aus den USA über den Teich und fand in Europa reißenden Absatz. Obwohl sie der eigentliche Grund für den Preisverfall der Schwarzwalduhr gewesen war, wurde sie doch lange Zeit auf dem Wald nicht ernst genommen.
Die Uhrenfabrikanten in den amerikanischen Bundesstaaten Connecticut und Massachusetts hatten alle Dogmen der Präzisionsuhrmacherei umgestoßen. An die Stelle der schönpolierten, dicken Vollmessingplatinen, die tragende Zierde jeder exakt gearbeiteten Großuhr, waren stark durchbrochene Platinen aus dünn gewalztem Messingblech getreten. Die Räder bestanden aus dem selben Material, ebenfalls ausgestanzt, statt gefräst, wie es sich in der ordentlichen Uhrmacherei gehörte. Eine völlig freiliegende Zugfeder, ganz ohne Federhaus und vernietete Platinenpfeiler, die eine Reparatur unmöglich machten, setzten dem »Ramsch« aus den Vereinigten Staaten die Krone auf.[143]
Während diese »Machwerke« auf den energischen Widerstand der Schwarzwälder Uhrmachermeister trafen, scheute sich das

kaufmännisch ausgerichtete Kapital nicht, die nach amerikanischem Muster ausgerichtete Fabrikation von Uhrenbestandteilen und Gehäusen aufzunehmen.

Die Besitzer des neuen Etablissements für Fabrikation von Bronzewaren, Uhrenkästen und Uhrenbestandteilen aller Art, die Gebrüder Junghans dahier, haben es unternommen, in Verbindung mit einer der ersten hiesigen Firmen von Schwarzwälder Uhrenfabrikanten sogenannte amerikanische Uhren nach amerikanischem Prinzip zu fabrizieren, also Gestelle, Räder und dergleichen statt zu gießen zu stanzen, wodurch an Material sowohl als an Arbeit bedeutende Ersparnisse gemacht und eine viel präzisere Arbeit erreicht wird. Die ersten Proben sind vollständig gelungen, und ist somit an einem günstigen Erfolg nicht zu zweifeln. Ohne daß dieser Industriezweig auf solche Art erneuert und ganz anders als bisher in die Hand genommen und nach kaufmännischen Grundsätzen behandelt wird, muß derselbe der amerikanischen Konkurrenz nur zu bald erliegen.[144]

Bezeichnenderweise hatte die bisher einschneidendste Veränderung seit dem Bestehen des Uhrengewerbes nicht in einem der traditionsreichen Uhrenzentren des Schwarzwalds stattgefunden. Vielmehr wurde die Fabrik der Gebrüder Junghans in Schramberg mit der eingeleiteten »Revolution in der Herstellungstechnik« Ausgangs- und Angelpunkt für die weitere wirtschaftliche und industrielle Entwicklung auf dem Schwarzwald. Angeregt durch die schnell einsetzenden Erfolge von Junghans, griff die Amerikaneruhr auf den badischen Schwarzwald über. Als erstes nahm die Firma Philipp Haas und Söhne in St. Georgen 1867 die Fabrikation auf, andere folgten. Die auf dem Schwarzwald hergestellten Produkte begannen zum zweitenmal ihren Siegeszug um die ganze Welt: »Yankee clocks« from »Badenia Black Forest« entwickelten sich zum ersten Industrieexportschlager des Waldes. Sogar in den USA wurden die einheimischen Produkte von der Schwarzwälder Amerikaneruhr bedroht. Nicht selten sollen dort sogar die deutschen Erzeugnisse mit amerikanischen Firmennamen und englischer Gebrauchsanleitung versehen worden sein, um als »Original-Amerikaneruhren« auf den Markt zu gelangen. Auch die Schwarzwälder Herstellerfirmen zeigten sich geschäftstüchtig, gaben sie sich doch selbst englische Namen wie Teutonia Clock Manufactory in St. Georgen, Union Clock Co. oder Badenia Black Forest Clock Manufactory in Furtwangen.

Parallel zur Fabrikation der amerikanischen Uhren machte auch die fabrikmäßige Herstellung der Schwarzwälder Uhr unaufhaltsame Fortschritte. Neben die bisherigen »Fabrikorte« Furtwangen und Lenzkirch traten als Zentren auf dem Gebiet der Massivuhrenherstellung St. Georgen und Villingen. Schwenningen, Triberg und Schonach folgten.

Im Jahre 1895 gab es allein auf dem badischen Schwarzwald 34 Fabriken mit 3390 Arbeitern.

Im Amte Triberg 13 Fabriken; davon		
in Furtwangen	*5 Fabriken*	*mit 694, davon 161 weibl. Arbeiter,*
in Triberg	*3 Fabriken*	*mit 399 Arbeiter,*
in Schonach	*2 Fabriken*	*mit 193 Arbeiter,*
in Schönwald	*1 Fabrik*	*mit 54 Arbeiter,*
in Gütenbach	*1 Fabrik*	*mit 105 Arbeiter,*
in Hornberg	*1 Fabrik*	*mit 70 Arbeiter,*
Im Amte Villingen 16 Fabriken; davon		
in Villingen	*6 Fabriken*	*mit 436 Arbeiter,*
in St. Georgen	*4 Fabriken*	*mit 443 Arbeiter,*
in Königsfeld	*1 Fabrik*	*mit 42 Arbeiter,*
in Niedereschach	*2 Fabriken*	*mit 274 Arbeiter,*
in Mönchweiler	*2 Fabriken*	*mit 274 Arbeiter,*
in Föhrenbach	*1 Fabrik*	*mit 274 Arbeiter,*
Im Amte Neustadt 5 Fabriken; davon		
in Lenzkirch	*1 Fabrik*	*mit 401 Arbeiter,*
in Neustadt	*1 Fabrik*	*mit 205 Arbeiter,*

in Friedenweiler	*1 Fabrik*	*mit*	*37 Arbeiter,*
in Schwärzenbach	*1 Fabrik*	*mit*	*37 Arbeiter,*
in Unterlenzkirch	*1 Fabrik*	*mit*	*37 Arbeiter.*[145]

Obwohl es – im Vergleich zur Hausindustrie – zu einer gewissen Konzentration der Fabrikstandorte kam, entwickelten sich im Schwarzwald keine Ballungszentren. Der Übergang vom Heimgewerbe zur Fabrik war gleitend, die Arbeiter in der Hausindustrie wie in den Fabriken wurden nicht entwurzelt, und die Proletarisierung blieb ihnen erspart. Dies ist ein Grund dafür, daß bei den Uhren produzierenden Arbeitern im Schwarzwald kein politisches Klassenbewußtsein entstand. Dennoch ist unübersehbar, daß die Entwicklung zu Großbetrieben das Ende des alten Uhrengewerbes bewirkte. So wurde jener badische Beamte bestätigt, der um die Mitte des 19. Jahrhunderts aufgrund seiner Amtsvisitationen in verschiedenen Schwarzwaldorten geschrieben hatte:

Die veränderte Richtung des Gewerbebetriebes [. . .] wird freilich auch die ursprüngliche Handarbeit, die mehr vereinzelte häusliche Industrie der einfachen Holzuhren verdrängen, und es werden keine 10 Jahre vergehen, so wird kein Schwarzwälder Uhrmacher mehr bestehen können, der nicht mit den neuen Maschinen und Werkzeugen sein Geschäft betreiben kann.[146]

Wie weit die Uhrmacherei unter den Bedingungen der Industrie von 1890 auf dem Schwarzwald vorangeschritten war, mag ein Rundgang durch den Betrieb der Uhrenfabrik Lorenz Furtwängler Söhne in Furtwangen zeigen.

Auch hier ging es aus vergleichsweise kleinen Verhältnissen heraus rastlos vorwärts. Als nach den Kriegsjahren 1870–1871, während welchen drei von den Brüdern im Felde standen, alle Geschäfte im neu erstandenen Deutschen Reiche mächtig sich aufschwangen, wurde auch im Furtwängler'schen Anwesen eine Erweiterung nach der anderen nöthig. Und immer zeigten sich wieder die Räume zu klein, um einerseits die mehr erforderlichen

Arbeiter und Arbeitsmaschinen aufzunehmen, und andererseits die in größerer Anzahl gefertigten Waaren bis zu deren Versendung unterzubringen. Die ursprüngliche Wasserkraftanlage, die früher zu den Werkstätten der Uhrmacherschule gehörte und etwa 2 bis 3 Pferdekräfte hatte, wurde durch Umbau und Anwendung einer Turbine auf 5 Pferdekräfte verstärkt und später ist noch eine Dampfmaschine aufgestellt worden, deren Maximalleistung einer Kraftsumme von 16 Pferdekräften entspricht. Zur Zeit meines Besuches beschäftigte die Fabrik 120 Arbeiter, wobei die vorhandenen Arbeitsräume abermals bis auf den letzten Meter ausgenutzt waren.

Der Gesamtbetrieb ist in vier Hauptabtheilungen geschieden, welchen je einer der vier Brüder als Direktor vorsteht. Diese vier Abtheilungen umfassen: 1. die mechanische Werkstätte mit der Vorbearbeitung der Uhrwerkstheile; 2. die Zusammensetzung der Werke und Kompletirung der fertigen Uhren; 3. die Kastenschreinerei und Holzbearbeitung überhaupt; 4. den Versandt und die kaufmännische Leitung. [...]

Nähern wir uns den Arbeitsplätzen, so beobachten wir hier zunächst das Ausfeilen, Ausbohren und Abdrehen der von der Gießerei gelieferten rohen Messingtheile und sehen dann, wie die Räder zu den selbstthätigen Schneidemaschinen gelangen, welche die saubere Verzahnung besorgen. An einer anderen Stelle ist ein Arbeiter mit einem Haufen von Drahtstücken beschäftigt, an die er mittels einer besonders konstruirten Maschine Zapfen anfräst; wir erkennen hieraus, daß der kleine Berg von Drahtstücken zu Radwellen vorbereitet wird, welche nachher nach den Drehbänken wandern, um dort je nach Bestimmung konisch gedreht, mit Ansätzen versehen, oder sonstwie noch bearbeitet zu werden. Räder und Wellen finden sich dann auf einem weiteren Arbeitsplatze wieder zusammen, wo sie durch das »Anstellen« (Aufnieten der Räder auf die Wellen) vereinigt werden und zugleich die Scheibchen für die Hohltriebe (Laternentriebe) erhalten. Nun beginnt für die derart vorbereiteten

Räder ein neuer Kreislauf bei den Drehbänken, aus dem sie an Wellen, Ansätzen und Zapfen verfeinert, in endgültiger Gestalt, schmuck- und formgerecht hervorgehen.

Schließlich gelangen sie zum »Spindelbohrer«, einer für uns sehr interessanten Maschine, welche die Löcher zur Aufnahme der Triebstecken bohrt und letztere zugleich einführt und abkürzt, so daß nun Rad und Trieb soweit fertig ist, um der Werkstätte der Zusammensetzer überwiesen werden zu können. [...]

Nunmehr in die Werkstätte der Zusammensetzer übertretend, macht sich in dieser gegenüber dem maschinellen Gesumme der vorigen Abtheilung eine verhältnismäßige Stille und ein ruhigeres Tempo der Arbeitsweise bemerkbar. Letztere, mehr aus Hand- und Kopfarbeit bestehend, ist natürlich weniger von dem fieberhaften Hasten des Dampfbetriebes abhängig. Auch hier zeigt sich uns wieder ein gut durchdachtes und wohlgeordnetes Ineinandergreifen der einzelnen Arbeitsarten, von dem Einbohren der Zapfenlöcher an bis zum Aufpassen der Zeiger, d. h. bis zu dem Stadium, in welchem jedes einzelne Uhrwerk nur noch die Hand des Kontroleurs zu passiren hat, um von diesem nach Richtigbefinden als fertig erklärt zu werden. Jedoch ist dann immer erst das Werk fertig und der Begriff »Uhr« noch nicht ganz gedeckt. Von der Werkbank des Kontroleurs wandern deshalb die fertigen Werke noch in die »Einsetzerwerkstätte« woselbst sie in die »Kasten«, d. h. in die Gehäuse eingesetzt werden. So mit allem Zubehör versehen, zeigen sich die Uhren dann als wirklich fertige, versandtfertige Waaren, die nun nach einer letzten Kontrole zum Packzimmer und von da endlich auf das Lager und zum Versandt gelangen.

Mit den »Kasten« gerathen wir in das Gebiet der Holzbearbeitung, ein Gebiet, welches vielleicht Manchem als etwas Nebensächliches bei einer Uhrenfabrik erscheint. Diese Meinung wird in das Gegentheil umschlagen, wenn er die dortige Gestell-

und Gehäusefabrikation sieht. Vom rohen Brett bis zum fertigen Uhrkasten ist ein weiter und mühsamer Arbeitsweg [...], ehe ein fertiges Gehäuse vor uns steht. [...]
Es wäre unrecht, wenn wir an den dort angrenzenden Hallen für Fabrikation der Verpackungskisten gleichgültig vorübergehen wollten. Selbst hier stoßen wir wieder auf Zeichen des Sinnens und Mühens um Verbesserungen, die von dem unablässigen Streben der Herren Furtwängler auf allen Wegen ihrer Thätigkeit ein rühmliches Zeugnis ablegen. Der Postversandt in zweckmäßiger, billiger Weise erfordert das Einhalten eines Packetgewichtes von 5 Kilogramm, zugleich aber sollen gewöhnlich innerhalb dieser Gewichtsgrenze auch möglichst viele Uhren verpackt werden, weshalb die Packung selbst so leicht als irgend möglich sein muß. Da nun aber alle feineren Waaren doch auch eines soliden Schutzes während des Transportes bedürfen, so handelte es sich darum, hierzu etwas recht Zweckdienliches, Festes und doch Leichtes zu schaffen. Und siehe da, das Grübeln um die Herstellung einer besseren und zweckmäßigeren Kiste, als sie bisher vorhanden war, zeitigte die Erfindung einer verhältnismäßig einfachen, aber sehr sinnreich konstruirten Maschine zur Anfertigung der Zinken, d. h. der denkbar festesten Verbindungen von Kistenwänden. So wurde auch eine immerhin untergeordnete Frage mit Fleiß und Sorge behandelt und in vorzüglichster Weise gelöst.[147]

Hausindustrie und Industrialisierung

Hausindustrie und Fabrik bestanden lange Zeit nebeneinander, ihre Chancen waren aber ungleich verteilt. Die Fabrik benutzte die Hausindustrie, die Hausindustrie war auf die Fabrik angewiesen. Diese Ungleichheit führte zu einer für die Heimarbeiter negativen Entwicklung.
Die erste Industrialisierungswelle um 1800 verdrängte die Hand-

spinnerei. Dieser Prozeß vollzog sich relativ schnell, weil die Kriegszeiten das Handspinnen bereits erheblich geschwächt hatten. Ein Teil der bisherigen Handspinner kam dann in der mechanischen Spinnerei unter, die Mehrheit aber fand Arbeit in der Hausweberei, die nun zu einer unverhofften Blüte gelangte, denn noch gab es im Schwarzwald keine mechanischen Webstühle. Die Mechanisierung des Spinnens traf kranke und alte Leute am härtesten, weil man für sie in den Spinnfabriken und in der Hausweberei keine Verwendung hatte. Da es in der Anfangsphase noch nicht möglich war, jede Baumwollsorte mit der Maschine zu verspinnen, fanden sie zunächst noch eine Beschäftigung, doch nur für kurze Zeit und gegen geringen Lohn, bis die fortschreitende Technik ihren Untergang besiegelte. Mit den Handspinnern war die größte Berufsgruppe im Gewerbe der vorindustriellen Zeit auf dem Schwarzwald verschwunden.

Der Arbeitsmarkt war im Textilsektor in der ersten Hälfte des 19. Jahrhunderts umgekehrt worden: Mußte früher immer eine größere Anzahl Spinner arbeiten, um den Webern das benötigte Garn zu liefern, so waren die Spinnfabriken jetzt darauf angewiesen, Weber zu finden, die ihr Garn, falls es nicht exportiert wurde, weiterverarbeiten konnten. Nun wurde die Hausweberei zum wichtigsten Sektor des Schwarzwälder Hausgewerbes. Man glaubte, auf diesem Gebiet konkurrenzfähig bleiben zu können, zumal die badische Regierung die Weberei aus sozialen und pädagogischen Gründen förderte und so die Interessen der Landbevölkerung mit denen der Regierung übereinstimmten.

Die Baumwollweberei verbreitete sich im ganzen südlichen Schwarzwald ohne Zunftzwang. Im Grunde hatte die Weberei eher den Charakter einer arbeitsteiligen Fabrikation als den eines Handwerks. Weber arbeiteten auf Rechnung der Unternehmer, und einzelne von ihnen fertigten jeweils die Zettel, die dann zum Verweben weitergegeben wurden. Noch bis zur Mitte des 19. Jahrhunderts wurden ständig neue Handwebereien gegründet und Handwebstühle in den Häusern im Schwarzwald aufge-

stellt. Die Entwicklung änderte sich erst nach 1850 mit der Einführung des mechanischen Webstuhls. Jetzt begann die Umstellung auf die fabrikmäßige Baumwollweberei.
Gerade hier wird jedoch die Bedeutung der Hausindustrie für die Industrialisierung im Textilsektor deutlich. Zum einen konnten die Unternehmer bei der Umstellung auf die mechanisierte Produktion auf die erfahrenen Heimarbeiter zurückgreifen, in denen sie angelernte und qualifizierte Fachkräfte fanden. Zum anderen beließ man zunächst die Handwebstühle noch in den Häusern, damit die Produktion je nach Bedarf durch Einbeziehung der Heimarbeit von Familienmitgliedern der Fabrikarbeiter bzw. durch deren Arbeit am Feierabend ausgedehnt und wieder eingeschränkt werden konnte, und dies bei einem minimalen unternehmerischen Risiko. Heimarbeit wurde so zum konjunkturellen Regelinstrument.
Ein Bericht des Amtes Schönau schildert diese Situation. *Die Angehörigen des Amtsbezirkes verfertigten Baumwollstoffe, die dann von ihnen im Wege des Hausierhandels selbst verkauft oder, da mittlerweile auch die Hausierverbote für Fremde gelockert, an Hausierer weiterverkauft wurden. Die Hausweberei nahm aber an diesem Teile sehr ab, durch die Fabrikweberei; die meisten Weber sind Fabrikarbeiter.*
Wenn die grossen Fabrikanten ihre Bestellungen nicht ausführen können, so haben sie noch Hand- bzw. Hausweber im Dienst, denen sie Baumwollgarn geben, welches sie auf einfachen Stühlen zu Hause zu Stoff verweben. Diese Hausweber sind oft eine gute Aushilfe und mit der Umstand, daß im Wiesentale so rasch Baumwollspinnerei und Weberei entstanden und noch entstehen. Die Kunstfertigkeit ist so einheimisch, daß in manchen Orten fast jedes Mitglied des Hauses den Handstuhl bedient; wenn sodann eine Baumwollweberei entsteht, so hat der Fabrikant in der nächsten Umgebung die hierzu geborenen und großteils gelernten Handweber als seine Arbeiter.[148]
Dieses Zeugnis belegt nicht nur die herausragende Bedeutung

der Hausindustrie als Vorläuferin und Wegbereiterin der Fabrikindustrie, sondern es rückt auch den durch die Elastizität dieser Produktionsweise ermöglichten Vorteil für Fabrikunternehmen ins Licht. Diese Zusammenhänge erklären letztlich auch das zähe Weiterleben der Heimarbeit in der Seidenbandweberei auf dem Hotzenwald, während im Wiesental eine Industriezone entstand.

Zeno Spitz erläuterte das folgendermaßen: *Die Fabrikche hän scho gwüßt, wo sie chönnet Geld hole ... Wir Heimarbeiter wurden ganz gut behandelt, weil der Unternehmer sich billige Arbeitskräfte halten wollte, um im Fabrikbetrieb in Säckingen Modernisierungen durchführen zu können. Am Heimarbeiter wurde gespart, und im Betrieb wurde investiert.*

Ähnlich wie in der Textilbranche, nur mit zeitlicher Verzögerung und ohne Beteiligung von ausländischem Kapital, verlief die Entwicklung in der Bürstenmacherei. Auch hier kann die Hausindustrie als Vorbereitungsphase oder erste Etappe des Industrialisierungsprozesses angesehen werden, die auf einer zweiten Stufe in den fabrikmäßig organisierten Betrieb einmündete und von der industriellen Massenproduktion verdrängt wurde.

Im Uhrengewerbe bildeten sich während dieses Prozesses unter den Hausindustriellen zwei Gruppen heraus. Die eine bestand aus den noch selbständigen Uhrmachern und Hilfsgewerblern, die aber ständig im Abnehmen begriffen waren, die andere hatte sich bereits mit Heimarbeit in die Abhängigkeit der Fabrik begeben. Obwohl sich die im Familienbetrieb arbeitenden Selbständigen auf bestimmte Uhrentypen spezialisierten – meistens waren es Kuckucks- und Schottenuhren –, wurde das Geschäft immer unrentabler. Erreichten Schottenuhren früher noch einen Preis von vier bis fünf Mark, so sank er in den siebziger Jahren auf unter zwei Mark ab. Über den Verdienst befragt, meinte ein Uhrmacher: *Was ich am Ende des Jahres noch im Geldbeutel finde, das habe ich verdient, und ich bin zufrieden, wenn* überhaupt was drin ist. Lange Arbeitszeiten und geringe Löhne, vernichtende Kritik von der Wiener Weltausstellung, Existenzsicherung nur mit Hilfe einer Kuh und etwas Feld ließen auch den Kleinmeister zu der Einsicht gelangen, daß »alles anders« geworden sei. Betrug die Zahl der selbständigen Meister im Jahre 1873 noch ungefähr 1400, so war sie 1882 auf 1034 zurückgegangen, und 1905 arbeiteten gerade noch 132 völlig auf eigene Rechnung. Eine Ausnahme unter den Selbständigen waren die Schildmaler, die sich ihre Unabhängigkeit auch zu Beginn des 20. Jahrhunderts bewahrten.

Noch mehrere Male versuchte der badische Staat den Zerfallsprozeß aufzuhalten, doch konnten weder Maßnahmen wie die Wiedereröffnung der Uhrmacherschule oder die Gründung einer Schnitzereischule den endgültigen Niedergang des Heimgewerbes aufhalten, noch kam es zu den geforderten Genossenschaftsbildungen. So begaben sich die Kleinmeister als Lohnarbeiter entweder direkt in die Fabrik, oder sie wandten sich jener Gruppe abhängiger Heimarbeiter zu, die im Verlagssystem Uhrenbestandteile für Fabriken herstellten oder Uhren für sie zusammensetzten. Da diese Tätigkeit nur von gelernten Arbeitern ausgeführt werden konnte, suchten viele ehemalige Meister hier ihr Auskommen, zumal man die Fabrikarbeit vielfach als soziale Herabsetzung und den Arbeitsort Fabrik als eine Art Fremdkörper in der gewohnten Lebenswelt empfand. Beschwerden über Werksführer, die nichts verstünden *als preußische Unteroffizierskniffe*, und Klagen über die Strafen für nicht pünktliche Einhaltung der Arbeitszeit waren Zeichen der Unzufriedenheit und des Unmuts über die neue Arbeitswelt, die mit ihren starken Reglementierungen erhebliche Anpassungsleistungen vom Schwarzwälder verlangte.

Einen Einblick in die neuen Arbeitsbedingungen jener Zeit vermittelt die Arbeitsordnung der Bürstenfabrik Bernau:

I. Annahme und Entlassung der Arbeiter.

[...]

2. *Die Annahme der Arbeiter geschieht durch die Fabrikleiter. Hierbei hat jeder Arbeiter durch Namensunterschrift an das am Schlusse angeführte Schema anzuerkennen, daß er die nachstehenden Bestimmungen und die ihm übermittelten Betriebsvorschriften in allen Stücken einzuhalten sich verpflichtet.*
3. *Die Aufhebung des Arbeiterverhältnisses kann jeder Zeit von beiden Seiten ohne Aufkündigung geschehen.*
   Insbesondere kann sofortige Entlassung erfolgen bei Tätlichkeiten gegen Mitarbeiter oder erheblichem Verstoß gegen die guten Sitten, Trunkenheit, grobe Fahrlässigkeit, Widersetzlichkeit gegen Vorgesetzte im Bereiche der Fabrik. Den Anordnungen der Werkmeister ist jederzeit Folge zu leisten, alle Arbeiter sollen sich stets anständig und bescheiden gegen dieselben betragen.
   Unsere Werkmeister sind zu einer ruhigen, gerechten Behandlung der Arbeiter verpflichtet, Schimpfworte zu gebrauchen ist untersagt.

[...]

II. Arbeitszeit.

1. *Arbeitstage sind sämtliche Wochentage. Die tägliche regelmäßige Arbeitszeit beträgt:*
   a) für erwachsene männliche Arbeiter, über 16 Jahre alt, täglich 11 Stunden von vormittags 6 bis abends 7 Uhr.
   b) für jugendliche Arbeiter von 14–16 Jahren und sämtliche Arbeiterinnen täglich 10 Stunden und zwar von morgens 7 Uhr bis abends 7 Uhr.
   c) Die Arbeitspausen sind für alle Arbeiter vormittags von 8 ½ bis 9 Uhr, mittags von 12 bis 1 Uhr und nachmittags von 4 bis 4 ½ Uhr.
   d) An Vorabenden von Sonn- und Feiertagen endet die Arbeitszeit für Arbeiterinnen abends 4 ½ Uhr.

e) Bei Arbeiterinnen, welche ein Hauswesen zu besorgen haben, beträgt die Mittagspause 1½ Stunden von 11½ Uhr bis 1 Uhr.

f) Den Fortbildungsschülern wird die ortsübliche Schulzeit frei gegeben.

2. *Aenderungen an der regelmäßigen Arbeitszeit, sowie Verkürzungen derselben werden durch den Anschlag in der Fabrik bekannt gegeben.*

   Arbeiterinnen dürfen jedoch ohne besondere behördliche Erlaubnis nicht länger als 10 bezw. 8 Stunden beschäftigt werden.

   Bei Verminderung der Arbeitszeit wird bei Taglohnarbeitern die Lohnverminderung nach dem Verhältnis der abgekürzten Arbeitszeit berechnet.

III. Urlaub und Krankheiten.

1. *Will ein Arbeiter mehr als 1 Tag aus der Fabrik entfernt bleiben, so hat er dem betreffenden Werkführer hievon Anzeige zu machen und um Urlaub nachzusuchen.*
2. *Kranke Arbeiter müssen sich sofort einen Krankenschein nach Vorschrift der Gemeindekrankenkasse ausstellen lassen und ihrem Werkführer hievon Mitteilung machen.*

[...]

Revers.

Ich Unterzeichneter erkläre hiermit, nachdem ich von den Bestimmungen der vorstehenden Arbeitsordnung vom 1. Dez. 1911 Kenntnis genommen habe, mich diesen Bestimmungen zu unterwerfen. Ebenso verpflichte ich mich, Kenntnis zu nehmen von allen nicht in der Arbeitsordnung enthaltenen Betriebsvorschriften, welche für die besonderen Betriebe, sowie für die Feuerlöschordnung der Fabrik bestehen, nachzukommen.[149]

Da sich die Industrialisierung auf dem Wald nach Branchen sehr verschieden darstellte, fand mit der Hinwendung zum geschlossenen Fabrikbetrieb jene einheitliche wirtschaftliche Entwicklung ihr Ende, die vor über 150 Jahren begonnen hatte. In dieser

Zeit war das Leben der Wälder durch deren Gewerbetätigkeit entscheidend geprägt worden, neue Arbeits- und Lebensformen hatten sich herausgebildet, die sowohl bäuerliche als auch bereits industrielle Züge aufwiesen. Den einen Weg beschritt die Region des Wiesentals, das sich zu einem Zentrum der deutschen Textilindustrie entwickelte. Auch die Zentren der Schwarzwälder Uhrenindustrie hatten von 1900 an den Schritt in das Industriezeitalter vollzogen. Vorbereitet wurde diese Entwicklung im Hochschwarzwald dadurch, daß sich innerhalb des »Uhrenlandes« schon sehr früh ein dichtes Straßennetz ausgebildet hatte. Durch den Bau der verschiedenen Eisenbahnlinien im letzten Drittel des 19. Jahrhunderts (Offenburg–Villingen, Höllentalbahn, Bregtalbahn, Kappel – Bonndorf) fand dann der mittlere Schwarzwald Anschluß an das überregionale Verkehrsnetz. Das Kapital zog sich nicht zurück und blieb der Region erhalten.

Eine andere Entwicklung nahm der Hotzenwald. Hier blieben die Investitionen aus, und vorhandenes Kapital wurde abgezogen. Da kaum Fabriken gegründet wurden und gleichzeitig die Hausindustrie zurückging, kam es hier zu Abwanderungen in bisher nie erlebtem Umfang. Die Bewohner des Hotzenwaldes wurden durch die Industrien am Hochrhein und im Wiesental buchstäblich aufgesogen. Der Hotzenwald selbst mußte zum Notstandsgebiet erklärt werden.

Pfarrer Joseph Döbele, seit 1875 Geistlicher in der Hotzenwaldgemeinde Görwihl und ein genauer Kenner der örtlichen Verhältnisse, nahm die Ergebnisse der 1880 abgehaltenen Volkszählung besorgt zur Kenntnis: In fünf Jahren war die Einwohnerzahl von 3201 auf 2926 gesunken.

[... es] sind in den letzten fünf Jahren 389 Personen von hier fortgezogen. Der Gund dieser Auswanderung ist im Allgemeinen darin zu suchen, daß in anderen Gegenden mehr Verdienst ist als hier. Seit etwas mehr als hundert Jahren ist die Zeugle-Weberei hier eingeführt. In früheren Jahren verdiente ein Weber 10, 12

bis 14 Mark in der Woche. Durch die mechanischen Webereien, die seit 20 Jahren allmählich in Fabriken aufkommen, konnten die gleichen Stoffe billiger und besser geliefert werden [...]. Jetzt wird bezahlt per Elle = 60 cm: fünf Pfennig, das gibt einen Verdienst per Woche von vier Mark!![150]

Görwihl stellte auf dem Hotzenwald keinen Einzelfall dar, sondern entsprach der allgemeinen Entwicklung. Kein anderes Gebiet in Südwestdeutschland war von den Auswirkungen der Industrialisierung so hart betroffen wie der Hotzenwald. Dabei wirkte sich die Industrialisierung eigentlich nur insofern aus, als der Wald von den Fabrikbetrieben gemieden wurde. Je mehr sich aber die Industrie im Rheintal ausdehnte, desto stärker gingen die Beschäftigtenzahlen in der Hausindustrie zurück. Zwar kam es auch hier ab 1861 zu Fabrikgründungen, doch reichten die neuen Arbeitsplätze bei weitem nicht aus, um den durch den starken Rückgang der Heimarbeit verlorenen Erwerb zu ersetzen. Zudem zeigte es sich schon sehr bald, daß angesichts der zunehmenden, durch den Standort begünstigten Konkurrenz in der Rheinebene die Fabrik auf dem Wald immer weniger unternehmerische Anreize bot.

Hinsichtlich der Löhne wird von seiten der Hotzenwälder Industriefirmen geltend gemacht, dass das Lohnniveau auf dem Hotzenwalde infolge der Vereinheitlichung der Tarife und der geringen Rücksichtnahme auf die abgelegenen Gebiete (die vorgesehene tarifarische Ermässigung beträgt für solche nur 4 Prozent) zu hoch sei. Das hätte zur Folge, dass die Fabriken des Hotzenwaldes, die vielleicht 10, 20 und mehr Kilometer von jeder Bahnstation entfernt liegen, nahezu die gleichen Löhne zu zahlen hätten, wie Konkurrenzunternehmungen in Industriezentren. Während früher die Unannehmlichkeiten der weiten Abgelegenheit und die daraus sich ergebenden hohen Transportkosten, Zeitverluste, die Schwierigkeiten beim Versand und der Verfrachtung der Waren durch die billigen einheimischen Arbeitskräfte ausgeglichen werden konnten, sei dies heute keines-

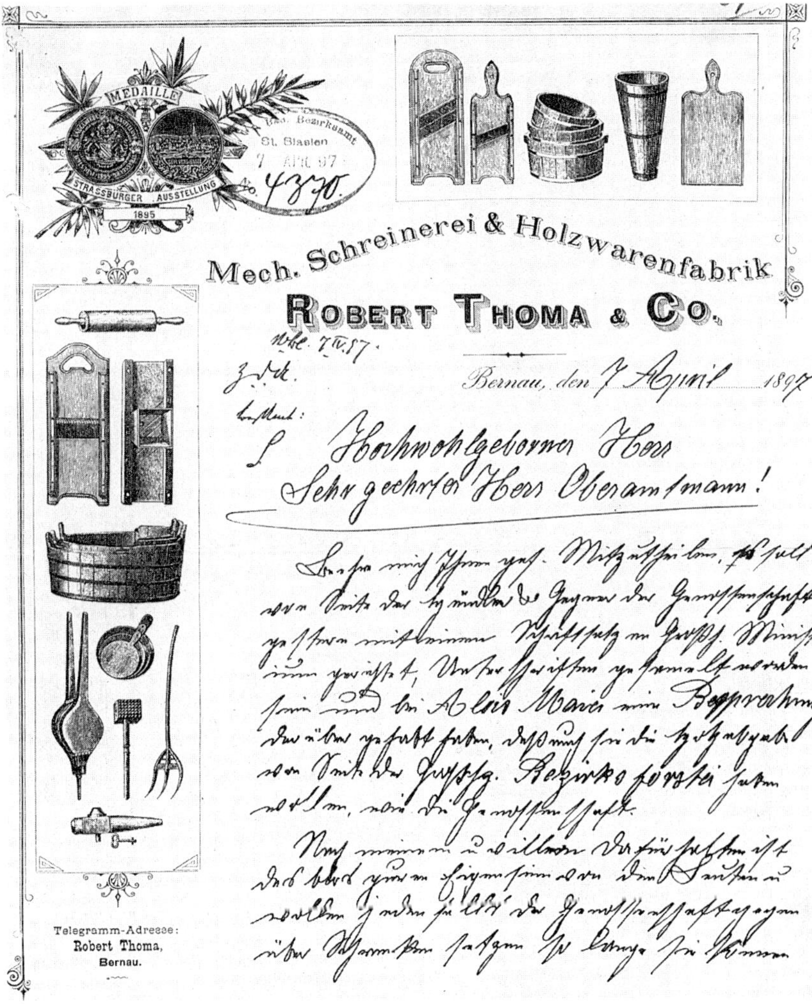

49 Geschäftsbrief der Firma Thoma in Bernau (7. 4. 1897).

50 Automatisches Einziehen der Bürstenbüschel in Holzgriffe (ab 1903).

51 Seidenbandweberin vor dem elektrisch betriebenen Webstuhl (ab 1904).

52 *Mechanische Spinnerei in Zell/Wiesental (um 1890).*

wegs mehr möglich. So bestehe wenig Anreiz zur Ansiedelung neuer Industrien, da die Leistungsfähigkeit der bereits bestehenden Firmen stark beeinträchtigt werde.[151]

Noch immer waren die Verkehrsverbindungen ins Hochrheintal äußerst spärlich, die Wege in der Region selbst schlecht.

Bis dahin (1877) war üblich, am Dienstag in der Kreuzwoche, nach Unteralpfen mit Procession zu gehen. Da aber der Steg über die Alb alt, morsch und schadhaft war, wagte es der Pfarrer schon im vorigen Jahr nicht, die Procession über den Steg zu führen. Doch war im Frühjahr dieses Jahres ein neuer Steg an Stelle des alten getreten, aber auch diesem traute man nicht. Die Procession wurde hier im Dorf gehalten. Nun ereignete es sich im 20. Juni, an welchem Tag hier Markt gehalten wurde, daß der Steg, als zwei Männer von Unteralpfen, jeder mit einem Stück Vieh, mitten auf demselben waren, zusammenbrach. Die beiden Männer und die zwei Stück Vieh fielen die gewaltige Höhe hinab ins Wasser. Doch konnten die beiden Alpfener sich retten, ohne irgend welche Verletzungen an sich zu haben. Auch das Vieh kam durch Schwimmen an das Ufer. Seither denkt man gar nicht mehr daran, nach Unteralpfen mit Procession zu gehen.[152]

Angesichts dieser Verhältnisse waren große Teile der Bevölkerung geradezu gezwungen, den Wald zu verlassen. Der Hotzenwald verlor in der Zeit von 1852 bis 1925 in seinen 39 Gemeinden nicht weniger als 16479 Menschen durch Abwanderung. Am stärksten machte sich der Bevölkerungsrückgang in den Hausindustriegemeinden bemerkbar, wo der Abwanderungssaldo –61,64 Prozent betrug. Orte im Rheintal wie Rheinfelden und Unterlauchringen nahmen dagegen in der Zeit von 1818 bis 1925 um 551,5 bzw. 471 Prozent zu, die reine Zuwanderung betrug in der Periode von 1852 bis 1925 2102 bzw. 1102 Personen. Während diese Gemeinden durch die Industrie einen bisher nicht gekannten Aufschwung nahmen, wurde der Wald immer mehr zu einer »Gespenstergegend«.

So findet man, während in den Gemeinden des Rheintales noch

so grosse Wohnungsnot herrscht, auf dem Hotzenwald leerstehende Häuser, die der frühere Besitzer verliess, weil er einen Käufer nicht finden konnte und weil er im Rheintal ein besseres Auskommen fand. Diese Umstände führten dazu, dass der Verkehrswert der Grundstücke auf dem Hotzenwald erschrekkend tief sank, so dass ein Haus, wenn es wirklich einmal seinen Besitzer wechselt, vielfach zu einem Spottpreise an den Verkäufer übergeht, der oft nur den 4. oder 5. Teil des Steuerwertes ausmacht.
So wurden z.B. in Bergalingen im Jahre 1928 3 Häuser verkauft zu jeweils 3000, 5000 und 3500 RM. Der Besitzer des ersten verzog nach dem Rheintal (Wallbach), die Inhaber der beiden andern wanderten beide samt Familien nach Amerika aus. In Rickenbach verkaufte (1928) ein Landwirt sein Anwesen, bestehend aus einem Wohnhaus mit Ökonomiegebäude, mit 222 ar Ackerland und Wiese zu einem Preis von 3000 RM, während der Steuerwert RM 5138 betrug. Er verkaufte das Haus, weil er seine aus 6 Personen bestehende Familie nicht mehr ernähren konnte. In Hornberg wurden mehrere Häuser verkauft, deren Inhaber alle auswanderten. Als Verkaufserlös wurde nur die Hälfte oder ein Drittel des Steuerwertes erzielt. [...]
Neue Häuser werden überhaupt nicht erstellt, dazu ist auch die finanzielle Lage der dortigen Bewohner viel zu schlecht. Zahlreiche Berichte der Bürgermeister weisen auf diese Tatsache hin und betonen, dass »nur abgebrannte Häuser mit Hilfe der Brandentschädigung wieder aufgebaut werden könnten«.[153]
In diesen sozialen und wirtschaftlichen Mißständen hat der berühmte »Hotzenblitz« seinen wahren historischen Kern. Da die Familien nicht mehr in der Lage waren, auch nur die nötigsten Reparaturen an ihren Häusern vorzunehmen – *der Zustand der Zimmer ist manchmal ein derartiger, daß, wie in einigen Fällen beobachtet werden konnte, die Decke vor dem Einbruch durch Pfosten gestützt werden mußte* –, wußten einige die Brandversicherung zu nutzen. *Opa gang go züsle, s'chunnt*

z'dunnere, war ein geflügeltes Wort. Sicherlich war es aber nicht die Regel, daß die Hotzen mit dem Streichholz nachhelfen mußten, denn tatsächlich bot die Hochfläche des Waldes den gefürchteten Gewittern genug Angriffsfläche. Und außerdem, wer konnte sich in der damaligen Notlage schon eine Brandversicherung leisten?

Verschlimmert wurde die Situation auch durch die Tatsache, daß einige glaubten, aus dem Schicksal der Hotzen noch Profit schlagen zu können. Es war kein Einzelfall, daß Unternehmen gegründet wurden, die kurzfristig für niedrige Löhne arbeiten ließen, dabei beträchtliche Gewinne erzielten, um dann wieder zu verschwinden.

Pfarrer Döbele erkannte: *Zugleich waren in den 1860er Jahren Fabrikanten hier, die die Weber ausnutzten zu ihrem Vortheil, d.h. die ihnen immer geringere Löhne gaben, so daß die natürliche Folge die war, die Weber wurden arm und die Fabrikanten sehr reich. Einer derselben, der als armer Buchhalter hierher kam gegen Ende der 1850er Jahre, betrieb die Fabrikation etwa vom Jahr 1860 bis 1872. Obwohl auch seine Frau vermögenslos war, soll er bei seinem Wegzug von hier ein Vermögen besessen haben, das nicht weit unter einer Million Mark betragen haben soll.*[154]

Auch in den Kreditverhältnissen spiegelt sich die allgemeine Not wider. Über zehn Kreditinstitute waren auf dem Wald tätig, weniger zum Zweck der Kapitalneubildung als vielmehr zur Kreditgewährung. Die noch vorhandenen landwirtschaftlichen Anwesen gerieten in immer größere finanzielle Bedrängnis. Ohne den Zuverdienst aus der Hausindustrie war ein Überleben nicht mehr möglich. Für die Banken selbst wurde die Kreditgewährung immer mehr zu einem unkalkulierbaren Risiko.

Pfarrer Döbele sah zwar in der Kreditgewährung nur eine Hilfe im Notfall. Für viel wichtiger hielt er es jedoch, neue Verdienstmöglichkeiten zu schaffen. Welchen Ideenreichtum er dabei entfaltete, geht aus einem Zeitungsbericht hervor, der anläßlich seines Priesterjubiläums im Jahr 1900 erschien:

Im Jahre 1880 gründete der unermüdliche Herr hier einen landwirthschaftlichen Verein mit dem Hauptzweck, kultivirent durchzugreifen in verschiedenen Zweigen der Landwirthschaft. Da konnte man unsern Herrn Pfarrer jahrelang auf den Wiesen sehen, wie er mit Maßwerkzeugen gleich einem Geometer ausgestattet hier für Entwässerung, dort für Bewässerung sorgte. Der Erfolg der Arbeit war großartig. Wo früher Sumpf und Morast, sind jetzt prächtige Matten, wo früher Schilf und Binsen, gedeiht jetzt gutes Futter. Wiesen und Felder sind umzäumt und begrenzt mit jungen Obstbäumen. Wenn auch anfangs der achtziger Jahre hier Leute meinten, man solle alle Bäume heraushauen, denn ein Baum sei nur ein Schaden, so ist es gewiß ein großartiger Umschwung, wenn wir jetzt in Görwihl und Umgebung mehrere Tausend schöner Aepfel- und Birnbäume finden. Allerdings viele Gänge und große Ueberredungskunst war nothwendig, bis die einzelnen sich herbeiließen, auf die vom Pfarrer bestimmten Plätze auch wirklich Bäume zu setzen. Herr Pfarrer Döbele errichtete eine ausgedehnte Baumschule, pflanzte Pfarräcker und Wiesen an. Das wirkte und der Nutzen blieb nicht aus. Schon seit einigen Jahren hatten die Leute eine, wenn auch geringe Obsternte; bleibt aber dieses Jahr alles Unwetter uns fern, so werden die Obstkulturen hier den schönsten Ertrag abwerfen. Das gleiche gilt vom Wald. Wie viele Stücke waren Ende der 70er und Anfang der 80er Jahre leer oder doch so bepflanzt, daß sie thatsächlich nicht den geringsten Nutzen brachten. Da war wieder der Praktikus unser Pfarrer, der in der Fichtenanpflanzung uns belehrte, der aus seiner eigenen Pflanzschule die ganze Gegend mit jungen Fichtenpflanzen versorgte, so daß es eine wahre Freude ist, durch die neuen Anpflanzungen zu gehen.[155]

Döbeles Maßnahmen brachten manche Erleichterung und linderten die Not vieler einzelner, doch konnten auch sie die Abwanderungen nicht bremsen oder einen strukturellen Wandel herbeiführen. Ein anderer, heute höchst aktuell anmutender

Versuch, sich den Problemen der Gebirgsgegend zu stellen, findet sich im »Albboten« des Jahres 1876: Der inneren Not wird die äußere Schönheit gegenübergestellt.

Es ist eine erfreuliche Tatsache, daß die so schön gelegenen Orte des Hauensteiner Waldes mehr und mehr als Luftkurorte benützt und von Touristen besucht werden. In der That bieten diese Orte auch ebensoviel Angenehmes, als andere vielbesuchte Luftkurorte des Schwarzwaldes; sie entsprechen den Anforderungen solcher Plätze vollständig. 2200–2600 Fuß über dem Meeresspiegel gelegen, herrscht hier eine so reine, angenehme Luft wie kaum an einem Orte. Kleinere Spaziergänge in nahegelegenen Laub- und Nadelwaldungen, größere Ausflüge auf den Hornberg, den Abhau, die Ruine Wieladingen, in das wildromantische Murgthal mit seinen rauschenden Wasserfällen und seiner durch viele Tunnels führenden Kunststraße, dies Alles sind nicht zu unterschätzende Vortheile dieser Gegend. Doch die Quintessenz ist die Alpensicht! Wer schon so glücklich war, diese an einem günstigen Morgen von hier genossen zu haben, der wird gestehen müssen, daß sie großartig, unübertrefflich ist, und diese Fernsicht genießen wir von unserm Zimmer aus, in Schlafrock und Pantoffeln! Wer sich aber die Mühe gibt, den nahe gelegenen Hornberg zu besteigen, der wird eine Fernsicht finden, die er auf dem Feldberg und Kandel vergebens gesucht. Wir wollen keine Schilderung jenes Panoramas versuchen: Kommt und sehet – es lohnt sich![156]

Die begeisterte Beschreibung des Hauensteiner Waldes mündet in einen Aufruf an seine Bewohner: *Richtet Logis ein und ihr werdet eine Masse von Kurgästen und Touristen zu beherbergen haben! [...] Ihr werdet mit besseren Straßen und Postverbindungen bedacht werden; ihr werdet der Welt näher rücken, kurz, die materiellen und intellektuellen Vortheile werden bedeutend sein [...] Erklärt euern Beitritt zum Schwarzwald-Verein, und ihr werdet schon in Bälde eure Bemühungen mit bestem Erfolge gekrönt sehen!*[157]

Daß diesem Aufruf damals (1876) kein Erfolg beschieden war, kann angesichts der beschriebenen Verhältnisse nicht verwundern. Noch war der Hotzenwald für eine solche Entwicklung nicht reif. Zu primitiv und ärmlich waren die Wohnverhältnisse. Verkehrsverbindungen und Wanderwege fehlten, an »Aktivurlaub« dachte noch keiner. Noch über Jahrzehnte hinweg versuchte man, mit Notstandsprogrammen und Förderungsmaßnahmen wenigstens die Entvölkerung im Hotzenwald aufzuhalten. Webermeister Zeno Spitz meint noch heute: *I han en Fehler gmacht, den chan i nüme guet mache. I wär nime so blöd, wenn i no emol d'Wahl hätt: ab is Tal.* Er erinnert sich an den Rat, den seine Schwiegermutter ihm und seiner Frau gab, als sie 1937 in Herrischried ein Haus kauften: *Ihr sind zwei Dummchaibe; gönt mit eurem Geld ab, Wehr zu, Säckingen zu!*

Keine Zeit steht still

Diese Alltagsgeschichte des Schwarzwalds bricht mit der Zeit der Industrialisierung der Region ab. Natürlich ging die Entwicklung seither weiter. Der Schwarzwald ist nicht menschenleer geworden, nicht alle »Wälder« sind in die attraktiveren Gebiete abgewandert. Im Gegenteil: Noch immer bewirtschaften viele ihre kargen Böden. Die zunehmende Mechanisierung hat auch der Land- und Forstwirtschaft im Gebirge Erleichterungen gebracht. Doch sind ihr freilich enge Grenzen gezogen. Das Produktivitätswachstum auf dem Schwarzwald konnte nicht mit dem in der Ebene Schritt halten. Neue Probleme schufen die EG-Regelungen besonders in den Grenzertragslagen. Nicht jeder Hof findet noch einen Erben, der als Jungbauer nicht nur Land- und Forstwirtschaft betreibt, sondern auch für die Landschaftserhaltung oder -pflege die Verantwortung trägt. Zum Glück gibt es heute Schwarzwaldhöfe, die, intakt und lebenskräftig, Wirtschaftsform und Siedlungsbild der Region bestimmen.

Das Hausgewerbe hat der industriellen Produktion weitgehend Platz gemacht. Die traditionellen Branchen haben sich fortentwickelt. Die Textilindustrie behielt ihre Standorte weitgehend bei und überstand dank hoher Qualität und Vielfalt der Produkte alle Krisen der vergangenen Zeit. Die Zahl der holzverarbeitenden Betriebe ist in den letzten Jahrzehnten deutlich gestiegen. Die industrielle Uhrenproduktion hat sich erhalten und erweitert; hinzu kamen feinmechanische Betriebe sowie Firmen der Elektro- und Elektronikindustrie. Gerade hier zeigte sich die Bevölkerung des Schwarzwalds als innovationsfähig wie in den vergangenen Jahrhunderten. Die Industrie der Region ist weitgehend dezentral organisiert; vorherrschend sind im Schwarzwald weiterhin mittelständische Unternehmen.

Ein neuer Erwerbszweig hat den Schwarzwald im Lauf unseres Jahrhunderts weltberühmt gemacht: der Fremdenverkehr. Der Tourismus ist zur wichtigsten Bestandsgarantie der Region geworden. Doch die Anziehungskraft des Schwarzwalds beruht nicht nur auf dem Erholungswert von guter Luft. Die Gäste schätzen den besonderen Reiz der Landschaft, den harmonischen Wechsel zwischen Wald und Wiesen, und sie ahnen, daß dies nicht nur von der Natur hervorgebracht, sondern durch die Arbeit von Generationen geschaffen und erhalten worden ist. Sie suchen in der Region die Spuren der Geschichte, Kirchen und Kapellen, die Höfe, die Mühlen, Gasthöfe und Museen. Vor allem suchen oder schätzen sie die Lebensart der »Wälder«, die geprägt ist von der langen Verbindung mit Natur und Arbeit und sich in der Volkskultur eines Menschenschlages widerspiegelt, der stets in besonderer Weise auf sich selbst angewiesen war.

Nachwort

Die Quellen zu diesem Buch konnten mit Unterstützung der Robert-Bosch-Stiftung, Stuttgart, zusammengetragen werden. Die Texte und Bilder erschienen uns so aussagekräftig, daß wir daraus eine Alltagsgeschichte des Schwarzwalds im 18. und 19. Jahrhundert verfaßten. Klaus Hoggenmüller bearbeitete die hausgewerblichen Aspekte, Wolfgang Hug die bäuerlichen Traditionen.

Zahlreichen Museen und Archiven der Region – insbesondere dem Augustinermuseum Freiburg, dem Schniederlihof in Hofsgrund, dem Resenhof in Bernau, dem Vogtsbauernhof in Gutach, dem Uhrenmuseum in Furtwangen, dem Staatsarchiv Freiburg –, ferner der Landesbildstelle Karlsruhe und den Interviewpartnern im Hotzenwald sind wir zu herzlichem Dank für die Unterstützung wie auch für die Überlassung von Abbildungen verpflichtet.

Anmerkungen

1 M. Schefold: Der Schwarzwald, Konstanz 1965, S. 41.
2 J. V. von Scheffel: Reise-Bilder, Stuttgart 1895, S. 101 ff.
3 H. Bender: Eine Landarzt-Epistel aus dem Schwarzwald anno 1863. Badische Heimat (61/4) 1981, S. 180 ff.
4 J. Ebner: Geschichte der Pfarrei Niederwihl im Hotzenwald, Unteralpfen 1955, S. 91.
5 Ebd., S. 90.
6 Alphons Lugo: Statistik der Kaiserl. Königl. Vorlande, 1797. In: F. Metz (Hrsg.), Vorderösterreich. Eine geschichtliche Landeskunde. Freiburg ^{2}1967, S. 803.
7 S. Münster: Cosmographia universa, Ausgabe 1544. Zitiert nach: M. Schefold, Der Schwarzwald, S. 41.
8 H. Schilli: Das Schwarzwaldhaus, Stuttgart ^{3}1977, S. 22, Anm. 12.
9 J. Bader: Urkunden und Regesten aus dem Archive der ehemaligen Grafschaft Hauenstein. ZGO (11) 1860, S. 470.
10 J. Merk: Geschichte des Ursprungs, der Entwicklung und Einrichtung der Hauensteiner Einung im Mittelalter. In: K. H. L. Politz, Jahrbücher der Geschichte und Staatskunst (2) 1833, S. 139.
11 J. Ebner: Geschichte der Salpeterer des 18. Jahrhunderts, I. Teil, Wangen 1853, S. 28.
12 J. Merk, a.a.O., S. 139.
13 Abgedruckt in: F. Metz (Hrsg.), Vorderösterreich, a.a.O., S. 790.
14 Das Badische Oberland im Jahr 1785. Reisebericht eines österreichischen Kameralisten, hrsg. von B. Erdmannsdörffer, Karlsruhe 1893, S. 44 f.
15 Metz (Hrsg.), Vorderösterreich, a.a.O., S. 790.
16 Ebd., S. 805.
17 Zitiert nach: Franz Prinz zu Sayn-Wittgenstein, Schwarzwald. München 1972, S. 231 f.

18 A. Vetter: Der Feldberg, Freiburg 1968, S. 78.
19 H. Hug: Meine Hirtenbubenzeit auf dem Paulihof 1920 bis 1922, Furtwangen 1980, S. 21.
20 J. Pflüger: Ausführliche Beschreibung Badens von 1858. Eine »badische Vaterlandskunde«, hrsg. v. H. Bender, Waldkirch 1980, S. 43.
21 Das Badische Oberland, a.a.O., S. 45.
22 Zitiert nach: P. Priesner, Der Bergbau im Schauinsland von 1340 bis 1954, Freiburg 1982, S. 203.
23 R. Metz: Geologische Landeskunde des Hotzenwaldes, Lahr, S. 488.
24 Joseph Albrecht von Ittner, in: M. Schefold, Der Schwarzwald, a.a.O., S. 52.
25 Bericht eines Neustädter Medizinalrates, in: G. Bender, Die Uhrmacher des hohen Schwarzwaldes und ihre Werke, Bd. 1, Villingen 1978, S. 28.
26 L. Röhrich: Singen und Sagen im Schwarzwald, in: E. Liehl und W. D. Sick (Hrsg.), Der Schwarzwald, Bühl 1981, S. 295
27 W. Fladt: Die Volkstracht des Hotzenwaldes. Badische Heimat (19), 1932, S. 208 f.
28 Chronik der Schildmalerfamilie Kirner in Kleineisenbach, 1824, S. 15.
29 M. Reiling: Ein Freiburger Stadtteil im 18. Jahrhundert. Schauinsland (104) 1985, S. 128.
30 R. Schilling: Das alte malerische Schwarzwaldhaus, Freiburg 1915, S. 58.
31 H. Hug, Meine Hirtenbubenzeit, a.a.O., S. 46 ff.
32 Chronik der Schildmalerfamilie Kirner, a.a.O., S. 21.
33 L. Maldoner: Aktenmäßige Beschreibung der Grafschaft Hauenstein. ZGO (12) 1861, S. 126 f.
34 Kammerrat Juncker 1781. Zitiert nach: A. Straub, Das badische Oberland im 18. Jahrhundert, Husum 1977, S. 129.
35 E. Gothein: Wirtschaftsgeschichte des Schwarzwaldes und der angrenzenden Landschaften, Bd. I, Straßburg 1892, S. 741.
36 J. Ebner: Aus der Geschichte des Hauensteiner Dorfes Unteralpfen, Karlsruhe 1925, S. 70.
37 J. Ebner: Aus der Geschichte der Ortschaften der Pfarrei Birndorf, Karlsruhe 1938, S. 158.
38 Bittschrift der Bürger der Waldvogtei Neuenweg. Zitiert nach: A. Straub, Das badische Oberland, a.a.O., S. 133, Anm. 117.
39 J. L. Meyer: Geschichte der Salpeterer auf dem südöstlichen Schwarzwald, Freiburg 1837, S. 4.
40 Ebd., S. 9 f.
41 J. Ebner: Geschichte der Ortschaften der Pfarrei Waldkirch bei Waldshut, Waldshut 1933, S. 206 f.

42 J. Ruch: Geschichte der Stadt Waldshut, Waldshut 1966, S. 258.
43 R. Dietsche: Die industrielle Entwicklung des Wiesentales bis zum Jahre 1870. Wirtschaftsgeschichtliche Studien, Schopfheim 1937, S. 17.
44 M. F. Jäck: Tryberg oder Versuch einer Darstellung der Industrie und des Verkehrs auf dem Schwarzwald, Constanz 1826, S. 92 f.
45 Ebd., S. 90 f.
46 Zitiert nach: K. Bittmann, Hausindustrie und Heimarbeit in Baden zu Anfang des XX. Jahrhunderts, Karlsruhe 1907, S. 571 ff.
47 A. H. Duffner: Die Strohindustrie im badischen Schwarzwald, Emmendingen 1899, S. 3 ff.
48 K. Bittmann, a.a.O., S. 574 ff.
49 J. B. Trenkle: Geschichte der Schwarzwälder Industrie von ihrer frühesten Zeit bis auf unsere Tage, Karlsruhe 1874. Zitiert nach: J. Dieffenbacher, Die Schneflerei im Bernautale, Freiburg 1923, S. 27.
50 Ebd., S. 28.
51 H. Bernheim: Die Hausindustrien des südlichen Schwarzwaldes. Schriften des Vereins für Socialpolitik (84) 1899, S. 362.
52 A. Ackermann: Auch ein Industriezweig des Schwarzwaldes. Magazin für die Handlung, Handelsgesetzgebung und Finanzverwaltung (6) 1815, S. 35 ff.
53 E. Gothein, a.a.O., S. 831 f.
54 F. Steyrer: Geschichte der Schwarzwälder Uhrenmacherkunst nebst einem Anhange von dem Uhrenhandel derselben, Freyburg, Felner 1796, S. 1 f.
55 M. F. Jäck, a.a.O., S. 21 f.
56 F. Steyrer, a.a.O., S. 6.
57 Zitiert nach: G. Bender, Die Uhrenmacher des badischen Schwarzwaldes und ihre Werke Bd. I, Villingen-Schwenningen 1976. S. 12.
58 F. Steyrer, a.a.O., S. 17 f.
59 J. Fischer: Chronik von Gütenbach, Furtwangen 1904, S. 151.
60 M. F. Jäck, a.a.O., S. 28 f.
61 Ebd., S. 46 f.
62 F. Steyrer, a.a.O., S. 48.
63 Ebd., S. 10.
64 A. Poppe: Die Schwarzwälder-Uhren-Industrie nach ihrem Stand im Jahre 1838. In: G. Bender, Bd. I, a.a.O., S. 68.
65 G. Bender, Bd. I, a.a.O., S. 368.
66 M. F. Jäck, a.a.O., S. 41.
67 Ebd., S. 66 f.
68 F. Steyrer, a.a.O., Vorbericht.
69 Ebd., S. 38.

70 M. F. Jäck, a.a.O., S. 54.
71 F. Steyrer, a.a.O., S. 43.
72 G. Bender, a.a.O., Bd. II, S. 274.
73 Ebd., S. 282 ff.
74 F. Steyrer, a.a.O., S. 53.
75 G. Bender, a.a.O., Bd. II, S. 276 ff.
76 Ebd., S. 278.
77 M. F. Jäck, a.a.O., S. 60f.
78 G. Bender, a.a.O., Bd. II, S. 287 ff.
79 Ebd., S. 296.
80 Ebd., S. 298.
81 R. Gerwig: Einiges über Entstehung und Entwicklung der Uhrenfabrikation auf dem Schwarzwald. In: G. Bender, a.a.O., Bd. II, S. 24.
82 E. Gothein, a.a.O., S. 819.
83 Ebd., S. 765.
84 Diese Aussage im Interview wurde ausdrücklich bekräftigt.
85 A. Meitzen: Über die Uhren-Industrie des Schwarzwalds. Alemania (28) 1900, S. 40 ff.
86 M. F. Jäck. Die Baumwollspinnerei in der Grafschaft Hauenstein und den angrenzenden Gebirgs-Gegenden. Magazin für die Handlung, Handelsgesetzgebung und Finanzverwaltung (5) 1813, S. 13 ff, 97 ff.
87 Aus einem Gespräch mit den ehemaligen Hauswebern Zeno Spitz und Franz Landis, geführt 1982.
88 M. F. Jäck, Tryberg, a.a.O., S. 62 f.
89 H. Loth: Die Uhrenindustrie im badischen Schwarzwald. In: Hausindustrie und Heimarbeit in Süddeutschland und Österreich. Bd. I: Süddeutschland und Schlesien (Schriften des Vereins für Socialpolitik 84), 1899, S. 295 f.
90 Ebd., S. 304,
91 G. Bender, a.a.O., Bd. II, S. 316.
82 K. Bittmann, a.a.O., S. 597.
93 Ebd., S. 598.
94 H. Bernheim, a.a.O., S. 373.
95 Staatsarchiv Freiburg, Bernau VII Gewerbe und Handel, 1897/98.
96 Ebd.
97 A. Meitzen, a.a.O., S. 33 ff.
98 Ebd., S. 35
99 K. Bittmann, a.a.O., S. 296.
100 Ebd., S. 646, 629.
101 A. Poppe, a.a.O., zitiert nach: G. Bender, a.a.O., Bd. I, S. 74.

102 G. Schnapper: Beschreibung der Wirthschaft und Statistik der Wirthschaftsrechnungen der Familie eines Uhrschildmalers im badischen Schwarzwald. In: G. Bender, a.a.O., Bd. II, S. 92.
103 Aus der Pfarrchronik des J. Döbele, Pfarrarchiv der Pfarrei Görwihl.
104 Ebd.
105 J. Ebner: Aus der Geschichte von Görwihl und des Görwihler Berges, Wangen 1952, S. 36.
106 I. Weber-Kellermann: Die deutsche Familie, Frankfurt/M. ^{5}1979, S. 144.
107 K. Bittmann: Werken und Wirken, Karlsruhe 1925, S. 159.
108 Ebd., S. 160.
109 Ebd., S. 153.
110 K. Bittmann, Hausindustrie und Heimarbeit, a.a.O., S. 643.
111 K. H. von Fahnenberg: Die Mousseline-Stickerey auf dem Schwarzwald und dessen Umgebung. Magazin für die Handlung und Handelsgesetzgebung Frankreichs und der Bundesstaaten (1) 1810, S. 221 f.
112 E. Gothein, a.a.O., S. 704.
113 F. Mohl: Über Kinderbeschäftigung in Fabriken, namentlich in Baumwollspinnereien. In: Über die württembergische Gewerbeindustrie 1828. Zitiert nach: Eberhard Sieber, Geschichte der Industrialisierung in Kirchheim/Teck. Lehren und Lernen (24) 1982, S. 113.
114 K. Bittmann, Heimarbeit und Hausindustrie, a.a.O., S. 538 ff.
115 E. Schwendemann: Die Allmende. In: Herrischried. Gemeindechronik anläßlich der 700-Jahr-Feier, München 1982, S. 95.
116 Chronik des letzten Redmannes der Grafschaft Hauenstein J. M. Jehle. In: J. Ebner, Geschichte der Ortschaften der Pfarrei Waldkirch, a.a.O., S. 294 ff.
117 J. Ebner, Aus der Geschichte des Hauensteiner Dorfes Unteralpfen, a.a.O., S. 77 f.
118 F. X. Vollmer: Vormärz und Revolution 1848/49 in Baden, Frankfurt/Main 1979, S. 19.
119 J. Ebner, Geschichte der Pfarrei Niederwihl, a.a.O., S. 169 f.
120 F. X. Vollmer, a.a.O., S. 19 f.
121 A. Meitzen, a.a.O., S. 13
122 H. Loth, a.a.O., S. 302.
123 G. Bender, a.a.O., Bd. II, S. 2 ff.
124 Ebd., S. 5.
125 Uhrengewerbsblatt für den Schwarzwald. Beiträge zum »Schwarzwälder«. Villingen 1847 bis 1849, S. 9.
126 Ebd., S. 85.

127 Uhrengewerbsblatt, a.a.O., S. 57 f.
128 H. Loth, a.a.O., S. 304.
129 H. Loth, a.a.O., S. 307.
130 Ebd., S. 308.
131 E. Gothein, a.a.O., S. 757.
132 Ebd., S. 758.
133 Ebd.
134 J. Ebner, Geschichte der Ortschaften der Pfarrei Waldkirch, a.a.O., S. 37.
135 W. Fischer: Der Staat und die Anfänge der Industrialisierung in Baden 1800–1850, Berlin 1962, S. 211 ff.
136 Ebd., S. 255.
137 K. W. von Fahnenberg: Die Baumwollspinnereimaschinenfabrik und Baumwollspinnerei des Bankier Seeligmann in St. Blasien und deren Einfluß auf den Schwarzwald. Magazin für die Handlung, a.a.O. (4) 1813, Heft II, S. 71 ff.
138 F. J. Gemmert: Die Schicksale der Textilfabriken in den säkularisierten Breisgauer Klöstern. Schauinsland (77) 1959, S. 71.
139 W. Fischer, a.a.O., S. 248 ff.
140 Ebd., S. 261.
141 Ebd., S. 259.
142 Badische Biographien (5) 1906, S. 862 ff.
143 G. Bender, a.a.O., Bd. II, S. 117.
144 Ebd., S. 258.
145 H. Loth, a.a.O., S. 327.
146 Ebd., S. 310.
147 G. Bender, a.a.O., Bd. II, S. 196 ff.
148 B. Ruf: Die Baumwollindustrie Badens, Frankfurt/Main 1925, S. 137.
149 K. Hoggenmüller: Hausindustrie und Heimarbeit im südlichen Schwarzwald. Lehren und Lernen (29) 1984, Landesgeschichte im Unterricht V, S. 96 ff.
150 Pfarrchronik des J. Döbele, a.a.O.
151 L. Döbele: Der Hotzenwald. Eine sozial-ökonomische Untersuchung, Schopfheim 1929, S. 45
152 J. Ebner: Geschichte der Pfarrei Görwihl, Unteralpfen 1953, S. 32.
153 L. Döbele, a.a.O., S. 11. f.
154 Pfarrchronik des J. Döbele, a.a.O.
155 Pfarrarchiv der Pfarrgemeinde Görwihl.
156 F. Lohr: Struktureller Wandel. In: Herrischried, a.a.O., S. 111.
157 Ebd.

Bildnachweis

Umschlag: Augustinermuseum Freiburg.

1 Historia Silvae Nigrae von Martin II. Gerbert, Bd. 1, 1783, S. 1.
2 Kupferstich A. und J. Schmuzer, in Marquart Herrgott »Genealogia...«, Wien 1734.
3 Dominik Weber (1819–1887), Hirtenkinder am Feuer, 1852. Augustinermuseum Freiburg.
4 Privatfoto M. Tritschler, Freiburg-Kappel.
5 Privatfoto E. Steiert, Freiburg-Kappel.
6 Privatfoto M. Tritschler, Freiburg-Kappel.
7 Foto aus: Alwin Tölle/Hermann Schwarzweber, Bauernleben im Schwarzwald. Hühnenburg Verlag, Straßburg 1942, S. 100.
8–9 Tölle, S. 53, 28.
10 Foto M. Ferrars, Freiburg.
11 Privatfoto M. Tritschler, Freiburg-Kappel.
12–13 Tölle, S. 91, 61.
14 Wilhelm Hasemann (1850–1913), »Schwarzwaldstube«. Augustinermuseum Freiburg.
15 Schwarzwälder Freilichtmuseum Vogtsbauernhof, Gutach.
16 Bauern- und Holzschneflermuseum Resenhof, Bernau.
17–18 R. Schilling: Das alte malerische Schwarzwaldhaus, Freiburg 1915 (mit freundlicher Genehmigung des Verlags).
19 Fotopostkarte M. Ferrars, Freiburg (1904).
20 Augustinermuseum Freiburg.
21 Schniederlihof in Hofsgrund.
22 Foto Ph. Bussemer, in: L. Neumann, Der Schwarzwald, 1911, S. 73.
23 H. E. Busse: Hochrhein und Hotzenwald. Badische Heimat 19, 1932.
24a–b Charles L'Allemand: Schwarzwälder Volkstrachten. Straßburg 1885.

25 Josef Bader: Das malerische und romantische Baden. Karlsruhe 1843–46.
26 Heeresgeschichtliches Museum in Wien. Photo Mayer KG, Wien. Aus Beilage zu »Beiträge zur Geschichte des Hotzenwaldes«, Geschichtsverein Hochrhein, Waldshut, Verlag Zimmermann, 1981.
27 Nikolaus Ganter (1809–1866). Mit freundlicher Genehmigung der Landesbildstelle Karlsruhe.
28 Augustinermuseum Freiburg.
29 Foto M. Ferrars, Freiburg.
30 Tölle, S. 122.
31–32 Uhrenmuseum Furtwangen.
33 Augustinermuseum Freiburg.
34–35 Retzlaff, Volksleben, S. 100, 101.
36 Augustinermuseum Freiburg.
37 Lucian Reich (1817–1900). Badisches Landesmuseum Karlsruhe.
38–41 Uhrenmuseum Furtwangen.
42–43 Retzlaff, S. 62, 457.
44 Tölle, S. 128.
45 Retzlaff, S. 103.
46 Curt Liebich (1868–1937). Privatbesitz.
47 Tölle, S. 136.
48 Journal für Geschichte 2, 1980, Heft 4 (Westermann Verlag), Braunschweig.
49 Staatsarchiv Freiburg.
50 Wurzeln des Wohlstands, Konrad Theiss Verlag, Stuttgart 1984.
51 Badische Heimat 19 (1932).
52 Wurzeln des Wohlstands.

Bücher über Baden-Württemberg
Bildbände – Landeskunde

Hartwig Haubrich/Wolfgang Hug/ Herbert Lange
Das große Buch vom Schwarzwald
220 Seiten mit 400 farbigen Abbildungen.
Ein umfassendes, anschauliches Sachbuch und zugleich repräsentativer Bildband mit breitgefächerter Thematik: von der Entstehung des Schwarzwalds vor Jahrmillionen bis zur vom Menschen und seiner Geschichte geprägten heutigen Kulturlandschaft.

Alwin Tölle/Wolfgang Hug
Im Schwarzwald daheim
Leben und Arbeit in alten Fotografien. 116 Seiten mit 94 Tafeln.
Tölles einfühlsame Bilder haben dokumentarischen Charakter: Sie sind Zeugnisse schwindender Traditionen, Techniken und Lebensweisen.

Günter Beck/Esther Schmalacker-Wyrich
Der Nordschwarzwald
150 Seiten mit 100 Tafeln, davon 42 in Farbe.
Der Nordschwarzwald – zwischen Pforzheim und Alpirsbach, Baden-Baden und Bad Liebenzell – in Wort und Bild. Geschichte und Kultur, Mensch und Landschaft, Heilbäder und Kurorte.

Reiner Rinker
Baden-Württemberg in der Mitte Europas
78 Seiten mit 64 Farbtafeln. Text und Bildlegenden dreisprachig.
Baden-Württemberg: eine glückliche Mischung aus Gottesgaben und Menschenwerk. Dies zeigen die bestechend schönen Farbtafeln mit Landschaften, Städten, Fachwerkdörfern, Burgen, Schlössern und Kirchen.

Albrecht Brugger
Baden-Württemberg
Landschaft im Wandel
Eine kritische Bilanz in Luftbildern aus 35 Jahren. 143 Seiten mit 111 Abbildungen, davon 19 in Farbe.
Die einzigartige Dokumentation rapider und totaler Landschaftsveränderung. Bruggers Bilder dokumentieren unbarmherzig die menschliche Zerstörungswut im Zeichen des Fortschritts.

Badische Geschichte
Vom Großherzogtum bis zur Gegenwart. Herausgegeben von der Landeszentrale für politische Bildung Baden-Württemberg. 392 Seiten mit 148 Abbildungen und zahlreichen Kartenskizzen.
Das große Sachbuch und Standardwerk über 170 Jahre badische Geschichte.

THEISS